AVE, CRISTO!

Francisco Cândido Xavier

AVE, CRISTO!

EPISÓDIOS DA HISTÓRIA DO CRISTIANISMO NO SÉCULO III

Romance ditado pelo Espírito
EMMANUEL

FEDERAÇÃO ESPÍRITA BRASILEIRA

ISBN 978-85-7328-366-2

B.N. 9.513

23ª edição – 2ª Reimpressão – *Do 255º ao 259º milheiro*

000.5-O; 07/2009

Capa: Rebouças & Associados

Composição e editoração:
Departamento Editorial e Gráfico – Rua Sousa Valente, 17
20941-040 – Rio de Janeiro (RJ) – Brasil
CNPJ nº 33.644.857/0002-84 *I.E. nº 81.600.503*

Pedidos de livros à FEB – Departamento Editorial:
Tel.: (21) 2187-8282, FAX: (21) 2187-8298.

CIP-BRASIL. CATALOGAÇÃO-NA-FONTE
SINDICATO NACIONAL DOS EDITORES DE LIVROS, RJ.

E46a
23.ed.

Emmanuel (Espírito)
Ave, Cristo!: episódios da História do Cristianismo no século III: romance / ditado pelo Espírito Emmanuel; [psicografado por] Francisco Cândido Xavier. – 23. ed. – 2ª reimpressão – Rio de Janeiro: Federação Espírita Brasileira, 2009
440p.; 18cm

ISBN 978-85-7328-366-2

1. Romance espírita. 2. Obras psicografadas. I. Xavier, Francisco Cândido, 1910-2002. II. Federação Espírita Brasileira. III. Título.

03-2675. CDD 133.93
CDU 133.7

08.12.03 10.12.03 005046

Sumário

Ave, Cristo!

Hoje, como outrora, na organização social em decadência, Jesus avança no mundo, restaurando a esperança e a fraternidade, para que o santuário do amor seja reconstituído em seus legítimos fundamentos.

Por mais se desenfreie a tormenta, Cristo pacifica.

Por mais negreje a sombra, Cristo ilumina.

Por mais se desmande a força, Cristo reina.

A obra do Senhor, porém, roga recursos na concretização da paz, pede combustível para a luz e reclama boa vontade na orientação para o bem.

A idéia divina requisita braços humanos.

A bênção do Céu exige recipientes na Terra.

O Espiritismo, que atualmente revive o apostolado redentor do Evangelho, em suas tarefas de reconstrução, clama por almas valorosas no sacrifício de si mesmas para estender-se, vitorioso.

Há chamamentos do Senhor em toda a parte.

Enquanto a perturbação se alastra, envolvente, e enquanto a ignorância e o egoísmo conluiados erguem trincheiras de incompreensão e discórdia entre os homens, quebram-se as fronteiras do Além, para que as vozes inolvidáveis dos vivos da eternidade se expressem, consoladoras e convincentes, proclamando a imortalidade soberana e a necessidade do Divino Escultor em nossos corações, a fim de que possamos atingir a nossa fulgurante destinação na vida imperecível.

Alinhando, pois, as reminiscências deste livro, não nos propomos romancear, fazer literatura de ficção, mas sim trazer aos nossos companheiros do Cristianismo redivivo, na seara espírita, breve página da história sublime dos pioneiros de nossa fé.

Que o exemplo dos filhos do Evangelho, nos tempos pós-apostólicos, nos inspire hoje a simplicidade e o trabalho, a confiança e o amor, com que sabiam abdicar de si próprios, em serviço do Divino Mestre! que saibamos, quanto eles, transformar espinhos em flores e pedras em pães, nas tarefas que o Alto depositou em nossas mãos!...

Hoje, como ontem, Jesus prescinde das nossas guerrilhas de palavras, das nossas tempestades de opinião, do nosso fanatismo sectário e do nosso exi-

bicionismo nas obras de casca sedutora e miolo enfermiço.

O Excelso Benfeitor, acima de tudo, espera de nossa vida o coração, o caráter, a conduta, a atitude, o exemplo e o serviço pessoal incessante, únicos recursos com que poderemos garantir a eficiência de nossa cooperação, em companhia dele, na edificação do Reino de Deus.

Suplicando-lhe, assim, nos ampare o ideal renovador, nos caminhos de árdua ascensão que nos cabe trilhar, repetimos com os nossos veneráveis instrutores dos primeiros séculos da Boa Nova:

– Ave, Cristo! os que aspiram à glória de servir em teu nome te glorificam e saúdam!

EMMANUEL

Pedro Leopoldo, 18 de abril de 1953.

PRIMEIRA PARTE

I

PREPARANDO CAMINHOS

Quase duzentos anos de Cristianismo começavam a modificar a paisagem do mundo.

De Nero aos Antoninos, todavia, as perseguições aos cristãos haviam recrudescido. Triunfantemente assentada sobre as sete colinas, Roma prosseguia ditando o destino dos povos, à força das armas, alimentando a guerra contra os princípios do Nazareno, mas o Evangelho caminhava sempre, por todo o Império, construindo o espírito da Era Nova.

Se na organização terrestre a Humanidade se desdobrava em movimentação intensa, no trabalho da transformação ideológica, o serviço nos planos superiores atingia culminâncias.

Presididas pelos apóstolos do Divino Mestre, todos então na vida espiritual, as obras de soerguimento humano multiplicavam-se, em vários setores.

Tornara Jesus ao sólio resplendente de sabedoria e de amor, de onde legisla para todas as criaturas terrenas, mas os continuadores do seu ministério, entre os homens encarnados, qual enxame crescente de abelhas da renovação, prosseguiam ativos, preparando o solo dos corações para o Reino de Deus.

Enquanto exércitos compactos de cristãos desapareciam nas fogueiras e nas cruzes, nos suplícios intermináveis ou nas mandíbulas das feras, templos de esperança se levantavam felizes, além das fronteiras de sombra, dentro dos quais falanges enormes de Espíritos convertidos ao Bem se ofereciam para a batalha de suor e sangue, em que, usando a vestimenta física, dariam testemunhos de fé e boa vontade, colaborando na expansão da Boa Nova, para a redenção da Terra.

Assim é que, em formosa cidade espiritual, nas adjacências da Crosta Planetária, vamos encontrar grande assembléia de almas atraídas ao Roteiro Divino, escutando a exortação de iluminado orientador, que lhes falava, de coração posto nos lábios:

– Irmãos – dizia ele, envolvido em suaves irradiações de luz –, o Evangelho é código de paz e felicidade que precisamos substancializar dentro da própria vida!

O Sol que jorra bênçãos sobre o mundo incorpora-se à natureza, sustentando-a e renovando-lhe as criações. A folha da árvore, o fruto nutriente, o cântico do ninho e a riqueza da colmeia são dádivas do astro sublime, materializadas pelos princípios da Eterna Inteligência.

Cristo é o Sol Espiritual dos nossos destinos.

Urge, pois, associarmo-nos voluntariamente aos ensinamentos dele, concretizando-lhes a essência em nossas atividades de cada dia.

Não podemos esquecer, entretanto, que a mente do homem jaz petrificada na Terra, dormindo nas falsas concepções da vida celeste.

A política de dominação militar asfixiou as velhas tradições dos primitivos santuários. As coortes romanas abafaram as vozes da filosofia grega, como os povos bárbaros sufocaram a revelação egípcia.

Adensou-se o nevoeiro da estagnação e da morte entre as criaturas.

As águias imperiais assentaram na cega idolatria de Júpiter a mentirosa religião da vaidade e do poder...

E enquanto os deuses de pedra absorvem os favores da fortuna, alonga-se a miséria e a ignorância do povo, reclamando o pronunciamento do Céu.

Como se expressará, porém, a intervenção divina, sem a cooperação humana?

Sem a heróica renunciação dos que se consagram ao progresso e ao aprimoramento das almas, a educação não passará de letra morta.

Imprescindível, portanto, é que saibamos escrever com o nosso próprio exemplo as páginas vivas do Cristianismo remissor.

O Mestre Crucificado é divino desafio.

Até agora, os conquistadores do mundo conseguiram avançar no carro purpúreo da vitória, matando ou destruindo, valendo-se das legiões de guerreiros e lidadores cruéis.

Jesus, no entanto, triunfou pelo sacrifício.

César, atado às vicissitudes humanas, governa os assuntos referentes à carne em trânsito para a renovação.

Cristo reina sobre a alma que nunca morre, aos poucos sublimando-a para a glória imperecível...

O tribuno venerável fizera uma pausa, como que intencional, porque o clangor distante de muitos lítuos reunidos se fazia ouvir, em pleno céu, dando a idéia de uma convocação para alguma batalha próxima.

As centenas de entidades que se conchegavam umas às outras, no admirável recinto cuja abóbada deixava perceber a luz tremeluzente das estrelas remotas, entreolharam-se, ofegantes...

Todos os Espíritos, ali congregados, pareciam ansiosos pela oportunidade de servir.

Alguns traziam no semblante expressões de saudade e dor, qual se estivessem ligados à batalha da Terra por feridas de aflição, somente curáveis com o retorno às angústias do passado.

Mas, a expectação não durou muito.

Superando as clarinadas, que ecoavam pela noite, a voz do pregador ressurgiu:

– Muitos de vós, amados irmãos, deixastes à retaguarda velhos compromissos de amor e desejais voltar ao áspero trilho da carne, como quem afronta as labaredas de um incêndio para salvar afeições inesquecíveis. Entretanto, devotados agora à verdade divina, aprendestes a colocar os desígnios do Senhor acima dos próprios desejos. Entediados da ilusão, consultais a realidade, buscando engrandecê-la, e a realidade aceita o vosso concurso decisivo para impor-se no mundo.

Não olvideis, todavia, que somente colaborareis na obra do Cristo, ajudando sem exigir e trabalhando sem apego aos resultados. Como o pavio da vela, que deve submeter-se e consumir-se a fim de que as trevas se desfaçam, sereis constrangidos ao sofrimento e à humilhação para que novos horizontes se abram ao entendimento das criaturas.

Por muito tempo, ainda, o programa dos cristãos não se afastará das legendas do Apóstolo Paulo: Em tudo[1] sereis atribulados, mas não aniquilados; perplexos, mas não desalentados; perseguidos, mas não desamparados; abatidos, mas não destruídos, trazendo sempre, por toda a parte, a exemplificação do Senhor Jesus, no próprio corpo, para que a vida divina se manifeste no mundo. E, assim, quantos renascerem nas sombras da matéria mais densa, estarão incessantemente entregues ao sacrifício, por amor à verdade, a fim de que a lição do Divino Mestre brilhe mais intensamente nos domínios da carne mortal.

O mentor explanou ainda, por vários minutos, quanto aos deveres que aguardavam os legionários do Evangelho, entre os obstáculos do mundo, descendo, por fim, da tribuna dourada para o cultivo da conversação fraterna.

Vários amigos oscularam-lhe as mãos, comentando, com entusiasmo, os mapas de trabalho a que se prenderiam, de futuro.

Diminuíam os entendimentos e as rogativas de proteção, quando o pregador foi procurado por alguém com intimidade afetuosa.

– Varro! – exclamou ele, abraçando o recém-chegado e contendo a emoção.

Tratava-se de velho romano, de olhar percuciente e triste, cuja túnica muito alva, confundida com a roupagem brilhante do companheiro, assemelhava-se a uma nesga de neblina apagada, de encontro a repentino clarão de aurora.

No amplexo de ternura que permutavam, era bem de ver-se a reaproximação de dois amigos que, por momentos,

---

[1] II Coríntios, 4:8-11. (*Nota do Autor espiritual.*)

olvidavam a autoridade e a aflição de que eram portadores, para se transfundirem um no outro, depois de longa separação.

Trocadas as primeiras impressões em que antigos eventos do pretérito foram recordados, Quinto Varro, o romano de fisionomia simpática e amargurada, explicou ao companheiro, então guindado à esfera superior, que pretendia voltar ao plano físico, em breve tempo.

O representante da Esfera Mais Alta ouviu-o com atenção e obtemperou, admirado:

– Mas, por quê? Conheço-te o acervo de serviços, não somente à causa da ordem, mas igualmente à causa do amor. No mundo patrício, as tuas derradeiras romagens foram as do homem correto até ao extremo sacrifício e os teus primeiros ensaios na edificação cristã foram dos mais dignos. Não seria aconselhável o prosseguimento de tua marcha, acima das inquietantes paisagens da carne?

O interlocutor fixou um gesto silencioso de súplica e aduziu:

– Clódio, abençoado amigo! peço-te!... Sei que conservas o poder de autorizar minha volta. Sim, sem dúvida, os apelos de cima comovem-me a alma!... Anseio por reunir--me, em definitivo, aos nossos da vanguarda... No entanto – e a voz dele se fez quase sumida pela emotividade –, de todos os que ficaram para trás, tenho um filho do coração, perdido nas trevas, que eu desejaria socorrer...

– Taciano? – indagou o mentor, intrigado.

– Ele mesmo...

E Varro prosseguiu, com encantadora humildade:

– Sonho conduzi-lo ao Cristo, com os meus próprios braços. Tenho implorado ao Senhor semelhante graça, com todo o fervor de meu paternal carinho. Taciano é para mim o que a rosa significa para o arbusto espinhoso em que nasceu. Em minha indigência, ele é o meu tesouro e, em minha fealdade, é a beleza de que desejava orgulhar-me. Daria tudo por dedicar-me a ele, de novo... Acariciá-lo, junto do coração, para orientar-lhe os passos na direção de Jesus, é o Céu a que aspiro...

E, como se quisesse sondar a impressão que causava no amigo, acrescentava:

– Porventura estarei errado em minha aspiração?

O velho orientador afagou-o, com visíveis demonstrações de piedade, passou a destra pela fronte banhada de luz e falou:

– Não discuto os teus sentimentos, que sou constrangido a respeitar, mas... valeria tamanha renunciação?

Como se articulasse as próprias reminiscências para exprimir-se com segurança, fez longa pausa, que ele próprio interrompeu, acentuando:

– Não acredito que Taciano esteja preparado. Vi-o, há alguns dias, no Templo de Vesta, chefiando larga legião de inimigos da luz. Não me pareceu inclinado a qualquer serviço do Evangelho. Vagueia nos santuários das divindades olímpicas, promovendo arruaças contra o Cristianismo nascente e ainda se compraz nos festins dos circos, encontrando incentivo e alegria nas efusões de sangue.

– Tenho acompanhado meu filho, nesse lamentável estado – concordou Quinto Varro, melancólico –, contudo, nos últimos dias, noto-o amargurado e aflito. Quem sabe estará Taciano à beira da grande renovação? Compreendo que ele tem sido recalcitrante no mal, consagrando-se, indefinidamente, às sensações inferiores que lhe impedem a percepção de mais altos horizontes da vida. Mas concluo, de mim para comigo, que algo deve ser feito quando temos necessidade do reajustamento daqueles a quem amamos...

E talvez porque Clódio silenciasse, pensativo, o afetuoso pai voltou a dizer:

– Abnegado amigo, permite-me voltar...

– Estarás, todavia, consciente dos riscos da empresa? Ninguém salvará um náufrago sem expor-se ao chicote das ondas. Para ajudar Taciano, mergulhar-te-ás nos perigos em que ele se encontra.

– Sei disso – atalhou Varro, decidido, prosseguindo em tom de súplica –; auxilia-me a pretensão, em nome de nossa velha amizade. Procurarei servir ao Evangelho com todas as minhas forças, aceitarei todos os sacrifícios, comerei o pão de fel embebido em suor e pranto; contudo, rogo permissão para convocar meu filho ao trabalho do Cristo, por todos os recursos que estiverem ao meu alcance... Certo, o caminho estará juncado de obstáculos, entretanto, com o amparo do Senhor e com o auxílio dos amigos, conto vencer.

O respeitável mentor, francamente compadecido, como quem não desejava delongar-se na conversação de ordem pessoal, indagou:

– Quanto tempo consideras imprescindível ao cometimento?

– Ouso colocar a resposta em teu próprio critério.

– Pois bem – concluiu o companheiro generoso –, endosso-te a decisão, confiantemente. Concedo-te vinte lustros para o trabalho a realizar. Creio que um século bastará. Determinaremos medidas para que sejas sustentado na nova roupagem de carne. Teus serviços à causa do Evangelho serão creditados em Esfera Superior e, quanto ao mérito ou demérito de Taciano, à frente de tua renunciação, admito que o assunto será privativo de tua própria responsabilidade.

Instado por amigos, na liquidação de outros problemas, Clódio lançou-lhe compassivo olhar e finalizou:

– Não te esqueças de que, pela oração, continuaremos juntos. Ainda mesmo sob o pesado véu do esquecimento na luta física, ouviremos teus apelos, amparando-te com o nosso esforço assistencial. Vai em paz, quando quiseres, e que Jesus te abençoe.

Varro dirigiu-lhe comovedoras palavras de reconhecimento, reafirmou as promessas que formulara e ausentou-se, cismarento, sem saber ao certo que estranhas emoções lhe povoavam a alma, entre raios de alegria e dardos de amargura.

....

Em esplêndido crepúsculo, enquanto o Sol, como um braseiro, tombava para os lados de Óstia, o Espírito de Quinto Varro, solitário e pensativo, chegou à Ponte Céstio, demorando-se na contemplação da corrente do Tibre, como que detido por obcecantes recordações.

Brisas suaves deslizavam cantando, qual se fossem ecos isolados de melodias ocultas no céu escampo.

Roma engalanara-se para celebrar as vitórias de Séptimo Severo sobre os seus temíveis competidores. Pescênio Níger, depois de tríplice derrota, fora colhido pelas forças imperiais e decapitado, às margens do Eufrates, e

Albino, o escolhido das legiões da Bretanha, seria vencido nas Gálias, matando-se em desespero.

Diversos dias de festa comemoravam a glória brilhante do imperador africano, mas, por solicitação dos augustais, o término das solenidades estava marcado para a noite próxima, no grande anfiteatro, com todas as pompas do triunfo.

Mostrando fisionomia expectante e entristecida, Varro atravessou o pequeno território da ilha do Tibre e, ganhando o Templo da Fortuna, observou a multidão dos grupos esparsos de povo, a se adensarem na praça, em direção ao soberbo edifício.

As liteiras de altos dignitários da Corte, cercadas de escravos, dispersavam pequenas assembléias de cantores e dançarinos. Bigas faustosas e carros adornados varavam por entre a turba, conduzindo tribunos jovens e damas patrícias de famílias tradicionais. Marinheiros e soldados querelavam com vendedores de refrigerantes e frutas, enquanto a onda popular crescia sempre.

Gladiadores de corpo descomunal chegavam sorridentes, cortejados por jogadores inveterados da arena.

E, enquanto os sons de alaúdes e atabales se misturavam ao distante rugido das feras enjauladas para o soberbo espetáculo, a glória de Severo e o suplício dos cristãos eram os temas preferidos de todas as palestras.

O viandante espiritual fitava não só a multidão ávida de prazeres, mas também as falanges bulhentas de entidades ignorantes ou perversas que dominavam nas sombrias comemorações.

Varro tentou adiantar-se, revelando estar à procura de alguém, mas a pesada atmosfera reinante obrigou-o a recuar.

Contornou o famoso anfiteatro, palmilhou as vielas que se estreitavam entre o Célio e o Palatino, atravessou a Porta Capena e atingiu o campo, dirigindo-se para os sepulcros da Via Ápia.

A noite clara descera sobre o casario romano.

Milhares de vozes entoavam cânticos de júbilo, à prateada claridade do luar em plenilúnio. Eram cristãos desencarnados, preparando-se para receber os companheiros de sacrifício. Os mártires supostamente mortos iam saudar os mártires que, nessa noite, iam morrer.

Quinto Varro uniu-se ao extenso grupo e orou, fervorosamente, suplicando ao Alto forças para a difícil empresa a que pretendia consagrar-se.

Preces e comentários santificantes foram ouvidos.

Depois de algumas horas, a enorme assembléia espiritual deslocou-se no rumo do anfiteatro.

Hinos de alegria elevaram-se às alturas.

Não somente os mensageiros da Via Ápia alcançavam o anfiteatro em harmoniosas orações.

Enviados do Monte Vaticano e trabalhadores espirituais dos grupos de pregação evangélica do Esquilino, da Via Nomentana e da Via Salária, incluindo representantes de outras regiões romanas, penetravam o tumultuário recinto como exércitos de luz.

Introduzidos na arena para os derradeiros sacrifícios, os seguidores de Jesus igualmente cantavam.

Aqui e ali, vísceras de feras mortas, de mistura com os corpos horrivelmente mutilados de gladiadores e bestiários vencidos, eram retirados à pressa por guardas de serviço.

Alguns discípulos do Evangelho, notadamente os mais idosos, atados em postes de martírio, recebiam setas envenenadas, incendiando-se-lhes depois os corpos, a fim de servirem como tochas na festiva exibição, enquanto outros, de mãos postas, se entregavam, inermes, aos golpes de panteras e de leões da Numídia.

Quase todos os supliciados desprendiam-se da carne, no sublimado êxtase da fé, recolhidos carinhosamente pelos irmãos que os esperavam em cânticos de vitória.

Quinto Varro, no entanto, em meio da claridade intensa com que as legiões espirituais haviam desintegrado as trevas, não se mostrava interessado na exaltação dos heróis.

Relanceava o olhar pelas arquibancadas repletas, até que, por fim, se deteve, com evidentes sinais de angústia, em álacre conjunto de Espíritos turbulentos, em arrojadas libações.

Ansiosamente, Varro abeirou-se de um jovem que desferia estrepitosas gargalhadas e, abraçando-o, com extremada ternura, sussurrava:

– Taciano, meu filho! meu filho!...

O rapaz que se mergulhava na mais profunda corrente de sensações inferiores não viu o benfeitor que o conchegava de encontro ao peito, mas, tomado de repentina inquietação, silenciou de imediato, abandonando o recinto, dominado por invencível amargura.

O jovem não identificava a presença do venerável amigo ao seu lado, contudo, abraçado por ele, experimentou imensa aversão pela odiosa solenidade.

Alheou-se dos companheiros e, sentindo fome de solidão, afastou-se, rápido, devorando ruas e praças.

Desejava pensar e reconsiderar, a sós, a senda por ele mesmo percorrida.

Depois de longo trajeto, alcançou a Porta Pinciana, em busca de insulamento. Nos jardins onde se venerava a memória de Esculápio, havia soberba estátua de Apolo, junto da qual, por vezes, gostava de meditar.

O corpo marmóreo da divindade olímpica levantava-se, magnífico, ostentando primorosa taça numa das mãos, de bordos voltados para o solo, como se procurasse fecundar a terra-mãe.

Num recipiente, aos pés do ídolo, fumegava o incenso ali colocado por mãos devotas e anônimas, embalsamando o sítio em aroma delicioso.

Atormentado por insopitável angústia, Taciano chorava sem querer, rememorando as próprias experiências.

Sabia-se fora do corpo físico, mas longe de encontrar as paisagens das narrações de Vergílio, cuja leitura lhe merecera especial atenção, vira-se incompreensivelmente atraído para as bacanais da sociedade em decadência, sendo surpreendido, depois do túmulo, tão-somente por si próprio, com a sua velha sede de sensações. Delirara em banquetes e jogos, sorvera o prazer em todas as taças ao seu alcance, mas rendia-se ao tédio e ao arrependimento. Em que se resumia a vida? – perguntava a si mesmo, em solilóquio doloroso – onde se domiciliavam os deuses de sua antiga fé? Valeria a procura da felicidade, na temporária satisfação dos sentidos humanos, depois da qual havia sempre larga dose de fel? Como localizar as antigas afeições no misterioso país da morte? Por que razões vagueava preso ao reino doméstico, sem equilíbrio e sem rumo?

Não seria mais justo, se possível, adquirir novo corpo e respirar entre os homens comuns? Suspirava por mais íntimo contacto com o plano da carne, em cuja penetração poderia esquecer a si mesmo... Oh! se pudesse olvidar os enigmas torturantes da existência, conchegando-se à matéria para dormir e refazer-se! – meditava.

Conhecia amigos que, depois de longas súplicas ao Céu, haviam desaparecido na direção do renascimento. Não ignorava que o espírito imortal pode usar vários corpos, entre os homens; entretanto, não se sentia com a força precisa para dominar-se e oferecer às Divindades uma prece fundamentada no verdadeiro equilíbrio moral.

Naquele instante, porém, sentia-se mais angustiado que de outras vezes.

Saudade imensa e indefinível pungia-lhe o coração.

Depois de chorar em silêncio, fixou o semblante impassível da estátua e suplicou:

– Grande Hélios! Deus de meus avós!... Compadece-te de mim! Renova-me o sentimento na pureza e na energia que encarnas para a nossa raça! Se possível, faze-me esquecer o que fui. Ampara-me e concede-me a graça de viver, de conformidade com o exemplo dos meus antepassados!...

Com as inexprimíveis reminiscências do seu antigo lar, Taciano, inclinado para o solo, lamentava-se, amarguradamente; mas, quando enxugou as lágrimas que lhe obscureciam a visão e tornou a fitar a imagem do deus, não mais viu o ídolo primoroso e sim o Espírito de Quinto Varro, nimbado de intensa luz, a olhá-lo com enternecimento e tristeza.

O jovem quis recuar, transido de assombro, mas indefiníveis emoções subjugavam-lhe agora todo o ser.

Como que dobrado por forças misteriosas, ajoelhou-se ante a visita inesperada.

Desejou falar, mas não conseguiu, assinalando estranha constrição nas cordas vocais.

Pranto mais intenso jorrava-lhe dos olhos.

Identificou a personalidade do genitor e, esmagado por inexprimível emoção, notou que Varro caminhava para ele, de afetuoso olhar encimando triste sorriso.

A entidade amorosa afagou-lhe a cabeça atormentada e falou:

– Taciano, meu filho!... Que o Supremo Senhor nos abençoe a senda de redenção. Deixa que as lágrimas te lavem todos os escaninhos da alma! Milagrosa lixívia, o pranto purifica nossas chagas de vaidade e ilusão.

Não te julgues relegado ao abandono!...

Ainda mesmo quando as nossas preces se expandam ardentes, perante os ídolos sem alma, o coração augusto do Senhor as recolhe na misteriosa concha do seu amor infinito, apressando o socorro às nossas necessidades.

Tem calma e confiança, filho meu! Voltaremos à experiência da carne para resgatar e reaprender.

Nesse instante, Taciano, magnetizado pelo olhar paterno, tentou erguer-se para abraçá-lo ou rojar-se até o chão, a fim de oscular-lhe os pés; no entanto, como se estivesse imobilizado por laços invisíveis, não conseguiu articular qualquer movimento.

– Ouve-me! – prosseguiu Varro, compadecidamente – pedes o retorno à liça terrestre, entediado de ti mesmo, e receberás semelhante concessão. Estaremos novamente reunidos, na cela corpórea do mundo físico – abençoada escola de nossa regeneração para a vida eterna, todavia, não mais na exaltação do orgulho e do poder.

Nossos deuses de pedra estão mortos.

Júpiter, com o seu carro de triunfo, passou para sempre. Em lugar dele, surge o Mestre da Cruz, o escultor divino da perfeição espiritual imperecível, que nos toma por tutelados felizes do seu coração.

Outrora, acreditávamos que a púrpura romana sobre o sangue dos vencidos era o símbolo de nossa felicidade racial e admitíamos que os gênios celestes deviam permanecer submetidos aos nossos caprichosos impulsos. Hoje, porém, o Cristo nos orienta o passo por estradas diversas. A Humanidade é a nossa família e o mundo é o nosso Lar Maior, onde todos somos irmãos. Diante do Céu, não há escravos nem senhores e sim criaturas ligadas entre si pela mesma origem divina.

Os cristãos que não compreendes agora são os alicerces da glória futura. Humilhados e escarnecidos, vilipendiados e mortos no sacrifício, representam a promessa de paz e sublimação para o mundo.

Um dia, ninguém se lembrará do fausto de nossas mentirosas celebrações. A ventania que sopra dos montes gelados espalhará sobre o chão escuro a cinza de nossa miserável grandeza, então convertida em lamentação e pó. Mas a renúncia dos homens e das mulheres que hoje se deixam imolar por uma vida melhor estará cada vez mais santificada e mais viva, na fraternidade que reinará soberana!...

Talvez reparando a profunda surpresa do jovem que o escutava, trêmulo e abatido, Quinto Varro acentuou:

– Prepara-te como valoroso soldado do bem. Em breve tempo, regressaremos à escola da carne. Serás para mim a estrela da manhã, indicando-me a chegada do Sol, cada dia. Certo, sofrimentos cruéis abater-se-ão sobre nós, qual ocorre aos servidores da verdade nesta noite de tormentosa flagelação. Indubitavelmente, a dor espreitar-nos-á a existência, porque a dor é o selo do aperfeiçoamento moral no mundo... Conheceremos a separação e a desventura, o fel e o martírio, mas o pão da graça celeste entre os homens por muitos séculos ainda será amassado no suor e nas aflições dos servidores da luz! Seguirei teus passos, à maneira do cão fiel, e espero que, unido ao meu coração, poderás repetir, mais tarde:

– Ave, Cristo! os que vão viver para sempre te glorificam e saúdam!...

O mensageiro fez longa pausa, enquanto aves noturnas piavam, doloridamente, no arvoredo mergulhado nas sombras.

Roma dormia, agora, em pesada quietação.

Quinto Varro inclinou-se, carinhosamente, apertou o filho de encontro ao peito e beijou-lhe a fronte.

Nesse instante, porém, talvez porque sensações contraditórias lhe turvassem o campo íntimo, Taciano cerrou os olhos para interromper a corrente das lágrimas copiosas, mas, ao descerrá-los, de novo, observou que seu pai havia desaparecido.

A paisagem fizera-se inalterada.

A estátua de Apolo brilhava, refletindo o luar esmaecido da madrugada.

Premido de angústia, Taciano alongou os braços para a noite que lhe pareceu, então, desolada e vazia, bradando, desesperado:

– Meu pai! meu pai!...

E porque seus gritos se perdessem sem eco, no espaço imenso, cansado e abatido estendeu-se na terra, soluçando...

Anos e anos se dobaram sobre estes acontecimentos...

II

Corações em luta

Em sua vila adornada de rosas, no sopé do Aventino, para o lado do Tibre, Quinto Varro, jovem patrício romano, meditava...

Regressara ao templo doméstico, depois de longo trabalho na galera da frota comercial de Opílio Vetúrio, na qual desfrutava a distinção do comando, para ligeiro descanso no lar, e, depois do beijo carinhoso à esposa e ao filhinho, que se deliciavam brincando no triclínio, repousava agora, lendo algumas sentenças de Emílio Papiniano, em florido caramanchão do jardim.

Roma atravessava, no ano 217, sob pesada atmosfera de crimes e inquietações, os últimos dias do imperador Marco Aurélio Antonino Bassiano, cognominado de Caracala[2].

Desde a morte de Papiniano, cruelmente assassinado por ordem do César, desiludira-se o Império quanto ao novo dominador.

Bassiano, longe de respeitar as tradições paternas, na esfera governamental, desmandara-se em vasta conspira-

---

[2] O governo de Caracala, conquanto fosse um tanto benigno para os cristãos situados em posição favorável na vida pública, permitiu a perseguição metódica aos escravos e plebeus dedicados ao Evangelho, então considerados inimigos da ordem política e social. (*Nota do Autor espiritual.*)

ção de tirania contra o direito, não só alimentando a perseguição contra os grupos nazarenos, mais humildes, mas também contra todos os cidadãos honrados que ousassem desaprovar-lhe a conduta.

Encantado com os conceitos sábios do célebre jurisconsulto, Varro confrontava-os com os ensinamentos de Jesus, que detinha de memória, refletindo sobre as facilidades da conversão da cultura romana aos princípios do Cristianismo, desde que a boa vontade pudesse penetrar o espírito dos seus compatriotas.

Descendente de importante família, cujas raízes remontavam à República, não obstante a grande pobreza de bens materiais em que se debatia, era apaixonado cultor dos ideais de liberdade que invadiam o mundo.

Doíam-lhe na alma a ignorância e a miséria com que as classes privilegiadas mantinham a multidão e perdia-se em vastas cogitações para encontrar um ponto final aos milenários desequilíbrios da sociedade de sua pátria.

Reconhecia-se incapaz de qualquer mensagem salvadora e eficiente ao poder administrativo. Não possuía ouro ou soldados com que pudesse impor as opiniões que lhe fervilhavam na cabeça, entretanto, não ignorava que um mundo novo se formava sobre as ruínas do velho.

Milhares de homens e mulheres modificavam-se mentalmente sob a inspiração do espírito renovador. A autocracia do patriciado lutava, desesperadamente, contra a reforma religiosa, mas o pensamento do Cristo, como que pairava acima da Terra, conclamando as almas a descerrarem novo caminho ao progresso espiritual, ainda mesmo à custa de suor e sangue no sacrifício.

Abismado em reflexões, foi trazido à realidade pela esposa, Cíntia Júlia, que veio ter com ele, guardando nos braços o filhinho Taciano, com apenas um ano de idade, a sorrir, doce e terno, como se fora um anjo arrebatado ao berço celeste.

Cíntia revelava nos olhos escuros a chama da vivacidade feminil, deixando entrever, de imediato, a trama das paixões que lhe desbordavam da alma inquieta. Largo peplo de nevado linho realçava-lhe as formas de madona e menina, evocando o perfil brejeiro e lindo de alguma ninfa que se houvera repentinamente transformado em mulher, contrastando com a severa expressão do marido, que parecia infinitamente distanciado da companheira pelas afinidades psíquicas.

Quinto Varro, não obstante muito moço, trazia a máscara fisionômica do filósofo, habituado a permanente mergulho no oceano das idéias.

No contentamento de uma cotovia palradora, Cíntia reportou-se à festa de Úlpia Sabina, a que comparecera na véspera, junto de Vetúrio, que lhe fora desvelado parceiro.

Deteve-se, entusiástica, na descrição dos bailados de invenção da própria dona da casa, que aproveitara a vocação de escravas jovens, tentando repetir para o esposo, com harmoniosa voz, alguns trechos da música simbólica.

Varro sorria, condescendente, qual se fora um pai austero e bondoso escutando as infantilidades de uma filha, e pronunciava, de quando em quando, uma ou outra frase curta de compreensão e encorajamento.

A certa altura da conversação, fixando a esposa, como quem pretendia tocar em assunto mais sério, observou:

– Sabes, querida, que hoje à noite será possível ouvir uma das vozes mais autorizadas do nosso movimento nas Gálias?

E talvez porque a mulher silenciasse, pensativa, continuou:

– Refiro-me a Ápio Corvino, o velho pregador de Lião[3] que se despede dos cristãos de Roma. Na mocidade, foi contemporâneo de Átalo de Pérgamo, admirável herói entre os mártires gauleses. Corvino conta mais de setenta anos, mas, segundo as impressões gerais, é portador de um espírito juvenil.

A jovem senhora esboçou largo gesto de enfado e murmurou:

– Por que nos preocuparmos tanto com esses homens? Francamente, da única vez que te acompanhei às catacumbas, voltei aflita e desanimada. Haverá qualquer senso prático nas divagações que ouvimos? Por que arrostar com os perigos de um culto ilegal para somente insistir em desvarios da imaginação?

Com ironia e agressividade, prosseguia para o esposo triste:

– Acreditas possa eu conformar-me com a louca renunciação de mulheres, quais Sofrônia e Cornélia, que desceram do fausto patrício para a imundície dos cárceres, ombreando com escravas e lavadeiras?

Desferiu rumorosa gargalhada e acrescentou:

– Faz alguns dias, quando ainda te encontravas em viagem na Aquitânia, Opílio e eu conversávamos na intimi-

---

[3]No tempo da dominação de Roma, nas Gálias, o nome da cidade de Lião era Lugdunum. (*Nota do Autor espiritual.*)

dade, quando Popéia Cilene veio ter conosco, pedindo esmolas para as famílias vitimadas nas últimas perseguições, e, vendo os meus jarros, instou comigo para abandonar o uso de cosméticos. Rimo-nos fartamente da sugestão. Para atendermos aos princípios de um homem que morreu na cruz dos malfeitores, vai para duzentos anos, precisaremos adotar a indigência e vaguear no mundo, como se fôssemos fantasmas? Nossos deuses não nos reservam um paraíso de mendigos discutidores. Nossos sacerdotes guardam dignidade e compostura.

Após leve pausa, em que fitou o esposo sarcasticamente, aduziu:

– Aliás, devo dizer-te que tenho sacrificado a Esculápio, em teu favor. Temo por tua saúde. Vetúrio é de parecer que os cristãos são dementes. Não observas quanta modificação transparece do teu procedimento para comigo, desde o início de tuas novas práticas? Depois de longas ausências da família, não regressas na posição do marido afetuoso de antes. Em vez de te reportares à nossa intimidade carinhosa, guardas o pensamento e a palavra em sucessos do culto abominável. Há tempos, afirmava Sabina que a perigosa mística de Jerusalém enfraquece os laços do amor que os numes domésticos nos legaram e dir-se-ia que esse Cristo te domina por dentro, afastando-te de mim...

Cíntia, agora, de semblante conturbado, enxugava o pranto nervoso, enquanto o filhinho sorria, ingênuo, em seu regaço.

– Grande tola! – obtemperou o marido, preocupado – poderás admitir que te possa esquecer? onde reside o amor senão no santuário do coração? Quero-te como sempre. És tudo em minha vida...

– Mas... e a dependência em que vivemos? – clamou Cíntia, descoroçoada – a pobreza é um espantalho. És empregado de Opílio e residimos numa casa que ele nos cede por favor... Por que não te arrojares, tanto quanto meu primo, no campo dos negócios, para que tenhamos também navios e escravos, palácios e chácaras? Acaso não te sentes humilhado, ante a nossa posição de inferioridade?

Quinto Varro estampou indisfarçável amargura no semblante calmo. Afagou a linda cabeleira da esposa e objetou, contrafeito:

– Por que motivo te agastares assim? Não apreciarás a nossa riqueza de caráter? Conviria o favor da riqueza sobre a desgraça de tantos? Como reter escravos, quando tentamos libertá-los? Estimarias ver-me em transações inconfessáveis, com a perda de nossa consciência reta?

A esposa chorava, desagradavelmente, mas, evidenciando o propósito de alterar o rumo da conversação, Varro acentuou:

– Esqueçamos as futilidades. Vamos! Ouviremos juntos a palavra de Corvino? Um carro nos conduzirá à noitinha...

– Para voltarmos ao lar, morrendo de fadiga? – respondeu a mulher, derramando copiosas lágrimas. – Não! não irei! Estou farta. Que nos podem ensinar os gauleses bárbaros, cujas pitonisas lêem os augúrios nas vísceras, ainda quentes, de soldados mortos?

O jovem esposo deixou transparecer nos olhos invencível tristeza e considerou:

– Crueldade nos gauleses? E nós? Com tantos séculos de cultura, afogamos mulheres indefesas, na corrente viciada do Tibre, assassinamos crianças, crucificamos a mocidade e desrespeitamos a velhice, sentenciando anciães veneráveis ao repasto das feras, simplesmente porque se consagram a ideais de fraternidade e trabalho com a dignificação da vida para todos. Jesus...

Varro ia fazer uma citação evangélica, recorrendo às palavras do Divino Mestre; Cíntia, porém, elevando o tom da voz, que se fez mais áspera, gritou:

– Sempre o Cristo!... sempre o Cristo!... Lembra-te de que a nossa condição social é miserável... Foge à punição dos deuses, rendendo culto a César, para que a Fortuna nos favoreça. Estou doente, alquebrada... Não tenho a vocação da cruz! detesto os nazarenos, que esperam o Céu entre discussões e piolhos!...

O moço patrício contemplou a companheira, compadecidamente, como se deplorasse, no íntimo, a insensatez das palavras que pronunciava, e notando que o pequenino chorava a estender-lhe os braços, tentou acariciar a criança, observando:

– Por que tanta referência à pobreza? Nosso filhinho não será, por si mesmo, um tesouro?

Cíntia, contudo, arrebatou-o à ternura paterna e, recuando num salto precipitado, exclamou:

– Taciano jamais será cristão. É meu filho! Consagrei-o a Dindimene. A mãe dos deuses defendê-lo-á contra a bruxaria e a superstição.

Em seguida, buscou o interior apressadamente, tangida por incompreensível tortura moral.

Quinto Varro não tornou à leitura.

Perdido em profundas reflexões, debruçou-se no muro que separava o jardim da via pública e demorou-se na contemplação de extenso bando de meninos, que se ocupavam num jogo infantil, lançando pedrinhas sobre as águas e, de pensamento centralizado em seu pequeno Taciano, sem saber definir os escuros pressentimentos que lhe envolviam o peito, reparou que estranha amargura lhe tomava o coração.

No crepúsculo adiantado, sem conseguir reavistar-se com a esposa, que se ocultara com o filhinho na câmara do casal, tomou o carro de um amigo que o conduziu até à casa humilde do venerável Lisipo de Alexandria, um grego ilustre, profundamente devotado ao Evangelho, que residia em desconfortável choupana, a desmantelar-se na estrada de Óstia.

Pequena assembléia de adeptos havia-se formado na sala simples.

Com surpresa, foi informado de que as despedidas do grande cristão gaulês não se realizariam naquela noite e, sim, na seguinte.

Corvino achava-se, desse modo, à disposição dos amigos para um entendimento familiar.

Não havia, porém, outro assunto mais fascinante para o grupo que as reminiscências das perseguições de 177.

Os tormentos dos cristãos lioneses eram narrados minuciosamente pelo nobre visitante.

Enquanto o círculo ouvia, extático, o ancião das Gálias recordava, com prodigiosa memória, os mínimos acontecimentos. Repetia os interrogatórios efetuados, incluindo as respostas inspiradas dos mártires. Reportava-se às preces ardentes dos companheiros da Ásia e da Frígia que, piedosamente, haviam socorrido as comunidades de Lião e

Viena[4]. Falava, entusiasmado, da imensa caridade de Vétio Epágato, o abnegado senhor que renunciara à nobre posição que desfrutava, a fim de converter-se em advogado dos cristãos humildes. Inflamava-se-lhe o olhar, comentando a estranha coragem de Santo, o diácono de Viena, e o heroísmo da débil escrava Blandina, cuja fé confundira o ânimo dos carrascos. Pintou a alegria de Potino, o chefe da Igreja de Lião, cruelmente ultrajado e espancado na rua, sem uma palavra de revolta, aos noventa anos de idade.

Por fim, deteve-se com misteriosa alegria, aljofrada de lágrimas, nas aventuras e tormentos de Átalo de Pérgamo, que lhe fora o iniciador na fé.

Relacionava todos os pormenores dos suplícios a que se submetera o venerável amigo. Lembrava-se da dilação havida no processo, em razão da consulta do Propretor a Marco Aurélio, e demorava-se na descrição dos últimos sofrimentos do grande cristão, esmurrado, chicoteado, atado à cadeira de ferro incandescido, e finalmente degolado, em companhia de Alexandre, o devotado médico frígio que, em Lião, oferecera ao Senhor admirável testemunho de fé.

A assembléia escutava, embevecida com as referências. Mas, porque o pregador teria trabalho intensivo na noite próxima, Lisipo mandou servir algumas tigelas de leite e fatias de pão fresco e a conversação foi encerrada.

De espírito edificado pelas narrativas do velho gaulês, Varro tornou a casa.

---

[4]Cidade da França, próxima de Lião. (*Nota do Autor espiritual.*)

Regressava mais cedo e um só pensamento lhe absorvia agora a mente: apaziguar a alma inquieta da companheira, propiciando-lhe calma e alegria, com a reafirmação da sua ternura e devotamento.

Aproximou-se, devagarinho, no intuito de surpreendê-la, afetuoso.

Atravessou o pequeno átrio, varou a porta semicerrada, mas, diante da sua câmara de repouso, estacou, intrigado.

Ouviu vozes em diálogo aceso.

Achava-se Opílio Vetúrio em seu quarto de dormir.

Tentou compreender a tempestade moral que lhe amarfanhava o destino.

Não supunha o homem para quem trabalhava capaz de atrair-lhe a esposa a semelhante procedimento.

Opílio era primo de Cíntia e sempre fora recebido ali como irmão. Era dez anos mais velho que ele, Varro, e enviuvara, desde algum tempo. Heliodora, a esposa morta, fora para Cíntia uma segunda mãe. Deixara dois filhinhos, Helena e Galba, gêmeos infelizes, cujo nascimento ocasionara o falecimento da genitora, e que residiam com o pai, cercados de escravos devotadíssimos, em palacete magnífico, a ilustrar os brasões da família.

Trabalhava para Vetúrio nas embarcações e morava numa vila que lhe pertencia. Achava-se lamentavelmente empenhado a ele, desde o casamento, por dívidas pesadas, que se propunha resgatar honestamente, com serviço pessoal, respeitável.

Sentindo que a cabeça se lhe transformara num vulcão de perguntas, Varro pensava...

Por que razão se entregava assim a esposa à aventura menos digna? Não era ele um companheiro leal, extremamente dedicado à felicidade dela e do filhinho? Ausentava-se comumente de Roma, guardando-os no coração. Se as tentações de ordem inferior lhe assediavam o espírito, durante as viagens habituais, Cíntia e Taciano lhe eram a invariável defesa... Como ceder às sugestões da maldade, quando se acreditava o arrimo único da mulher e do anjinho que lhe povoavam a alma de santificadas aspirações? E por que Vetúrio lhe conspurcava, assim, o lar? Não se sentia na condição dum amigo convertido em devotado servidor? Quantas vezes, em portos distantes, era convidado ao ganho fácil e renunciava a qualquer vantagem econômica de procedência duvidosa, atento às responsabilidades que o ligavam ao primo de sua mulher! Em quantas ocasiões, constrangido pela gratidão, era obrigado a esquecer possibilidades seguras de melhoria da sorte, simplesmente por notar em Opílio, não somente o patrono do seu pão material, mas também o companheiro, credor do seu mais amplo reconhecimento!...

Angustiado e abatido, considerava consigo mesmo, dentro do aflitivo minuto: – Se Cíntia amava o primo, por que desposara a ele? Se ambos haviam recebido uma bênção do Céu, com a chegada do filhinho, como repudiar os laços conjugais, se Taciano era a sua melhor esperança de homem de bem?

Semi-alucinado, passou a refletir contra a própria argumentação. E se estivesse prejulgando? E se Opílio Vetúrio ali estivesse em missão de auxílio, atendendo a solicitação da própria Cíntia? Era necessário, pois, acalmar a mente inquieta e ouvir com isenção de ânimo.

Colocou a destra sobre o coração opresso e escutou:

– Nunca te habituarás aos devaneios de Varro – dizia Vetúrio, senhor de si –, é inútil qualquer tentativa.

– Quem sabe? – aventurou a prima, preocupada – espero deixará ele, algum dia, a odiosa convivência dos cristãos.

– Nunca! – exclamou o interlocutor, rindo-se, francamente – não há notícia de pessoas que voltassem inteiramente à razão depois de ambientadas nessa praga. Ainda mesmo quando parecem trair os votos, com temor das autoridades, à frente de nossos deuses, voltam mais tarde ao encantamento. Tenho acompanhado vários processos de recuperação desses loucos. Dir-se-ia sofrerem temível obsessão pelo sofrimento. Pancadas, cordas, feras, cruzes, fogueiras, degolamentos, tudo é pouco para diminuir a volúpia com que se entregam à dor.

– Realmente, estou farta... – suspirou a jovem senhora, baixando o tom de voz.

Evidenciando a segurança dos laços afetivos que já lhe prendiam o espírito à dona da casa, Opílio acentuou, decidido:

– Ainda mesmo que Varro alterasse as próprias opiniões, não conseguirias modificar a nossa posição. Pertencemo-nos mutuamente. Há seis meses és minha e que diferença faz?

Sarcástico, observou:

– Acaso, teu marido disputa a mulher? Acha-se demasiadamente interessado no reino dos anjos... Não admito, sinceramente, esteja à altura de tua expectativa. Por Júpiter! Todos os meus conhecidos que se renderam à mistificação nazarena, afastaram-se da vida. Varro falar-te-á do paraíso dos judeus, repleto de patriarcas imundos, em vez de conversar contigo sobre os nossos jogos, e garanto que se desejares uma excursão alegre, mais que natural em teu gosto feminino, conduzir-te-á sem dúvida a algum cemitério isolado, exigindo que te regozijes ao lado de ossos podres...

Uma gargalhada irônica fechou-lhe a frase, mas notando, provavelmente, algum gesto inesperado na prima, prosseguiu:

– Além disso, precisas considerar que teu marido não passa de meu cliente[5]. Tem tudo e nada tem. Mas, por Serápis, não lhe vejo qualidades para cercá-lo de favores. Sabes que te amo, Cíntia! Não ignoras que te queria, em silêncio, desde o primeiro instante em que te reconheci, jovem e formosa. Nunca teria preferido Heliodora, se os serviços de César não me tivessem mantido na Acaia por tanto tempo! Quando te encontrei, enamorada de Varro, senti uma tormenta no coração. Fiz tudo por tua felicidade. Inclinei as simpatias de minha mulher, em teu favor, cerquei-te de mimos, ofereci-te uma residência digna de teus dotes, para que jamais te confundisses com as mulheres miseráveis, que a privação compele à velhice precoce e, por ti, suportei até mesmo o esposo que te acompanha, incapaz de compreender-te o coração! Que farás de mim, agora, viúvo e triste quanto estou? Nunca proporcionei a Heliodora, depois de reencontrar-te, senão a estima respeitosa de que se fazia credora pela virtude irrepreensível.

---

[5]Pessoa pobre, entre os antigos romanos, que se valia dos favores de um amigo rico. (*Nota do Autor espiritual.*)

Nossos escravos sabem que te pertenço. Mecênio, meu velho pajem, veio trazer-me a notícia de que os servos acreditavam Heliodora envenenada por mim, para que lhe tomasses o lugar! E, realmente, que mãe mais honrada e carinhosa poderia encontrar para meus filhos? Resolve, pois. Uma palavra tua bastará.

– E meu esposo? – indagou Cíntia, com inexprimível temor na voz.

Houve um silêncio expressivo, dentro do qual Vetúrio parecia meditar, intencionalmente, expressando-se, logo após:

– Pretendo oferecer ao teu esposo a quitação de todos os débitos. Além disso, posso ampará-lo noutros setores da vida imperial. À distância de nós, conseguiria dar expansão aos próprios ideais. Temo por ele. As autoridades não perdoam. Daqueles cuja intimidade desfrutamos, vários têm sido presos, castigados ou mortos. Aulo Macrino e dois filhos foram encarcerados. Cláudia Sextina, por todos os títulos venerável, apareceu assassinada em sua chácara. Sofrônio Calvo teve os bens confiscados e foi apedrejado no forum. Teu marido poderia dar vazão aos sentimentos dele onde quisesse, menos aqui.

– Mas que seria feito de Taciano, se atingíssemos uma solução favorável?

– Ora, ora – aventou o interlocutor, como um homem não habituado a ponderar obstáculos –, meus filhinhos estão na idade do teu. Cresceria ao lado de Helena e de Galba na melhor ambientação. Não podemos esquecer, igualmente, que a minha herdade, em Lião, necessita de alguém. Alésio e Pontimiana, meus administradores, sempre reclamam a presença de pelo menos um dos nossos familiares. Dentro de alguns anos, o pequenino Taciano poderia transferir-se para a Gália e assumir, em nossa propriedade, a posição que lhe compete. Viria a Roma, tanto quanto desejasse, e desenvolveria a personalidade em ambiente diverso, sem qualquer ligação com a influência paterna...

Nesse ponto da conversação, Varro não mais suportou.

Sentindo que um vulcão de angústia lhe rebentava no peito, arrastou-se pelo corredor próximo, em busca do aposento onde o filhinho repousava, junto de Cirila, jovem escrava de que Cíntia se fazia acompanhar.

Ajoelhou-se, ante o berço adornado, e, ouvindo a abafada respiração do menino, deu campo largo às próprias emoções.

Como um homem que se visse arremessado a fundo abismo, dum momento para outro, sem encontrar, de pronto, qualquer base firme para suster-se, não conseguiu, por alguns minutos, conciliar os próprios pensamentos.

Recorreu à prece, a fim de apaziguar-se e, então, passou a refletir...

Contemplou a fisionomia calma da criança, através do espesso véu das lágrimas, e indagou a si mesmo – para onde iria? Como resolver o delicado problema criado pela mulher?

Não desconhecia, agora, a crueldade de Opílio. Sabia-o detentor das atenções de César que, segundo a versão popular, lhe utilizara a cooperação no assassínio de Geta, pelo que recebera enorme patrimônio de terras na Gália distante e, naquele momento, não duvidava de que ele houvesse facilitado a morte da abnegada Heliodora, movido de paixão por Cíntia.

Considerou a situação vexatória a que fora projetado e asilou o propósito de revide.

A inolvidável figura do Cristo, porém, assomou-lhe à imaginação superexcitada...

Como harmonizar a vingança com os ensinamentos da Boa Nova, que ele mesmo difundia em suas viagens? Como destacar o impositivo do perdão para os outros, sem desculpar as falhas do próximo? O Mestre, cuja tutela buscara, havia esquecido os golpes de todos os ofensores, aceitando a própria cruz... Vira muitos amigos presos e perseguidos, em nome do Celeste Benfeitor. Todos demonstravam coragem, serenidade, confiança... Conhecia o devotado pregador do Evangelho, na Via Salária, Hostílio Fúlvio, cujos dois filhinhos haviam sido trucidados sob as patas de dois cavalos, conduzidos intencionalmente sobre eles por um tribuno embriagado. Ele mesmo, Varro, ajudara a recolher os despojos dos inocentes e vira que o pai, de joelhos, orara, chorando, agradecendo ao Senhor os sofrimentos com que ele e a família eram rudemente experimentados.

A aflição daquela hora não seria a mão de Deus que lhe exigia um testemunho de fé? Mas não seria melhor perecer no anfiteatro ou ver Taciano devorado por animais ferozes que se confiarem ambos à vergonha da morte moral?

E, perguntava em pranto mudo: – como se portaria Jesus, se tivesse sido pai? Entregaria uma criança inerme a um lobo terrível da floresta social, sem a mínima reação?

Por si, não se notava com direito a qualquer exigência. Reconhecia-se na posição do homem comum e, por isso mesmo, pecador, com a necessidade indisfarçável de adaptar-se à virtude.

Não poderia reclamar devotamento à esposa, embora perdê-la lhe custasse imensa dor.

No entanto, e o pequenino? Seria justo abandoná-lo à mercê do crime?

Ó Deus! – soluçava, intimamente – como lutar com um homem poderoso, quanto Opílio Vetúrio, capaz de alterar as determinações do próprio César? Que a mulher amada o seguisse era uma ferida que a esponja do tempo, de certo, lhe absorveria no âmago da alma, contudo, como separar-se do filhinho, que era a sua razão de viver?

Ergueu-se, maquinalmente, retirou o menino adormecido, dentre os panos de lã em que descansava, e asilou a tentação de fugir.

Não seria, porém, indesculpável temeridade expor a criança à intempérie? E como situaria a companheira, no dia seguinte, à frente da vida social?

Cíntia não havia pensado nele, pai carinhoso e amigo, mas poderia ele, discípulo dos ensinamentos de Jesus, votá-la ao desprezo de si mesma ou à desconsideração pública?

Qual se estivesse amparado por estranha força invisível, repôs o pequenino no leito, e, depois de beijá-lo enternecidamente, inclinou-se demoradamente sobre ele e chorou, humilde, derramando copiosas lágrimas, como se vertesse o cálido rocio do próprio coração na preciosa flor de sua vida.

Logo após, certificando-se de que o diálogo continuava na câmara íntima, regressou à via pública, buscando ar renovado para o corpo enlanguescido...

Parou nas margens do Tibre, invocando à memória os padecimentos de todas as vítimas daquelas águas misteriosas e tranqüilas, que deviam ocultar os gemidos de inúmeros injustiçados da Terra. A mudez do velho rio não representava uma inspiração para o campo agitado de sua alma?

Os raros transeuntes e os carros retardatários não lhe notavam a presença.

Dividindo o olhar entre o firmamento cintilante e as águas tranqüilas, abismou-se em profundas indagações que ninguém poderia sondar...

Ao alvorecer, tornou a casa, apático e desorientado, e, cerrando-se num cubículo, entregou-se a sono pesado e sem sonhos, do qual despertou ao sol avançado, pelos gritos dos escravos que transportavam material para construções próximas.

Quinto Varro procedeu à higiene da manhã e, procurado por Cirila e a criança, afagou o filho, entre grave e afetuoso, recebendo um recado da mulher, anunciando-lhe que se ausentara, em companhia de amigas, para uma festividade religiosa no Palatino.

Acabrunhado, afastou-se da residência na direção da via de Óstia. Desejava entender-se com alguém que lhe pudesse lenir a chaga íntima e, recordando a nobre figura de Corvino, propunha-se fazê-lo confidente de todas as mágoas que lhe fustigavam o coração.

Recebido por Lisipo, este informou bondoso que o ancião se ausentara, atendendo a vários enfermos, acentuando, porém, que estaria ele à noite, na Via Ardeatina.

O anfitrião, todavia, observou tamanha palidez no visitante inesperado que o convidou a sentar-se e a servir-se de um caldo reconfortante.

Varro aceitou, experimentando grande melhora espiritual. A paz do recinto singelo como que lhe acalmava o espírito desarvorado.

Adivinhando-lhe os tormentos morais, o velhinho desenrolou diversas páginas consoladoras, que continham informações sobre o heroísmo dos mártires, como que pretendendo cicatrizar-lhe as úlceras invisíveis.

O jovem ouviu, atento; leu compridos trechos das descrições e, alegando abatimento físico, deixou-se ficar, junto de Lisipo, até mais tarde, quando ambos se dirigiram para os sepulcros num carro de velho amigo.

Alcançaram os túmulos dentro da noite.

Transpuseram a porta que um dos companheiros vigiava, atento, e desfilaram nas galerias, junto de numerosos irmãos que seguiam, conduzindo tochas, em conversações coroadas de esperança.

Os cemitérios cristãos, em Roma, eram lugares de grande alegria. Inquietos e desalentados na vida de relação, com infinitas dificuldades para se comunicarem uns com os outros, dir-se-ia que ali, no lar dos mortos que as tradições patrícias habitualmente respeitavam, os seguidores do Cristo encontravam o clima único, favorável à comunhão de que viviam sedentos. Abraçavam-se aí, com indizível ternura fraterna, cantavam jubilosos, oravam com fervor...

O Cristianismo de então não se limitava aos ritos sacerdotais. Era um rio de luz e fé, banhando as almas, arrebanhando corações para a jornada divina do ideal superior. As lágrimas não surgiam na condição de gotas de fel incendiado, mas como pérolas de amor e reconhecimento, nas referências aos suplícios dos companheiros sacrificados.

Aqui e ali, sepulturas róseas e brancas ostentavam dísticos afetuosos, que não lembravam qualquer idéia escura de morte. Só a bondade de Deus e a vida eterna mereciam exaltação.

Varro relia com avidez as palavras que lhe eram familiares, buscando apoio moral para a resistência íntima de que se reconhecia necessitado.

Não longe, a carinhosa amizade de alguém escrevera a saudação: – "Festo, Jesus te abençoe." Adiante, grafara um pai devotado: – "Gláucia, querida filha, estamos juntos." Acolá, brilhava a inscrição "Crescêncio vive", mais além, fulgurava outra, "Popéia glorificada".

Nunca sentira Varro tamanha paz nos túmulos. Reconhecendo-se na posição de um homem expulso do próprio lar, sentia agora na multidão anônima dos companheiros a sua própria família. Detinha-se nos semblantes desconhecidos, com mais simpatia e interesse, e pensava consigo mesmo que naquela fileira de criaturas, que ansiosamente buscavam os ensinamentos do Senhor, talvez existissem mais dolorosos dramas que o dele e chagas mais profundas a lhes sangrarem nos corações. Sustentava Lisipo no braço robusto, como se houvera reencontrado a alegria de ser útil a alguém e, pelos olhares felizes que permutavam entre si, pareciam ambos agradecer a influência de Jesus, que concedia ao velho afetuoso a graça de amparar-se num filho e ao moço infortunado a ventura de encontrar um pai a quem poderia servir.

Em grande recinto iluminado, hinos de alegria precederam a palavra do pregador que, assomando à tribuna, falou com indescritível beleza, acerca do Reino de Deus, encarecendo a necessidade de paciência e de esperança.

Quando terminou a enternecedora alocução, Lisipo e Varro aproximaram-se para reconduzi-lo a casa.

Um carro, além dos sepulcros, aguardava-os, solícito.

E na intimidade doméstica, ante os dois velhinhos que o escutavam, surpresos, o moço patrício, pontilhando a narrativa de lágrimas, expôs o que sofria, nos recessos da vida particular, rogando a Corvino um bálsamo para as feridas que lhe oprimiam o coração.

O velho gaulês fê-lo sentar-se e, acariciando-lhe a cabeça, como se o fizesse a um menino atormentado, indagou:

– Varro, aceitaste o Evangelho para que Jesus se transforme em teu servidor ou para que te convertas em servidor de Jesus?

– Oh! sem dúvida – suspirou o rapaz –, se a alguma coisa aspiro no mundo é ao ingresso nas fileiras dos escravos do Senhor.

– Então, meu filho, cogitemos dos desígnios do Cristo e olvidemos nossos desejos.

E, fitando o céu pela janela humilde, deixando perceber que solicitava a inspiração do Alto, acrescentou:

– Antes de tudo, não condenes tua mulher. Quem somos nós para sondar o coração do próximo? Poderíamos, acaso, torcer o sentimento de outra alma, usando a maldade e a violência? Quem de nós estará irrepreensível para castigar?

– Todavia, como extinguir o mal, se não nos dispomos a combatê-lo? – ajuizou Varro, gravemente.

O ancião sorriu e considerou:

– Acreditas, porém, que possamos vencê-lo à força de palavras bem feitas? Admites, porventura, que o Mestre haja descido das Alturas, simplesmente para falar? Jesus viveu as próprias lições, guerreando a sombra com a luz que irradiava de si mesmo, até ao derradeiro sacrifício. Achamo-nos num mundo envolvido em trevas e não possuímos outras tochas para clareá-lo, senão a nossa alma, que precisamos inflamar no verdadeiro amor. O Evangelho não é somente uma propaganda de idéias libertadoras. Acima de tudo, é a construção dum mundo novo pela edificação moral do novo homem. Até agora, a civilização tem mantido a mulher, nossa mãe e nossa irmã, no nível de mercadoria vulgar. Durante milênios, dela fizemos nossa escrava, vendendo-a, explorando-a, apedrejando-a ou matando-a, sem que as leis nos considerem passíveis de julgamento. Mas, não será ela igualmente um ser humano? Viverá indene de fraquezas iguais às nossas? Por que conferir-lhe tratamento inferior àquele que dispensamos aos cavalos, se dela recebemos a bênção da vida? Em todas as fases do apostolado divino, Jesus dignificou-a, santificando-lhe a missão sublime. Recordando-lhe o ensinamento, será lícito repetir – quem de nós, em sã consciência, pode atirar a primeira pedra.

E, fixando significativamente os dois ouvintes, acentuou:

– O Cristianismo, para redimir as criaturas, exige uma vanguarda de espíritos decididos a executar-lhe o plano de ação.

– No entanto – ponderou o jovem romano, algo tímido –, poderemos negar que Cíntia esteja em erro?

– Meu filho, quem ateia fogo ao campo da própria vida, de certo seguirá sob as chamas do incêndio. Compadece-te dos transviados! Não serão suficientemente infelizes por si mesmos?

– E meu filho? – perguntou Varro com a voz embargada de pranto.

– Compreendo-te a aflição.

E, vagueando o olhar lúcido pela sala estreita, Corvino pareceu mostrar um fragmento do próprio coração, acrescentando:

– Noutro tempo, bebi no mesmo cálice. Afastar-me dos filhinhos foi para mim a visitação de terrível angústia. Peregrinei, dilacerado, como folha relegada ao remoinho do vento, mas acabei percebendo que os filhos são de Deus, antes de pousarem docemente em nossas mãos. Entendo-te o infortúnio. Morrer mil vezes, sob qualquer gênero de tortura, é padecimento menor que esse da separação de uma flor viva que desejaríamos reter ao tronco do nosso destino...

– Entretanto – comentou o patrício, amargurado –, não seria justo defender um inocente, reclamando para nós o direito de protegê-lo e educá-lo?

– Quem te ouviria, contudo, a voz, quando uma insignificante ordem imperial poderá sufocar-te os gritos? E além do mais – aduziu o ancião, afetuosamente –, se estamos interessados em servir ao Cristo, como impor a outrem o fel que a luta nos constrange a sorver? A esposa poderá não ter sido generosa para com o teu coração, mas provavelmente será abnegada mãe do pequenino. Não será, pois, mais aconselhável aguardar as determinações do Altíssimo, na graça do tempo?

Detendo-se na dolorosa expressão fisionômica do pai desventurado, Corvino observou, depois de longa pausa:

– Não te submetas ao frio do desengano, anulando os próprios recursos. A dor pode ser comparada a volumosa corrente de um rio, suscetível de conduzir-nos à felicidade na terra firme, ou de afogar-nos, quando não sabemos sobrenadar. Ouve-nos. O Evangelho não é apenas um trilho de acesso ao júbilo celestial, depois da morte. É uma luz para a nossa existência neste mundo mesmo, que devemos transformar em Reino de Deus. Não te recordas da visita de Nicodemos ao Divino Mestre, quando o Senhor asseverou, convincente: – "importa renascer de novo"?

Ante o sinal afirmativo de Quinto Varro, o ancião continuou:

– Também sofri muito, quando, ainda jovem, me decidi ao trabalho da fé. Repudiado por todos, fui compelido a distanciar-me das Gálias, onde nasci, demorando-me por dez anos consecutivos em Alexandria, onde renovei os meus conhecimentos. A igreja de lá permanece aberta às mais amplas considerações, em torno do destino e do ser. As idéias de Pitágoras são ali mantidas num grande centro de estudos, com real proveito, e, depois de ouvir atenciosamente padres ilustres e adeptos mais esclarecidos, convenci-me de que renascemos muitas vezes, na Terra. O corpo é passageira vestidura de nossa alma que nunca morre. O túmulo é ressurreição. Tornaremos à carne, tantas vezes quantas se fizerem necessárias, até que tenhamos alijado todas as impurezas do íntimo, como o metal nobre que tolera o cadinho purificador, até que arroje para longe dele a escória que o desfigura.

Corvino fez ligeiro intervalo, como a dar oportunidade à reflexão dos ouvintes, e prosseguiu:

– Jesus não falava simplesmente ao homem que passa, mas, acima de tudo, ao espírito imperecível. Em certo passo dos seus sublimes ensinamentos, adverte: "melhor será entrares na vida aleijado que, tendo duas mãos, te aproveitares delas para a descida às regiões inferiores"[6]. Refere-se o Cristo ao mundo, como escola em que procuramos o nosso próprio burilamento. Cada qual de nós vem à Terra, com os problemas de que necessita. A provação é remédio salutar. A dificuldade é degrau na grande subida. Nossos antepassados, os druidas, ensinavam que nos achamos num mundo de viagens ou num campo de reiteradas experiências, a fim de que possamos alcançar, mais tarde, os astros da luz divina para sermos um com Deus, nosso Pai. Criamos o sofrimento, desacatando as Leis Universais e suportamo-lo para regressar à harmoniosa comunhão com elas. A justiça é perfeita. Ninguém chora sem necessidade. A pedra suporta a pressão do instrumento que a desgasta, a fim de brilhar, soberana. A fera é conduzida à prisão para domesticar-se. O homem luta e padece para aprender a reaprender, aperfeiçoando-se cada vez mais. A Terra não é o único teatro da vida. Não disse o próprio Senhor – a quem pretendemos servir – que "existem muitas moradas na Casa de Nosso Pai"? O trabalho é a escada luminosa para outras esferas, onde nos reencontraremos, como pássaros que, depois de se perderem uns dos

[6]Evangelho de Marcos, 9:43. (*Nota do Autor espiritual.*)

outros, sob as rajadas do inverno, se reagrupam de novo ao sol abençoado da primavera...

Passando a mão pelos cabelos brancos, o velho acentuou:

– Tenho a cabeça tocada pela neve do desencanto... Muitas vezes, a agonia me visitou a alma cheia de sonhos... Em torno de meus pés, a terra fria me solicita o corpo alquebrado, mas dentro do meu coração a esperança é um sol que me abrasa, revelando em suas projeções resplendentes o glorioso caminho do futuro... Somos eternos, Varro! Amanhã, reunir-nos-emos, felizes, no lar da eternidade, sem o pranto da separação ou da morte...

Ouvindo aquelas palavras, repletas de convicção e de ternura, o moço patrício aquietou o espírito atormentado.

Mais alguns minutos de animadora conversação correram céleres e, algo refeito, dispôs-se a partir.

Uma biga ligeira, por ele solicitada, esperava-o a reduzida distância.

Quando o galope dos cavalos se fundiu no grande silêncio, à porta do templo doméstico, o jovem, mais tranqüilo, notou que poucas estrelas ainda fulguravam palidamente, enquanto o firmamento se tingia de rubro.

Alvorejava a manhã...

Varro, contemplando o formoso céu romano e pedindo a Jesus lhe conservasse a fé haurida no entendimento com o velho cristão gaulês, na estrada de Óstia, julgou encontrar naquela madrugada de surpreendente beleza o símbolo do novo dia que lhe marcava agora o destino.

III

Compromisso do coração

Dois dias sucederam-se uniformes para Quinto Varro que, apático e melancólico, ouvia no lar as queixas infindáveis da esposa, azorragando-lhe os princípios com o látego da crítica insidiosa e contundente.

Embora as mágoas lhe oprimissem a alma, não deixou perceber qualquer sinal de desaprovação à conduta de Cíntia, que prosseguia ao lado de Vetúrio, entre excursões e entendimentos.

Recebendo, porém, a recomendação de partir na direção de um porto da Acaia, não conseguiu sopitar o anseio de renovação do qual se via possuído.

Procurou Opílio, pessoalmente, e recebido por ele, com largas demonstrações de cavalheirismo, expôs o que desejava. Sentia-se necessitado de vida nova. Pretendia abandonar o tráfego marítimo e consagrar-se a tarefas diferentes, em Roma.

Contudo, confessava, com desapontamento, os débitos que o retinham ao serviço na frota.

Devia tão vasta soma ao chefe da organização que ignorava como encetar a mudança de caminho.

Vetúrio, revelando grande surpresa, buscou disfarçar os verdadeiros pensamentos que lhe brotavam no raciocínio. Risonho e acolhedor, abeirou-se do visitante, afirmando, peremptório, que jamais o considerara empregado e sim companheiro de trabalho, que nada lhe ficava a dever. Declarou compreender-lhe a fadiga e justificou-lhe o propósito de reajustar-se na vida romana.

Corado de vergonha, Varro recebeu dele a plena quitação de todas as dívidas. Opílio não só lhe fazia semelhante concessão, como também se colocava à disposição dele para qualquer novo empreendimento.

Indagou delicadamente dos planos que já houvesse delineado para o futuro, mas o esposo de Cíntia, atônito com o fingimento do interlocutor, mal sabia responder, alinhando monossílabos que lhe denunciavam a insegurança.

Despediram-se, cordialmente, prometendo Opílio acompanhar-lhe a trajetória, com carinho fraternal.

Sentindo-se profundamente desajustado, Quinto Varro dirigiu-se ao Forum, na perspectiva de encontrar alguém que lhe pudesse conseguir trabalho honrado; entretanto, a sociedade da época parecia dividir-se entre senhores poderosos e escravos misérrimos. Não havia lugar para quem quisesse viver de serviço enobrecedor. Os próprios libertos da cidade ausentavam-se para regiões distantes do Lácio, buscando renovação e independência.

Efetuou variadas tentativas em vão.

Ninguém desejava ocupar braços honestos com remuneração condigna. Alegava-se que os tempos corriam difíceis, salientava-se a retração dos negócios com a provável queda de Bassiano dum momento para outro. As insanidades governamentais tocavam a termo e os partidários de Macrino, o prefeito dos pretorianos, prometiam revolta. Vivia Roma sob regime de terror. Milhares de pessoas haviam sido mortas, em pouco mais de cinco anos, por assassinos livres que desfrutavam polpudas recompensas.

O jovem patrício, algo desalentado, fixava a multidão que ia e vinha, na praça pública, indiferente aos problemas que lhe torturavam a alma, quando lhe apareceu Flávio Súbrio, velho soldado de duvidosa reputação, abrindo-lhe braços acolhedores.

Homem maduro, mas ágil e manhoso, Súbrio fora ferido em serviço do Estado, ao manter a ordem nas Gálias, razão por que, agora coxo, era utilizado por vários nobres em expedientes secretos.

Longe de suspeitar estivesse ele atado aos interesses do perseguidor de sua família, Varro correspondeu, afetuoso, ao gesto de fraternidade que lhe era oferecido.

Aliás, aquela expressão prazenteira constituía-lhe valioso incentivo na posição de incerteza em que se achava. O súbito aparecimento do antigo soldado poderia ser o início de alguma empresa feliz.

A conversação foi encetada com êxito.

Depois de cumprimentá-lo, o ex-legionário atacou o assunto que o trazia, acentuando:

– Filho de Júpiter, como agradecer aos deuses o favor de encontrar-te? Serápis compadeceu-se de minha perna doente e guiou-me os passos. Comprometi-me a buscar-te, mas os tempos andam secos e um carro é privilégio de senadores. Felizmente, porém, não foi necessário moer os ossos na caminhada difícil.

O moço patrício sorria, intrigado, e antes que pudesse ensaiar qualquer pergunta, Súbrio relanceou o olhar astuto em torno, como se quisesse perscrutar o ambiente, e falou, baixando a voz:

– Meu caro Varro, sei que te desvelas por nossos compatriotas perseguidos, os cristãos. Francamente, por mim, não sei como separar-me dos numes domésticos e preferirei sempre uma festa de Apolo a qualquer reunião nos cemitérios, no entanto, estou convencido de que há muita gente boa no labirinto das catacumbas. Ignoro se freqüentas o culto detestado, mas não desconheço a tua simpatia por ele. Com sinceridade, não posso atinar com a epidemia de sofrimento voluntário que presenciamos há tantos anos.

Nesse ponto das considerações, ajeitou mentirosa expressão de tristeza na máscara facial e prosseguiu:

– Apesar de minha indiferença para com o Cristianismo, aprendi com os nossos antepassados que devemos fazer o bem. Acredito haver soado o instante de prestares assinalado serviço à causa desprezada. Não compreendo a fé nazarena, responsável por tanta flagelação e tanta morte, contudo, apiado-me das vítimas. Por isso, filho dileto de Júpiter, não menoscabes a missão que as circunstâncias te oferecem.

Ante a muda ansiedade do interlocutor, acrescentou:

– O pretor Galo, advertido por Macrino, necessita do concurso de alguém para certo serviço em Cartago. Admito que, se efetuado por ti, poderá transformar-se em precioso aviso aos cristãos da África.

Varro, mais com o propósito de colocar-se em trabalho digno que com a idéia de erigir-se em salvador da comunidade, perguntou sobre a tarefa a executar.

Mostrando entusiasmo bem estudado, Súbrio esclareceu que o alto dignitário chamava-o a palácio para confiar-lhe delicado negócio.

O rapaz não vacilou.

Acompanhando o experiente lidador, procurou Galo, na própria residência, em vista do caráter confidencial que Súbrio imprimira à conversação.

O velho pretor, emoldurado nos mais arraigados costumes patrícios, recebeu-o, amenizando o rigor da etiqueta, e foi, sem rodeios, ao assunto, depois das saudações usuais.

– Varro – iniciou ele, solene –, conheço-te a lealdade aos compromissos assumidos e espero aceites importante incumbência. Nossas legiões proclamarão o novo imperador, em breves dias, e não podemos prescindir dos patriotas irrepreensíveis para auxiliar-nos a obra de reajuste social.

O hábil político mordeu os lábios murchos, revelando ocultar as verdadeiras intenções que o moviam, e continuou:

– Não sei se dispões de tempo adequado, de vez que não desconheço as obrigações que te prendem à frota de Vetúrio...

O jovem apressou-se em notificar-lhe o desligamento dos serviços habituais.

Achava-se realmente na expectativa de encargos novos.

O pretor sorriu, triunfante, e prosseguiu:

– Se me fosse possível a ausência de Roma, iria eu mesmo, entretanto...

Diante da frase reticenciosa, Quinto Varro indagou em que lhe poderia ser útil, ao que o magistrado ajuntou:

– Cartago deveria estar reduzida a cinzas, conforme o sábio conselho do velho Catão, mas, depois do feito brilhante de Emiliano, arrasando-a, Graco fez a loucura de reconstruir aquele ninho de serpentes. Duvido haja outra província capaz de trazer-nos maiores aborrecimentos. Se é possível combater aqui a praga dos galileus, por lá o problema é cada vez mais complicado. Altos funcionários, damas patrícias, autoridades e homens de inteligência devotam-se ao Cristianismo, com tamanho desleixo por nossos princípios, que chegam a promover reuniões públicas para fortalecimento do proselitismo desenfreado. Não podemos, contudo, viver às cegas. Nossas providências não podem falhar.

Mergulhando os olhos indagadores no rapaz, como a sondar-lhe os mais íntimos sentimentos, interrogou:

– Estás habilitado a conduzir determinada mensagem ao Procônsul?

– Perfeitamente – informou Varro, decidido.

– Tenho uma relação de quinhentas pessoas que precisamos alijar da cidade. Não obstante o edito de Bassiano, declarando cidadãos romanos todos os habitantes do mundo provincial, que passaram a desfrutar, indebitamente, direitos iguais aos nossos, concordamos na eliminação sumária de todos os portadores da mistificação nazarena. Os principais devem responder a processo, antes de sentenciados à morte ou ao cárcere, as mulheres serão poupadas, segundo a classe a que pertençam, depois de advertência justa, e os plebeus serão circunscritos em serviço nas galeras imperiais.

O moço patrício, esforçando-se por disfarçar as penosas impressões de que se via possuído, fazia sinais afirmativos com a cabeça, entendendo, por fim, o que significava a insinuação de Flávio Súbrio.

Aceitando o convite, conseguiria salvar muitos companheiros. Poderia penetrar Cartago, com tempo bastante para informar os perseguidos. Não lhe seria difícil. Teria consigo o nome de todos os implicados. Antes de falar ao Procônsul, comunicar-se-ia com a Igreja africana.

Um mundo de possibilidades construtivas aflorava-lhe na imaginação.

O próprio Corvino talvez pudesse orientá-lo na execução do encargo em perspectiva.

– Podes viajar de hoje a dois dias? – trovejou a voz de Galo, irritado com a pausa que o moço imprimira à conversação.

– Ilustre pretor – respondeu Varro, polidamente –, estou pronto.

Demonstrando despedi-lo com os gestos de enfado que lhe eram característicos, o magistrado concluiu:

– Seguirás na galera comercial de Máximo Pratense, sob o comando de Hélcio Lúcio. Amanhã à noite, entregar-te-ei a mensagem aqui mesmo e poderás combinar qualquer medida, referente à excursão, com Flávio Súbrio, que seguirá na mesma embarcação, como assessor do capitão, em tarefas de ordem política junto a amigos do Prefeito, domiciliados na Numídia.

O entendimento terminara.

Em plena via pública, Varro, reconhecido, abraçou o ex-legionário, marcando um encontro no Forum para o dia seguinte.

Embora amargosos pressentimentos lhe ocupassem o coração, com respeito ao filhinho, o jovem estava satisfeito. Alcançara, conforme supunha, o trabalho desejado.

Não se sentia inútil. Ao regressar de Cartago, certo não lhe faltariam oportunidades outras. A viagem conferir-lhe--ia meios de auxiliar os irmãos na fé, representando igualmente o primeiro degrau de acesso a responsabilidades maiores.

Depois de rápida permanência no lar, dirigiu-se à via de Óstia, ansioso por entrar em comunhão com os velhos amigos.

Anunciou a Corvino e Lisipo a decisão de partir.

O ancião gaulês comentou os obstáculos que vinha encontrando para sair de Roma e, interpelado por Varro, quanto ao porto a que se destinaria, esclareceu que lhe cabia visitar a comunidade cristã de Cartago, antes de tornar a Lião, em definitivo.

O semblante do rapaz iluminou-se.

Por que não seguirem juntos?

Tinha roteiro idêntico.

Corvino vibrou de satisfação.

O moço patrício expôs em ligeiras palavras o seu plano de comunicar-se com Flávio Súbrio, quanto ao novo companheiro de viagem, guardando, porém, os reais objetivos da missão que o levava à África para entendimentos posteriores com Ápio Corvino, quando estivessem a sós, no mar.

No dia seguinte, quando apresentou o assunto ao velho soldado coxo, Súbrio acolheu a idéia com indefinível sorriso, acrescentando, bem-humorado:

– Como não? O viajante pode ser tomado à conta de um parente. Tens esse direito.

Varro aprestou-se para a excursão de acordo com o programa previsto.

Comunicou à esposa a resolução de alterar os rumos do próprio destino, sendo ouvido por Cíntia com especial atenção. E, depois de particular entrevista com o pretor, despediu-se dela e de Taciano, com o espírito afogado em dolorosa emotividade.

Levando expressiva documentação, embarcou em Óstia, com a alma absorvida em angustiosas expectativas.

Corvino reuniu-se a ele, agradecido. Com o amparo do jovem patrício e de Flávio Súbrio, que estranhamente se desvelava na instalação dele, dispunha-se a partilhar a câmara estreita, reservada a Quinto Varro, junto ao alojamento do capitão, na popa, mas estacou no estrado, que separava o aposento dos bancos dos remadores, parecendo admirar a soberba trirreme em que viajariam. Contemplava os mastros magníficos, contudo, alertado por Varro, satisfeito com a possibilidade de proporcionar-lhe o formoso espetáculo, o velhinho respondeu:

– Sim, observo a largueza do céu e do mar, batidos de sol; sinto as baforadas do vento livre que parece cantar a glória divina da Natureza, mas penso nos escravos calejados nos remos...

O pregador ia continuar, no entanto, Súbrio, que exercia inexplicável vigilância sobre ele, percebeu o sentido evangélico do apontamento, mostrou maior preocupação no semblante carrancudo e dirigiu-se a Quinto Varro, exclamando:

– Agasalhemos teu hóspede.

O moço patrício, contrariado com a interferência, expressou o desejo de apresentá-lo a Hélcio Lúcio, mas o assessor do comandante objetou, célere:

– Não, agora não. Hélcio está ocupado. Aguardemos um momento propício.

Corvino foi internado no beliche, com a sua reduzida bagagem, que se constituía de uma túnica surrada, uma pele de cabra e uma bolsa com documentos.

Para disfarçar a desagradável impressão deixada por Súbrio, em lhe cortando abruptamente a palavra, o rapaz deixou-se ficar demoradamente junto do ancião, escolhendo aquele minuto para estudar, em companhia dele, o verdadeiro sentido de sua viagem.

Corvino escutou-o, com visível espanto.

Conhecia os patriarcas cartagineses e os adeptos mais destacados da importante Igreja africana.

Varro deu-lhe a conhecer o nome das pessoas indicadas na relação do pretor, que o valoroso missionário identificou, em grande parte.

Trocaram impressões quanto à época perigosa que vinham atravessando e assentaram providências, como velhos amigos, para os dias mais escuros do porvir, caso as tempestades políticas não fossem amainadas.

O ancião das Gálias falou detidamente sobre a igreja de Lião.

Propunha-se, ali, consolidar o vasto movimento de assistência social, em nome do Cristo.

Os prosélitos não admitiam a fé inoperante. A igreja, no parecer deles, devia enriquecer-se de obras práticas, à maneira de fonte incessante de serviços redentores.

Recebiam, freqüentemente, a visita de confrades da Ásia e da Frígia, dos quais obtinham instruções diretas para a materialização dos ideais evangélicos, e aceitavam a Boa

Nova, não somente como senda de esperança para o Céu, mas também como plano de trabalho ativo no aperfeiçoamento do mundo.

E assim, de consideração a consideração e de apontamento a apontamento, permaneceram, ambos, absortos e felizes, estruturando projetos e avivando a chama rósea dos sonhos.

Quando o navio se pôs em movimento, Ápio Corvino sorriu para o companheiro, como se fora uma criança viajando para uma festa.

A princípio, ouviram as pancadas rítmicas dos martelos que controlavam a ginástica dos remadores, mas, em seguida, o vento começou a sibilar fortemente.

Varro ausentou-se, prometendo buscar o amigo a fim de apresentá-lo ao capitão; mais tarde, entretanto, Corvino pediu-lhe fosse adiada a visita para o dia seguinte, asseverando que pretendia orar e descansar.

O jovem afastou-se na direção da proa, onde passou a entender-se com alguns marinheiros. Tentou avistar-se com o comandante, mas Hélcio Lúcio, em companhia de Flávio Súbrio e de mais dois patrícios destacados, trocava idéias com eles, em mesa distante, conversando animadamente.

Anoitecera de todo.

Temendo a obrigação de sorver bebidas fortes, Varro refugiara-se em si mesmo.

Procurou a câmara em que se alojara, de modo a oferecer algum alimento ao velho companheiro, mas Corvino parecia dormir tranqüilamente.

Vendo que Hélcio Lúcio e os amigos prosseguiam bebendo e jogando ruidosamente, a distância, o jovem patrício subiu à proa e buscou solitário recanto para dar largos vôos ao pensamento.

Sentia sede de meditação e prece e suspirava por alguns minutos de silêncio, nos quais, a sós consigo, pudesse rememorar os sucessos dos últimos dias.

Contemplou as águas que a ventania cantante encrespava e deixou que as rajadas refrescantes lhe acariciassem os cabelos soltos, com a idéia de que os balsâmicos fluidos da Natureza lhe adoçariam as inquietações da cabeça atormentada.

Fascinado pela calma noturna, fitou a Lua crescente que se elevava no céu e vagueou o olhar pelas constelações faiscantes.

Que misterioso poder comanda a existência dos homens! – pensava em solilóquio triste.

Alguns dias antes, estava longe de supor-se na aventura de uma viagem como aquela. Acreditava-se num roteiro seguro de felicidade doméstica, amparado pelo mais amplo respeito social. Entretanto, notava o destino em franca transformação!... Onde estariam Cíntia e Taciano naquela hora? Por que motivo a conduta da mulher lhe alterara daquele modo a vida?!... Sem a idéia do Cristo no coração, não contaria com maiores dificuldades para resolver os problemas que lhe atormentavam o íntimo, contudo, conhecera o Evangelho e não ignorava os testemunhos que lhe cabia mobilizar. Se pudesse sobrepor-se à influência de Opílio... No entanto, não seria lícito nutrir qualquer ilusão. Possuía parentes abastados em Roma que se incumbiriam da manutenção do filhinho, até que pudesse enfrentar as surpresas da sorte, com finanças mais firmes: todavia, na condição de adepto do Cristianismo, não seria justo impor à Cíntia o suplício moral de que se via objeto.

Detendo-se na visão da noite magnífica, orou fervorosamente, implorando a Jesus lhe aliviasse o espírito dilacerado.

Lembrava amigos presos e perseguidos por amor à fé sublime a que se dedicavam, arrimando-se nos exemplos de humildade da qual se faziam padrão vivo, e rogava ao Benfeitor Celeste não lhe permitisse a queda em desesperos inúteis.

Quanto tempo passou assim, consigo mesmo, na solidão?

Varro não pensava nisso, até que alguém lhe bateu nos ombros, arrancando-lhe os ouvidos da assoviada melopéia do vento.

Era Súbrio, que parecia conter a respiração, falando-lhe, desajeitado:

– Escolhido dos deuses, creio haver chegado o instante de nos entendermos francamente.

Havia naquelas palavras algo estranho, cuja significação Varro buscou debalde.

O coração bateu-lhe descompassado, no peito. Aquela fisionomia pálida do companheiro habitualmente tão cínico denunciava algum doloroso acontecimento, contudo, não se sentiu suficientemente corajoso para indagar.

– Há muitos anos – prosseguiu o soldado –, recebi de teu pai um favor que jamais conseguirei esquecer. Salvou-me a vida na Ilíria e nunca pude ajudá-lo em parte alguma. Prometi, porém, à minha denegrida consciência o resgate dessa dívida e admito que hoje posso atender ao compromisso que o tempo não conseguiu apagar...

Mergulhando os olhos felinos no semblante torturado do rapaz, continuou:

– Acreditas que o pretor tenha solicitado a tua cooperação por julgar-te bastante maduro? Admites que Hélcio Lúcio ceder-te-ia um lugar ao lado dos seus próprios alojamentos, por achar-te simpático? Filho de Júpiter, sê mais avisado. Opílio Vetúrio tramou com eles a tua morte. O teu destaque social não lhe ensejava uma arbitrariedade em Roma, onde, aliás, espera conquistar-te a mulher. Lastimo-te a mocidade cercada de tão poderosos inimigos. Hélcio guarda instruções para atirar o teu cadáver, ainda hoje, ao seio das águas. Alguém foi indicado para roubar-te a vida. Para a sociedade romana, deves desaparecer, nesta noite, para sempre...

Escutando semelhantes palavras, Quinto Varro fez-se lívido.

Imaginou-se à frente dos derradeiros instantes no mundo.

Quis falar, mas não conseguiu. Intensa emoção constringia-lhe a garganta.

Observando a expressão indefinível do olhar de Súbrio, presumiu que o assessor do comando vinha exigir-lhe a vida.

Porque a pausa se anunciasse mais longa, reuniu todas as forças que lhe restavam e perguntou:

– Que queres de mim?

– Quero salvar-te – informou o soldado com ironia.

E, depois de certificar-se da ausência de outros ouvidos na sombra, ajuntou:

– Mas preciso salvar a mim também. Devo ajudar-te, sem esquecer-me...

Segredando quase, acentuou:

– Uma vida, por vezes, pede outra. Esse velho que te acompanha é meu conhecido. É um macróbio gaulês, fatigado de viver. Sei que arengou nas catacumbas, pedindo esmolas aos parvos... Certo, dominou-te com mágicas, no intuito de ganhar um prêmio de viagem a Cartago. A peregrinação dele, porém, será mais longa. Deixei que embarcasse, em nossa companhia, propositadamente. Era a única solução para o meu enigma. Como defender a tua cabeça sem comprometer a minha? Ápio Corvino...

O moço patrício ouvia a confidência, trêmulo de pavor, mas, no instante em que o nome do amigo era pronunciado, fez um esforço supremo e inquiriu:

– Que ousas insinuar?

Flávio Súbrio, entretanto, era demasiado frio para empolgar-se de compaixão. Embora desapontado com o sofrimento moral que impunha ao interlocutor, sorriu mordaz e aclarou:

– Ápio Corvino morrerá em teu lugar.

– Não! isso não! – clamou Varro, sem forças para enxugar o suor da fronte.

Fez menção de seguir até à popa, apressadamente, mas Súbrio deteve-o, murmurando:

– É tarde. Alguém já manejou um punhal.

Varro, qual se fora ferido de morte, sentiu-se baquear.

Reuniu, contudo, todas as energias que lhe restavam e ensaiou o impulso de arrojar-se para a câmara em que se instalara; todavia, o assessor conteve-o, de um salto, advertindo:

– Cuidado! Hélcio pode observar-te. É possível que o ancião esteja morto, mas, se pretendes ouvir-lhe qualquer adeus, segue, cautelosamente... Entreterei o comandante e os amigos, por mais algum tempo, e procurar-te-ei no aposento, antes de conduzir Lúcio até lá.

Nesse ponto da conversação, abandonou o companheiro à própria dor e afastou-se.

O moço, contendo o pranto que se lhe represava no peito, arrastou-se, a enlouquecer de angústia, até ao alojamento, onde Corvino, amordaçado, mostrava larga rosa de sangue na cobertura de linho alvo.

Os olhos do ancião pareciam mais lúcidos. Cravou-os no amigo com a ternura de um pai, a despedir-se de um filho querido, antes da longa viagem da morte.

– Quem foi o miserável que se atreveu? – perguntou Quinto Varro, libertando-lhe os movimentos da boca amordaçada.

Sustentando o tórax, com a destra rugosa, o velhinho esforçou-se e falou:

– Filho meu, por que encolerizar o coração, quando precisamos de paz? Acreditas, acaso, que alguém nos possa ferir sem a permissão de Deus? Acalma-te. Temos poucos instantes de entendimento.

– Mas, o senhor é tudo o que tenho agora! meu benfeitor, meu amigo, meu pai!... – clamou o rapaz, soluçando, de joelhos, como se quisesse beber as palavras ainda firmes do ancião.

– Eu sei, Varro, como te sentes – explicou Ápio, em voz sumida –, eu também reconheci, de pronto, em teu devotamento, o filho espiritual que o mundo me negou... Não chores. Quem te disse que a morte possa representar o fim? Muitos companheiros nossos já vi sob a coroa da flagelação gloriosa. Todos partiram para o reino celeste, exaltando o Mestre da Cruz e, enquanto os anos me estragavam o corpo, muita vez indaguei por que razão vinha sendo poupado... Temia não merecer do Céu a graça de morrer em serviço, todavia, agora estou em paz. Tenho a felicidade do testemunho e, para cúmulo de minha alegria, tenho alguém que me ouve no limiar da vida nova...

O velho fez longo intervalo para recobrar as energias e Quinto Varro, acariciando-o, em lágrimas abundantes, acrescentou:

– Como é difícil resignar-me à injustiça! O senhor está morrendo em meu lugar...

– Como podes crer assim, meu filho? A Lei Divina é feita de equilíbrios eternos. Não te revoltes, nem blasfemes. Deus dirige. Cabe-nos obedecer...

Após ligeira pausa, prosseguiu:

– Eu era pouco mais velho que tu, quando Átalo se foi... Despedaçou-se-me o coração, quando o vi marchando para o sacrifício. Antes, porém, de entrar no anfiteatro, conversamos no cárcere... Prometeu acompanhar-me os passos, depois da morte, e voltou a orientar-me. Nas horas mais aflitivas do ministério e nos dias cinzentos de tristeza e indecisão, vejo-o e escuto-lhe a palavra, junto de mim. Quem poderia admitir no túmulo o marco da separação para sempre? Não podemos olvidar que o próprio Mestre regressou do sepulcro para fortalecer os aprendizes...

Varro abraçou-o, com mais ternura, e aduziu:

– O senhor tem fé e virtudes que estou longe de possuir. Doravante, sentir-me-ei sozinho, sozinho...

– Onde situas a confiança em Deus? És moço. Os dias amadurecem a experiência. Atende às instruções do Mestre e nova luz brilhará em tua alma... Em Lião, muitos de nossos irmãos relacionam-se com os mortos, que são simplesmente os vivos da eternidade. Em nossos ofícios, comunicam-se conosco e amparam-nos cada dia... Em muitas ocasiões, nos martírios, tenho visto companheiros que nos precederam recebendo os que são perseguidos até o sangue... Acredito, pois, que poderemos continuar sempre juntos... A Igreja, para mim, não é senão o Espírito do Cristo em comunhão com os homens...

Nesse instante, Corvino arquejou penosamente. Fitou no amigo os olhos calmos, com mais insistência, e prosseguiu:

– Sei que te vês relegado à solidão, sem parentes, sem lar... Mas não te esqueças da imensa família humana. Por muitos séculos, ainda, os servidores de Jesus serão almas desajustadas na Terra... Nossos filhos e irmãos encontram-se dispersos em toda a parte... Enquanto houver um gemido de dor no mundo ou uma nesga de sombra no espírito do povo, nossa tarefa não terminará... Por agora, somos desprezados e escarnecidos, no caminho do Pastor Celeste que nos legou o sacrifício por abençoada libertação e, amanhã, talvez, legiões de homens tombarão pelos princípios do Mestre, que, sendo tão simples em seus fundamentos, provocam o furor e a reação das trevas que ainda governam as nações... Morreremos e renasceremos na carne muitas vezes... até que possamos contemplar a vitória da fraternidade e da verdadeira paz... Contudo, é indispensável amar muito para, antes, vencermos a nós mesmos. Nunca odeies, filho meu! Bendize constantemente as mãos que te ferirem. Desculpa os erros dos outros, com sinceridade e pleno olvido de todo mal. Ama e ajuda sempre, ainda mesmo os que te pareçam duros e ingratos... Nossas afeições não desaparecem. Quem exercita a compreensão do Evangelho acende lume no próprio coração para clarear a senda dos entes queridos, na Terra ou além da morte... Tua mulher e teu filhinho não se perderam... Tornarás a encontrá-los em novo nível de amor... Até lá, porém, luta na conquista de ti próprio!... O mundo reclama servidores leais ao bem... Não procures riquezas que o desengano enferruja... Não te prendas a ilusões e nem exijas da Terra mais do que a Terra te possa dar... Só uma felicidade jamais termina – a felicidade do amor que honra a Deus no serviço aos semelhantes...

Em seguida, descansou por alguns momentos.

Com muita dificuldade, retirou de sob a túnica velha bolsa ensebada, que continha um punhado de moedas, e deu-a ao rapaz, solicitando:

– Varro, na igreja de Lião, existe um antigo pregador de nome Horácio Níger. É meu companheiro de trabalho, a quem te peço apresentar minhas notícias e saudações... Quando possível, entrega-lhe as cartas de que sou mensageiro e, em meu nome, confia-lhe estes recursos... Dize-lhe que é tudo quanto pude recolher em Roma, em favor das nossas crianças, asiladas na igreja...

O moço recebeu o depósito com respeitosa ternura.

Logo após, com muito esforço, Corvino pediu-lhe abrisse alguma página cristã para a leitura em voz alta.

Queria guardar um pensamento das Sagradas Anotações, antes de morrer.

Quinto Varro atendeu com presteza.

Retirou, ao acaso, uma folha gasta do pergaminho,

num rolo de instruções, e, à claridade bruxuleante da tocha que ardia junto ao leito, repetiu as belas palavras de Simão Pedro ao aleijado da Porta Formosa: – "Ouro e prata não tenho, mas o que tenho, isso te dou".[7]

Corvino fitou o companheiro, desenhando largo sorriso nos lábios descorados, como a dizer que oferecia naquela hora a Deus e aos homens o seu próprio coração.

Compridos instantes desdobraram-se pesados e aflitivos.

O rapaz julgou que o venerando amigo houvesse alcançado o derradeiro minuto, todavia, o ancião, qual se despertasse de curta mas concentrada prece, falou ainda:

– Varro, se possível... desejaria ver o céu, antes de morrer...

O interpelado atendeu, de pronto.

Descerrou pequena abertura do interior da câmara, que funcionava à guisa de janela.

O vento entrou, de imediato, em lufadas fortes e frescas, apagando a luz mortiça, mas o luar, em prateado jorro, invadiu o recinto.

Com inexcedível carinho, o rapaz tomou o velho ao colo, dando a idéia de satisfazer a uma criança doente, e conduziu-o à magnífica visão da noite.

Ao doce clarão da Lua, o semblante de Ápio Corvino assemelhava-se a vivo retrato de algum antigo profeta que surgisse, ali, de improviso, nimbado de esplendor. Seus olhos serenos e brilhantes devassaram o firmamento, onde multidões de estrelas faiscavam, sublimes...

---

[7] Atos dos Apóstolos, 3:6. (*Nota do Autor espiritual.*)

Depois de um minuto de silenciosa expectativa, falou em voz apagada:

– Como é linda a nossa verdadeira pátria!...

E, voltando-se com brandura para o moço em lágrimas, concluiu:

– Eis a cidade de nosso Deus!...

Nesse instante, contudo, o corpo do patriarca foi sacudido por uma onda de vida nova. Seu olhar, que empalidecera, devagarinho, voltou a possuir estranho brilho, como que reanimado por milagrosa força.

Denunciando uma alegria desvairada, bradou:

– Abriu-se o grande caminho!... É Átalo que vem!... Ó meu Deus, como é sublime o carro de ouro!... Centenas de estrelas brilham!... Oh!... é Átalo e Maturo, Santo e Alexandre... Alcibíades e Pôntico... Pontimiana e Blandina...[8]

O ancião ensaiava o gesto de quem se dispunha a cair de joelhos, totalmente esquecido da presença de Varro e da precariedade da própria condição física.

– Oh!... Senhor! quanta bondade!... não mereço!... sou indigno!... – continuava dizendo, em voz arrastada.

O pranto escorria-lhe agora dos olhos inexplicavelmente revigorados, contudo, Varro, cuidadosamente, reconduziu-o ao leito manchado de sangue.

Novamente deitado, o velhinho calou-se. Todavia, aos raios do luar que iluminava a câmara, o moço patrício viu-lhe o olhar, nas vascas da morte, coroado de indefiníveis fulgu-

---

[8]O agonizante recebia a visita espiritual de alguns dos mártires cristãos de Lião, flagelados no ano de 177. (*Nota do Autor espiritual.*)

rações, parecendo fixar paisagens festivas, em santo deslumbramento.

Com as mãos nas dele, notou que o agonizante lhe apertava a destra, a despedir-se.

A corrente sanguínea parecia contida pela força mental do moribundo, interessado em satisfazer aos últimos deveres, mas, quando a tranqüilidade se lhe estampou na fisionomia engelhada e nobre, o sangue jorrou abundantemente da chaga aberta, encharcando o sudário de linho.

O rapaz notou que o fatigado coração do apóstolo parou devagar, à maneira de máquina agindo sem violência. A respiração desapareceu, como a de um pássaro que adormece na morte. O corpo inteiriçou-se.

Varro compreendeu que era o fim.

Sentindo-se, então, vergastado por uma dor sem limites, abraçou-se ao cadáver, suplicando:

– Corvino, meu amigo, meu pai!... Não me abandones! De onde estiveres, protege-me os passos. Não me deixes cair em tentação. Fortalece-me o ânimo fraco! Dá-me fé, paciência, coragem...

Os soluços do jovem repetiam-se abafados, quando a porta foi escancarada, estrepitosamente, e Súbrio entrou com uma tocha, iluminando o quadro doloroso. Vendo o rapaz agarrado ao morto, sacudiu-o, violento, exclamando:

– Louco! que fazes? O tempo é precioso. Em breves minutos, Hélcio virá. É indispensável que não te encontre. Embriaguei-o para salvar-te. Não poderá ver o semblante do morto.

Afastou Quinto Varro, brutalmente, e envolveu o corpo agora inerte no grande lençol, que foi amarrado, acima da cabeça hirta. Em seguida, dirigiu-se, de novo, ao rapaz, em voz baixa e enérgica:

– À esquerda, encontrarás uma escada, esperando-te e, sob a escada, há um bote que eu mesmo preparei. Foge nele. O vento levar-te-á para a costa. Mas, ouve! busca outras terras e muda de nome. A partir de hoje, para Roma e para a tua família, estás sepultado nas águas.

O moço quis reagir e enfrentar dignamente a situação, contudo, lembrou que, se Corvino lhe havia tomado o lugar na morte, cabia-lhe substituí-lo na vida, e, sentindo numa das mãos o peso da bolsa que o herói lhe havia confiado, silenciou, humilde, em lágrimas.

– Conduze contigo a bagagem do velho, mas deixa os teus documentos – avisou Flávio Súbrio, decidido –; Opílio Vetúrio deve certificar-se de que desapareceste para sempre.

Todavia, quando o jovem reunira nas mãos a herança do apóstolo, o bastão de Hélcio Lúcio tocou rudemente a porta.

Súbrio arrastou Varro para trás de um armário de bordo e atendeu.

O comandante ébrio entrou, desferiu uma gargalhada seca, ao observar o fardo ensangüentado, e falou:

– Muito bem, Súbrio! A tua eficiência é de pasmar. Tudo pronto?

– Perfeitamente – esclareceu o assessor, em atitude servil.

Cambaleando, Hélcio aplicou algumas bastonadas no cadáver e observou:

– Grande maroto, o nosso Opílio. Este pobretão de Varro poderia ter sido liquidado em qualquer viela de Roma. Por que semelhante homenagem, a de matá-lo no mar? Enfim, compreendo. Um patrício decente nunca deve ferir a sensibilidade de uma bela mulher.

Reclamou do auxiliar a documentação do morto e, em voz pitoresca, determinou:

– Dá comida aos peixes, ainda hoje, e não nos esqueçamos de esclarecer a nobre Cíntia Júlia de que o marido, em missão de vigilância contra a praga nazarena, foi assassinado por escravos cristãos na galera...

Com uma risada sarcástica, acentuou:

– Vetúrio incumbir-se-á de dizer o resto.

O comandante despediu-se e, instado por Súbrio, Varro lançou um derradeiro olhar nos despojos do amigo. Carregando consigo as lembranças dele, afastou-se em passos vacilantes, desceu a escada de serviço e instalou-se no bote minúsculo.

Sozinho, na noite fria e clara, demorou-se longamente, no barco, pensando, pensando...

O vento, a silvar, parecia lamber-lhe o pranto, induzindo-o a marchar para a frente, mas o moço, pungido por amarga incerteza, no íntimo desejava arrojar-se ao mar e igualmente morrer.

Corvino, porém, marcara-lhe o coração para o resto da vida. O sacrifício dele impunha-lhe valorosa coragem. Era necessário lutar. Para Cíntia e para o filhinho querido não mais existia, entretanto, havia um claro na igreja de Lião, que lhe competia preencher.

Custasse o que custasse, alcançaria as Gálias com a resolução de devotar-se à grande causa.

Confiando-se a Deus, o moço desamarrou o bote e, com uma e outra remada, rendeu-se à ventania.

Indiferente aos perigos da viagem, não experimentou qualquer temor da solidão sobre o abismo.

Arrastado fortemente sobre as águas, deu em extensa praia ao amanhecer.

Trocou de vestimenta, envergando a túnica surrada de Corvino e, resoluto, atirou o nobre traje patrício ao mar, deliberando volver ao mundo na feição de outro homem.

Acolhido numa aldeia litorânea, onde conseguiu alimento, peregrinou até alcançar Tarracina, florescente cidade balneária do Lácio.

Não teve dificuldade para identificar o domicílio de alguns companheiros de fé. Apesar do terror que espalhava na vida pública, o governo de Bassiano-Caracala deixava os cristãos em relativo repouso, embora a severa vigilância com que lhes seguia os movimentos.

Declarando-se caminheiro do Evangelho em trânsito para as Gálias, Varro, fatigado e enfermo, encontrou socorro na residência de Dácio Acúrsio, piedoso varão que mantinha um albergue destinado a indigentes.

Amparado por amigos anônimos, delirou três dias e três noites, em febre alta; todavia, a mocidade robusta venceu a moléstia que o absorvera, de assalto.

Porque nada pudesse informar, a princípio, com referência a si próprio, e em face das mensagens que conduzia, da parte dos cristãos de Roma aos confrades lioneses, nas quais o portador era nomeado como sendo o "irmão Corvino", por essa designação passou a ser tratado entre as suas novas relações.

Animado de inspiração superior, ensinou a Boa Nova, pregando em lágrimas, e a comunidade de Tarracina, tangida nas fibras mais íntimas, não obstante desejasse retê-lo, auxiliou-o em sua viagem para as Gálias, onde o rapaz aportou, depois de inúmeras dificuldades e enormes privações.

Findo certo período de permanência em Massília[9], chegou finalmente à cidade a que se destinava.

Lião, pela sua admirável posição geográfica, desde a ocupação do procônsul Munácio Planco, tornara-se expressivo centro político-administrativo do mundo gaulês. Para ela convergiam diversas estradas importantes, convertendo-se, por isso mesmo, em residência quase que obrigatória de numerosas personalidades representativas da nobreza romana.

Vipsânio Agripa, o genro de Otávio, fortalecera-lhe a situação privilegiada, ampliando-lhe as vias de comunicação. Áulicos da corte de Cláudio haviam construído nela magníficos palácios. As ciências e as artes, o comércio e a indústria aí floresciam com imensa vitalidade. Dentro de seus muros, reuniam-se, anualmente, junto do famoso altar de Roma e Augusto, as grandes assembléias do "Concilium Galliarum", no qual cada cidade das três Gálias possuía o seu representante.

As festas do primeiro dia de agosto, em memória do grande imperador Caio Júlio César Otaviano, eram aí celebradas com significativas solenidades. Numerosas embaixadas e milhares de estrangeiros aí se congregavam em cerimônias brilhantes, em que o juramento de fidelidade aos deuses e às autoridades se renovava, com jubilosas manifestações.

---

[9]Hoje, Marselha. (*Nota do Autor espiritual.*)

A cidade, que fora em outro tempo a metrópole dos segusiavos, desde a ocupação imperial passara a viver sob o mais apurado gosto latino. Situada na confluência de dois rios, o Ródano e o Saona, oferecia aos habitantes as melhores condições de conforto. Dominada pela influência patrícia, mostrava ruas e parques bem cuidados, templos e monumentos de grande beleza, teatros e balneários, além de vilas soberbas, a se destacarem do casario vulgar, como pequenos castelos encantadores, emoldurados em jardins e vinhedos, onde magistrados e guerreiros, artistas e libertos ricos da capital do mundo se insulavam para gozar a vida.

Ao tempo de Bassiano-Caracala, a quem servira de berço, Lião alcançara imenso esplendor.

O novo César, por várias vezes, dispensara-lhe graças especiais.

A corte aí se reunia, freqüentemente, em jogos e comemorações.

Contudo, apesar da proteção que o imperador concedia ao torrão pátrio, a cidade guardava, ainda, em 217, dolorosas e vivas reminiscências da matança de 202, determinada por Séptimo Severo. Anos depois do triunfo sobre o General Décio Clódio Séptimo Albino, o eleito das legiões da Bretanha, morto em 197, instigado por seus conselheiros, o vencedor de Pescênio Níger promulgou um edito de perseguição. Autoridades inescrupulosas, depois de senhorearem o patrimônio de todos os cidadãos contrários à política dominante, realizaram tremenda carnificina de cristãos, dentro da cidade de Lião e nas localidades vizinhas.

Milhares de seguidores do Cristo haviam sido flagelados e conduzidos à morte.

Por vários dias perdurou a perseguição, com assassínios em massa.

Postes de martírio, espetáculos de feras, cruzes, machados, fogueiras, lapidações, chicotes e punhais, sem nos reportarmos às cenas de selvageria para com mulheres e crianças indefesas, foram postos em prática por tropas inconscientes.

Durante a matança, Ireneu, o grande bispo e orientador da coletividade evangélica da cidade, foi torturado, com todos os requintes da violência perversa, até ao último suspiro. Nascido na Ásia Menor, fora aprendiz de Policarpo, o abnegado e mui venerado sacerdote de Esmirna, que, por sua vez, havia recebido a fé por intermédio do apóstolo João, o evangelista.

A igreja de Lião, em razão disso, sentia-se depositária das mais vivas tradições do Evangelho. Possuía relíquias do filho de Zebedeu e de outros vultos do Cristianismo nascente, que lhe fortaleciam o ânimo na fé. Em seu círculo de profunda iluminação espiritual achava-se quase intacto o espírito piedoso da comunidade de Jerusalém.

Enquanto Roma fora iniciada por batismos de sangue, ao tempo de Nero, a comunidade lionesa começara o serviço de evangelização em relativa calma.

Emissários da Palestina, da Frígia, da Síria, da Acaia e do Egito visitavam-na, incessantemente.

As epístolas enviadas da Ásia clareavam-lhe a marcha.

Por esse motivo, era o centro de porfiados estudos teológicos, no campo das interpretações.

Ireneu dedicara-se a minuciosas observações da Escritura. Manejando o grego e o latim com grande mestria, escreveu expressivos trabalhos, refutando os adversários da Boa Nova, preservando as tradições apostólicas e orientando os diversos serviços da edificação cristã.

Mas a coletividade não se caracterizava tão-somente pelas realizações intelectuais.

Fazendo do santuário consagrado a São João o centro dos seus trabalhos de ordem geral, a igreja primava pelas obras de assistência.

Dificilmente, à distância de séculos, poderá alguém perceber, com exatidão, a sublimidade do Cristianismo primitivo.

Experimentados pela dor, amavam-se os irmãos na fé, segundo os padrões do Senhor.

Em toda a parte, a organização evangélica orava para servir e dar, em vez de orar para ser servida e receber.

Os cristãos eram conhecidos pela capacidade de sacrifício pessoal, a bem de todos, pela boa vontade, pela humildade sincera, pela cooperação fraternal e pela diligência que empregavam no aperfeiçoamento de si mesmos.

Amavam-se reciprocamente, estendendo os raios de sua abnegação afetiva por todos os núcleos da luta humana, jamais traindo a vocação de ajudar sem recompensa, ainda mesmo diante dos mais renitentes algozes.

Ao invés de fomentarem discórdia e revolta, entre os companheiros jungidos à canga da escravidão, honravam no trabalho digno a melhor maneira de amparar-lhes a libertação.

Sabiam apagar os pruridos do egoísmo para abrigarem, sob o próprio teto, os remanescentes das perseguições.

Inflamados de fé na imortalidade da alma, não receavam a morte. Os companheiros martirizados partiam como soldados de Jesus, cujas famílias, na retaguarda, lhes cabia proteger e educar.

Assim é que a comunidade de Lião guardava sob a sua custódia de amor centenas de velhos, enfermos, mutilados, mulheres, jovens e crianças.

A igreja de São João era, pois, acima de tudo, uma escola de fé e solidariedade, irradiando-se em variados serviços assistenciais.

O culto reunia os adeptos para a prece em comum e para a extensão das práticas apostólicas, mas os lares de fraternidade multiplicavam-se, como impositivo da obra espiritual em construção.

Muitas organizações domésticas tomavam a si a guarda de órfãos e o cuidado para com os doentes; todavia, ainda assim, o número de necessitados era, invariavelmente, muito grande.

A cidade fora sempre um ponto de convergência para os estrangeiros. Perseguidos de vários lugares batiam às portas da igreja, implorando socorro e asilo.

A autoridade da fé, expressa nos irmãos mais velhos e mais experientes, designava diáconos para diversos setores de ação.

Os serviços de amparo e educação à infância, de conforto aos velhinhos abandonados, de sustentação dos enfermos, de cura dos loucos, distribuíam-se em departamentos especiais, expandindo-se, assim, em moldes mais completos, a primitiva organização apostólica de Jerusalém, na qual as obras de amor do Cristo, junto aos paralíticos e cegos, leprosos e obsessos, encontraram a melhor continuidade.

Todos os irmãos partilhavam o esforço da instituição entre o trabalho profissional que lhes determinava o dever ao lado da família e as atividades evangélicas que lhes assinalavam a obrigação de discípulos da Boa Nova, junto da Humanidade.

Num crepúsculo de harmoniosa beleza, Quinto Varro, agora transformado em "irmão Corvino", chegou à sala acanhada e pobre destinada às pregações da igreja de São João, onde, segundo informações obtidas, encontraria Horácio Níger para o anelado entendimento.

Num ângulo do recinto, um velho de longas barbas encanecidas, de rosto avelado e nobre, ouvia jovem senhora de amargurado semblante.

Levantou-se, atencioso, para receber o recém-chegado, fê-lo sentar-se ao lado dele, no banco de pedra, e continuou a conversar com a dama, em tom paternal.

Tratava-se de humilde viúva que procedia de Valença, implorando socorro. Ficara sem o marido na carnificina de 202. Desde então, morava com o genitor e um tio na localidade mencionada, mas, a contragosto, envolvera-se em grande infortúnio.

Por negar-se aos caprichos de um soldado influente, vira os dois familiares, com os quais residia, assassinados numa noite de angustiosa provação.

Disposta a resistir, mas totalmente desamparada, fugira dali, em busca de abrigo.

Chorando, acentuava, triste:

– Pai Horácio, não me abandones... Não temo o sacrifício por nosso Divino Mestre, contudo, não concordo em render-me ao vício dos legionários. Conserva-me, por amor de Jesus, nos serviços da igreja...

O interpelado observou, atento:

– Sim, não me oponho. Entretanto, é preciso esclarecer que não possuímos serviço remunerado...

– Não procuro compensações – disse a moça –, tenho necessidade de arrimo.

– Então – explicou o interlocutor, satisfeito –, cooperarás no galpão dos velhos enfermos. Realmente, perdeste o pai e o tio, no entanto, encontrarás muitos outros parentes, junto dos quais o Cristo te pede carinho e proteção.

A humilde senhora sorriu tranqüila e retirou-se.

Chegou a vez de o peregrino romano entrar em contacto com o ancião.

Varro, comedido e confiante, inteirou-o de todas as ocorrências havidas com Ápio Corvino e com ele mesmo, desde o início do seu primeiro encontro com o inolvidável amigo apunhalado no mar.

Horácio ouviu-lhe a narrativa, entre sereno e cortês, sem qualquer alarme, diante do noticiário constrangedor.

Parecia calejado por dores maiores. Mesmo assim, quando o rapaz terminou a confissão, falou sobre o amigo morto, comovidamente:

– Grande Corvino!... Seja ele feliz entre os servidores glorificados. Foi fiel até ao fim.

Enxugando os olhos úmidos, acrescentou:

– Estará conosco em espírito. A morte não nos separa uns dos outros, na obra do Senhor.

Em seguida, reportou-se ao companheiro desaparecido, com imensa ternura. Ápio Corvino tomara a si o encargo de prover às necessidades das crianças mantidas pela igreja. Para esse fim, trabalhava em agricultura e jardinagem, além de viajar freqüentemente, angariando recursos.

Depois de 177, estivera largo tempo no Egito, onde adquirira valiosas experiências.

Os meninos adoravam-no.

A senectude não lhe subtraíra o entusiasmo pelo trabalho. Cultivava o solo com alegre bando de rapazes, aos quais ministrava preciosos conhecimentos.

Assinalou, preocupado, a falta que a presença dele lhes faria, mas, ante o oferecimento de Varro para substituí-lo quanto lhe fosse possível, Horácio alegrou-se intensamente, e acentuou:

– Bem lembrado. Aqui, na maioria dos casos, os colaboradores da igreja trabalham de acordo com os desajustes espirituais de que são portadores. As perseguições constantemente alimentadas provocam, entre nós, diversos tipos de luta e sofrimento. Sei que trazes o coração paterno mortificado de saudades. Trabalharás pelas crianças. Temos mais de trinta órfãos pequeninos. Conversarei com as autoridades.

E, em voz mais baixa, rogou-lhe que a personalidade de Quinto Varro fosse para sempre esquecida. Apresentá-lo-ia a todos como sendo o irmão Corvino, sucessor do venerável confrade, chamado ao Reino de Deus, e afiançava-lhe que tantas nuvens de dor pesavam sobre a alma cristã, formando dramas tristes a se desenrolarem na sombra, que ninguém se sentia com bastante curiosidade para qualquer indagação.

O acolhimento carinhoso reaquecia o coração do viajante fatigado, quando dois petizes, de três e cinco anos, respectivamente, penetraram o recinto.

O maior deles dirigiu-se ao ancião com os olhos interrogadores e perguntou:

– Pai Horácio, é verdade que o vovô Corvino já veio?

O patriarca afagou-lhe os cabelos encaracolados e informou:

– Não, meu filho. Nosso velho amigo viajou para o Céu, mas enviou-nos um irmão que lhe tomará o lugar.

Ergueu-se, abraçou as crianças e, sentando-as nos joelhos do recém-chegado, falou, bondoso:

– Vamos, meus filhos! abracem o companheiro abraçoado que chega de longe.

Os meninos, com a doçura ingênua da infância, enlaçaram o mensageiro.

O moço patrício tomou-os de encontro ao coração e acariciou-os, demoradamente; contudo, somente o velho Níger conseguiu ver o pranto que lhe corria dos olhos.

Quinto Varro havia passado.

Os anos rolariam para a frente e o ministério do novo Corvino ia começar.

IV

Aventura de mulher

O ano 233 desdobrava-se, célere, sobre o drama das nossas personagens.

Em Roma, a família Vetúrio desfrutava todos os favores da riqueza, cercada de privilégios e de escravos.

Opílio, na madureza bem nutrida, parecia feliz em contemplar a si mesmo, no destaque e no bem-estar da mulher e dos filhos, mas Cíntia, que o desposara, desde a imaginária morte de Varro, no mar, exibia consideráveis diferenças. Mais reservada, distanciara-se das paisagens festivas. Não se ausentava de casa, voluntariamente, senão para desincumbir-se de votos religiosos, no louvor dos numes tutelares, aos quais oferecia a sua devoção. Afeiçoara-se a Helena e Galba, os rebentos de Heliodora, com a mesma ternura que dedicava a Taciano, e recebia dos três análogos testemunhos de respeito e de amor.

Semelhante comportamento da companheira querida cristalizara em Vetúrio a veneração e o carinho. Espreitava-lhe os menores desejos para executá-los como servo fiel. Não se afastava da cidade, sem a companhia dela; não se confiava a qualquer das suas realizações de homem prático, sem associar-lhe a aprovação aos empreendimentos, e, não obstante romano de sua época, com todos os delitos ocultos e vulgares numa sociedade em decadência, constituía para Cíntia um amigo leal, procurando entendê-la e auxiliá-la nos mais íntimos pensamentos.

Entre os jovens, todavia, a situação era diversa.

Helena, com a formosura grega dos dezessete anos, primava pelos prazeres da vida social, entregando-se, inveteradamente, aos jogos e distrações, sem qualquer apego a virtudes domésticas, e, enquanto Taciano se dedicava ao estudo, fascinado pelas tradições patrícias, quase que constantemente mergulhado na Filosofia e na História, Galba, que lhe detestava o ambiente espiritual, não fazia segredo da sua intimidade com tribunos mal-educados e proxenetas inconscientes. Não suportava a superioridade intelectual do irmão. Turbulento, rixoso, alterava-se por nugas, perdendo noites de sono, em companhia de criaturas menos dignas, apesar do esforço paternal para trazê-lo à respeitabilidade.

Taciano, ao revés, aproveitava substanciosamente as oportunidades que a vida lhe ofertava.

Embora menino e moço, trazia consigo a experiência de algumas viagens das mais valiosas. Conhecia vastas regiões da Itália e da África, além de não poucos lugares da Acaia. Falava o grego, com a mesma facilidade com que se expressava no idioma pátrio, e comungava com os livros, na fome de luz que assinala os homens inclinados à sabedoria.

Prendia-se, de modo particular, aos assuntos da fé religiosa, com ardente e profundo fervor.

Não admitia qualquer restrição aos deuses olímpicos. Para ele, as divindades familiares eram as únicas inteligências capazes de garantir a felicidade humana. Extremamente afeiçoado ao culto de Cíbele, a *Magna Mater*, visitava constantemente o templo da deusa no Palatino, aí descansando e meditando, horas e horas, buscando inspiração. Acreditava que Júpiter Máximo era o orientador invisível de todas as vitórias imperiais, e, conquanto ainda jovem, guardava idéias próprias nesse sentido, afirmando sempre que os romanos deviam oferecer-lhe sacrifícios em caráter obrigatório, ou morrer.

Por isso mesmo, não obstante os dotes de espírito que lhe exornavam a personalidade, não conseguia afinar-se com os princípios do Cristianismo.

O Evangelho, examinado por ele, de escantilhão, em conversa com Vetúrio ou com rapazes de sua idade, parecia-lhe um amontoado de ensinamentos incompreensíveis, destinados a sombrear o mundo, caso vencessem na esfera da filosofia e da religião.

Perguntava a si mesmo por que motivo tantos homens e tantas mulheres caminhavam para o martírio, como se a vida não fosse uma dádiva dos deuses, digna de espalhar a ventura entre os mortais, e confrontava Apolo, o inspirador da fecundidade e da beleza, com Jesus-Cristo, o crucificado, admitindo no movimento cristão simples loucura coletiva que o poder governamental devia coibir.

Poderia um patrício – pensava ele – amar um escravo como se fosse a si mesmo? Seria justo perdoar aos inimigos, com pleno olvido da ofensa? Seria aconselhável dar sem retribuição? Como conciliar a fraternidade geral com a defesa da elite? Um magistrado romano poderia ombrear com um africano analfabeto e categorizá-lo à conta de irmão? Por que processos rogar o favor celeste para os adversários? Como aceitar um programa de bondade para com todos, quando os maus se multiplicavam, em toda a parte, exigindo as repressões da justiça? A própria natureza não constituía, por si, um campo de batalha perene, em que as ovelhas eram ovelhas e os lobos não passavam de lobos? De que modo aguardar vitórias sociais e políticas, sob a orientação de um salvador que expirara na cruz? Os destinos da pátria estavam presididos por gênios tutelares, que lhe conferiam a púrpura do poder. Por que desprezá-los em troca dos loucos que morriam, miseravelmente, nas prisões e nos circos?

Em muitas ocasiões, enquanto Cíntia admirava a conversação brilhante do filho, Vetúlio ponderava a diferença que separava os dois rapazes, criados sob os mesmos princípios e tão distanciados moralmente um do outro, lastimando a condição de inferioridade em que se colocava Galba, o filho de sua esperança.

Num dia quente, ao crepúsculo, vamos encontrar nossos conhecidos num amplo terraço, em cordial aproximação.

Cíntia, silenciosa, tecia delicado trabalho de lã, não longe de Helena, que se fazia acompanhada de Anacleta, a governanta que Opílio lhe escolhera, entre antigos laços de parentela da primeira esposa.

Pouco mais velha que a filha de Heliodora, Anacleta nascera em Cipro (Chipre) e, desde cedo, fora cambiada para Roma, aos cuidados de Vetúrio, a pedido da genitora, antes de falecer. Órfã, a menina crescera sob a proteção de Cíntia, fazendo companhia à enteada, que lhe devotava profunda afeição.

Transigente e bondosa, sabia acobertar todas as faltas de Helena, constituindo para ela não somente uma servidora leal, mas também um refúgio afetivo, em todas as circunstâncias.

Enquanto as duas moças conversavam, algo apreensivas, perto de Cíntia, que parecia exclusivamente interessada no trabalho do fio, em outro ângulo, Vetúrio e os rapazes entendiam-se animadamente.

A palestra versava sobre os problemas sociais, com visível entusiasmo de Taciano e indisfarçável retraimento de Galba.

– Concordo em que a luta iniciada, há mais de cem anos – comentava Opílio –, terminará naturalmente pela vitória do patriciado. Tenho grande confiança em Alexandre, reconhecido como protótipo de prudência e justiça.

– Contudo – observou Taciano, tocado de juvenil indignação –, o imperador tem a família infestada de mulheres nazarenas. Pelo lado materno, está cercado de senhoras dementadas, que não se envergonham de receber instruções religiosas de vagabundos da Ásia. A morte de Ulpiano, sem nenhuma providência disciplinar, lhe revela o caráter enfermiço. É fraco e indeciso. Pode ser um padrão de virtudes individuais, mas não mostra aptidão para comandar a nossa vida política.

Sorriu, algo sarcástico, e anotou:

– Quando a cabeça é frágil, não vale o corpo forte.

– É provável que a razão esteja contigo – tornou Opílio bem-humorado –, entretanto, hás de convir que o governo não dorme. Não temos tido espetáculos punitivos, mas a perseguição metódica vem sendo levada a efeito, em moldes legais. A morte de Calisto[10] por exemplo...

– Quem era Calisto senão um escravo fora da lei?

---

[10]Referência ao Papa Calisto. (*Nota do Autor espiritual.*)

– Realmente – concordou Vetúrio –, não podemos comparar um servidor de Carpóforo aos magistrados do Império.

– A perda de Ulpiano é irreparável...

– Mas, que temos nós com a vida alheia? – atalhou Galba, enfadado. – Nunca hesitarei entre um copo de vinho e uma discussão filosófica. Que nos adianta saber se o Olimpo está cheio de divindades ou se um louco morreu na cruz há duzentos anos?

– Não te expresses assim, meu filho! – disse Vetúrio, preocupado – não podemos olvidar os destinos do povo e da pátria em que nascemos.

O moço gargalhou, irreverente, e, tocando os ombros de Taciano, perguntou:

– Que farias, mano, se a coroa do imperador te buscasse a cabeça?

O rapaz percebeu o sarcasmo da interpelação, mas respondeu, firme:

– Se me fosse confiada qualquer tarefa administrativa, não somente exterminaria o Cristianismo, aniquilando-lhe os prosélitos, mas também todos os cidadãos relaxados e viciosos de que as nossas tradições se envergonham.

Galba corou, buscando o olhar paterno, como pedindo reprovação para o filho de Cíntia, mas notando a firmeza com que Opílio, em silêncio, o censurava, pronunciou algumas interjeições desrespeitosas e afastou-se.

A essa altura, Helena e Anacleta retiraram-se, de rosto sombrio, em direção ao jardim.

Reparando que a jovem enxugava lágrimas, Taciano esqueceu-se dos problemas sociais que lhe escaldavam a cabeça e indagou do pai adotivo sobre as razões de semelhante transformação da irmã, habitualmente despreocupada, sendo então informado de que o jovem Emiliano Secundino, de quem a moça se aproximara com grande esperança de ligação afetiva, fora assassinado em Nicomédia, segundo notícias chegadas por um correio de horas antes.

Taciano comoveu-se.

Conhecia o rapaz e admirava-lhe a inteligência.

Como quem se valia da hora azada para entendimento difícil, Vetúrio abeirou-se do enteado, com visível emoção, e falou-lhe, em voz baixa:

– Meu filho, os anos ensinam-nos, pouco a pouco, a necessidade de refletir. Gostaria de ter em Galba um continuador seguro de meu trabalho, entretanto, sabes que teu irmão, até agora, não se decidiu pela responsabilidade. Apesar da verde juventude, é jogador e rixento contumaz. Tenho estudado com tua mãe os problemas de nossa família e admito que precisamos de tua cooperação nas Gálias, onde as nossas propriedades são importantes e numerosas. Possuímos, em Viena, um amigo prestimoso na pessoa de Lamprídio Treboniano, mas Lamprídio morreu, há tempos. Alésio e Pontimiana, nossos fiéis servidores em Lião, estão velhos e fatigados... Perguntam, incessantemente, por ti e aguardam-te a presença, a fim de que sejas ali o meu representante legal.

Opílio fez ligeiro intervalo, verificando o efeito de suas palavras, e interrogou:

– Concordarias em seguir, ao encontro da preservação de nosso patrimônio provincial? Nossa residência lionesa, a meu ver, é mais confortável que o nosso domicílio de Roma e a cidade desfruta a estima das famílias mais representativas de nossa nobreza. Estou convencido de que farás valiosas relações e encontrarás grande estímulo no trabalho. Nossas terras produzem regularmente, mas não devemos relegá-las ao abandono.

O rapaz mostrou-se satisfeito e observou:

– Várias vezes minha mãe me tem falado sobre essa transferência. Estou pronto a obedecer. O senhor é meu pai.

Vetúrio sorriu, confortado, e aduziu:

– Mas, não é tudo.

E, fixando nele os olhos com insistência, interrogou:

– Já pensaste em casar, meu filho?

O moço riu-se, acanhado, e explicou:

– Positivamente, os livros ainda me não permitiram qualquer excursão mental no assunto. É difícil sair da intimidade com Minerva para ouvir qualquer conversação de Afrodite...

O tutor achou graça e prosseguiu:

– Para todos nós, porém, chega invariavelmente o instante de madureza interior, que nos impele ao refúgio do lar.

Após longa pausa, dando idéia da questão delicada que a sua palavra suscitaria, continuou:

– Ante a notícia da morte prematura de Emiliano, Cíntia está naturalmente aflita com a mágoa de Helena, e, mãe devotada que é, depois de ouvi-la, instou comigo para permitir-lhe um passeio até Salamina, onde Anacleta possui vários parentes. Apolodoro, tio dela, segue para Cipro, na quinzena próxima, e tenho a intenção de entregar-lhe as meninas para uma excursão que, a nosso ver, lhes será extremamente proveitosa. Helena descansaria alguns meses das agitações de Roma, refazendo-se para abraçar mais sérios deveres. Como pai interessado na segurança do futuro, tenho pensado... pensado...

Diante do silêncio de Taciano, Opílio completou a exteriorização do propósito que o atormentava:

– Confesso alimentar a esperança de que teu casamento com ela se converta, mais tarde, em realidade... Não guardo a intenção de impor-lhes meus desejos. Sei que a ligação esponsalícia deve obedecer às afinidades de sentimento, antes de tudo, e reconheço que o dinheiro não traz a ventura do amor; entretanto, nossa tranqüilidade seria perfeita, se pudéssemos conservar nossas possibilidades financeiras e territoriais tão sólidas amanhã, quanto hoje. Não posso esperar que o nosso Galba nos compreenda as preocupações, à frente do porvir. Perdulário e indisciplinado, tudo nos diz que será para nós um companheiro difícil de carregar...

As considerações de Vetúrio eram ditas num timbre tão particularmente enternecedor, que o moço sentiu incoercível emotividade a constringir-lhe o peito. Apertou as mãos do padrasto, com ternura, e respondeu:

– Meu pai, disponha de mim, como desejar. Seguirei para Lião, quando for de seu agrado e, quanto ao futuro, os deuses decidirão.

A palestra prosseguiu carinhosa e íntima, evidenciando a segurança espiritual do filho de Quinto Varro. Mas, em gracioso caramanchão do pátio florido, a posição da filha de Heliodora revelava-se diferente.

Abraçada à governanta, Helena chorava sob forte irritação, clamando em desespero:

– Anacleta, haverá infortúnio maior que o meu? O desastre aniquila-me a vida. Emiliano prometera falar a meu pai, tão logo voltasse da Bitínia... E agora? Que será feito de mim?! Estávamos comprometidos, faz mais de três meses... Sabes que a nossa união secreta devia ser consagrada pelo matrimônio... Ó deuses imortais, compadecei-vos de meu amargo destino!...

A moça cipriota afagava-lhe os lindos cabelos, que dourada rede enfeitava, e dizia, maternal:

– Acalma-te! o valor é qualidade para as grandes horas. Nem tudo está perdido. Já nos entendemos com tua mãe, acerca das tuas necessidades de medicação e repouso... Tio Apolodoro está de viagem para a ilha. Conseguiremos a permissão de teu pai e seguiremos com ele. Lá, tudo será fácil. Esperaremos com relativo descanso aquilo que os deuses nos reservam. Tenho bons amigos em minha terra. Escravas fiéis auxiliar-nos-ão em segredo... Não temas.

A jovem, contudo, voluntariosa e rebelde, objetava, inquieta:

– Como suportar a expectativa de tantos meses? Concordo com a viagem como expediente de último recurso... Emiliano não podia morrer...

– Que sugeres então? – indagou Anacleta, aflita.

– Procuremos Orósio... Ele deve conhecer algum remédio que me liberte...

– O feiticeiro?

– Sim, ele mesmo. Não posso entregar-me à maternidade, com escândalo público. Meu pai nunca me perdoaria...

A governanta, que lhe conhecia a luta interior, tentou apaziguar-lhe a alma opressa.

A menina, porém, a recriminar-se, em pranto, só muito tarde se recolheu aos aposentos particulares, não conseguindo a bênção do sono.

Noite inteira, suspirou e chorou, atribulada.

Embora relutando, Anacleta conduziu-a, pela manhã, à residência de Orósio, um velho de vil aparência que se escondia em miserável casebre do Velabro.

Encarquilhado, entre pilhas de raízes e vasos diversos, transbordantes de tisanas de odor desagradável, recebeu as visitantes, procurando sorrir.

Helena, que se ocultava com nome suposto, tentou explicar a razão que as trazia.

Não era a primeira vez que o procurava, esclareceu, atenciosa. Em outra ocasião já lhe rogara socorro, com êxito, para certa amiga desamparada. Agora, pedia para si mesma. Achava-se doente, desesperançada, aflita. Desejava uma consulta aos poderes sobrenaturais.

O mago recolheu, cuidadosamente, as moedas que a moça lhe oferecia, por remuneração antecipada, e sentou-se à frente de uma trípode, sobre a qual uma concha simbólica deixava escapar balsamizantes espirais de incenso.

Orósio repetiu algumas fórmulas em idioma desconhecido para elas, estendeu as mãos descarnadas para a trípode e, de membros inteiriçados, cerrou os olhos, exclamando:

– Sim!...Vejo um homem que se levanta do abismo!... Oh! foi assassinado!... Mostra larga ferida no peito!... Pede perdão pelo mal que lhe fez, mas declara-se ligado, há muitos anos, ao seu destino de mulher... Chora! quão amargosa é a dor que lhe explode no pranto!... Que lágrimas densas prendem essa alma ao lodo da Terra!... Fala de alguém que nascerá... Estende os braços e roga socorro para uma criança...

Depois de ligeira pausa, inquiriu o velho em transe:

– Oh! sim, tão jovem e será mãe? Por todas as bênçãos que descem das Divindades, ele suplica de joelhos para que a senhora lhe poupe mais uma dor... Não se desfaça do anjinho que tomará nova roupa na carne!...

Nesse ponto da estranha revelação, Orósio cobriu-se de tremenda palidez.

Suor abundante corria-lhe da face.

Parecia escutar, atentamente, o fantasma, cuja presença Helena e Anacleta pressentiam, terrificadas.

Findos alguns momentos de torturante expectação, o mago retomou a palavra e profetizou:

– Senhora, não recuseis a maternidade!... Ninguém foge, impunemente, aos desígnios do Céu!... A criança ser-lhe-á proteção e consolo, reajuste e arrimo... Mas, se for consumado o seu propósito de desvencilhar-se dela...

A voz de Orósio fez-se rude e cavernosa, qual se fosse mais diretamente influenciado pela entidade que o assistia.

Ergueu-se animado de misterioso impulso e, dirigindo-se à filha de Vetúrio, afirmou:

– ...então, a senhora morrerá banhada em sangue, vencida pelo poder das trevas!...

Helena atirou-se aos braços de Anacleta, soluçando agitadamente.

Compreendeu que o Espírito de Emiliano interferia, ali, para acordar-lhe a consciência na responsabilidade maternal, e, sentindo-se incapaz de prosseguir em contacto com a inesperada manifestação, gritou para a companheira:

– Não posso mais! Arrasta-me! Quero viajar, esquecer...

Orósio caíra novamente em torpor, deixando perceber extremo interesse no colóquio com o invisível, mas ambas as moças, apavoradas, amparando-se uma à outra, afastaram-se à pressa buscando a viatura que as esperava, a distância.

Helena, em vez de encontrar remédio que a libertasse do compromisso assumido, foi colhida por maior aflição.

Tão intensa se lhe exteriorizou a melancolia em casa que o genitor, inquieto, tratou de organizar-lhe o roteiro no mar.

Apolodoro, o amigo cipriota, foi chamado para entender-se com a família.

Vetúrio e Cíntia, depois de lhe entregarem respeitável quantia, confiaram-lhe as meninas para o longo passeio.

Embora garantidas por grandes economias particulares, as moças empreenderam a viagem sem alegria. Profunda tristeza velava-lhes os semblantes.

Absortas na contemplação das águas calmas do Mediterrâneo, muitas vezes se encontraram em conversação, quanto ao futuro...

Em muitas ocasiões, Helena divagava em silêncio, perguntando a si mesma: – Seria lícito crer nas palavras que ouvira? Orósio era um bruxo. O miraculoso poder de que se revestira, a fim de impressioná-la, derivava-se, certo, da influência de seres infernais, ou quem sabe? talvez que a visão de Emiliano não passasse de simples demência. Achava-se jovem, no começo da vida. Sentia-se no direito de escolher o seu próprio caminho... Não seria mais aconselhável desfazer-se da obrigação que lhe constituía escuro fardo? Com que direito a alma do amante regressava do túmulo para impor-lhe tão pesado dever?

Sob constantes vacilações, chegou à ilha, carinhosamente assistida por Anacleta e pelo velho tio.

Salamina, a antiga capital, dantes linda e próspera, fora destruída por uma tremenda revolução judaica, no Império de Trajano.

O êxodo da população era lento, mas progressivo. Diversas aldeiotas e fazendas formavam-se nos arredores da cidade em decadência.

Num desses burgos pequeninos, Apolodoro situara o ninho doméstico.

Recebida com inequívocas provas de respeito e de estima, Helena, invariavelmente amparada por Anacleta, adquiriu os serviços de encanecida escrava nubiana, Balbina, a quem prometeu libertação e retorno à pátria, logo se visse desobrigada do tratamento de saúde a que se propunha submeter. E, contra todos os protestos afetuosos do anfitrião, alugou uma vila confortável, em pleno campo, alegando a necessidade de ar puro e absoluto descanso.

Os dias corriam sobre os dias.

Tomada de tédio e desesperação, a moça patrícia deliberou tentar algum método de fuga.

Sutilmente conseguiu arrancar de Balbina algumas informações sobre as ervas que pretendia aplicar.

A serva experiente, sem perceber suas intenções, ministrou-lhe os conhecimentos de que dispunha. E a própria Helena, sem qualquer notificação à governanta, preparou a beberagem, certa noite, e recolheu-se ao leito, para sorvê-la, antes do sono.

Depositou a taça num móvel, ao alcance das mãos, e buscou refletir alguns momentos. Mergulhou-se em funda abstração, e, quando se esforçou mentalmente para tomar o prateado copo e beber-lhe o conteúdo, sentiu-se envolvida por estranho torpor. Consciente embora, como quem sonhava desperta, viu Emiliano pálido e abatido, junto dela.

Colocava a destra sobre o tórax ferido, como na visão de Orósio, e, dirigindo-lhe a palavra, falou, triste:

– Helena, perdoa e compadece-te de mim!... Minha violenta separação do corpo foi prova terrível. Não me recrimines! Daria tudo para permanecer e desposar-te, mas que podemos fazer quando os Céus se pronunciam contra os nossos desejos? Poderás imaginar o martírio de um homem, colocado além do túmulo, sem meios de amparar a mulher que ama?

A moça, transitoriamente desligada do corpo físico, ouvia, aterrada... Se pudesse, fugiria sem detença. Emiliano era apenas uma sombra do atleta invejável que conhecera. Assemelhava-se a um fantasma que a Parca vestira de dor. Somente os olhos vivos e fascinantes eram os mesmos. Fez menção de recuar e esconder-se, entretanto, sentiu-se como que chumbada ao solo e presa por laços imponderáveis ao amante redivivo.

Mostrando o propósito de tranqüilizá-la, o recém-desencarnado aproximou-se com mais carinho e falou:

– Não receies. A morte é ilusão. Um dia, estarás igualmente aqui, tal qual todos os mortais... Sei quão tempestuoso te parece o horizonte. Quase menina, foste surpreendida por dolorosos problemas do coração... No entanto, sempre vale conhecer, mais cedo, a verdade...

No íntimo, a jovem desejou saber porque tornava ele do mundo das sombras, amargurando-a.

Não possuía já suficientes razões para apoquentar-se?

E, pensando que o amante estivesse exonerado de todos os deveres morais, considerava, no imo da consciência: – Por que insistirá Emiliano em acompanhar-me, quando se encontra livre? Não fora arrebatado da Terra à moradia da paz?

Deixando transparecer que lhe percebia as palavras inarticuladas, o inesperado visitante respondeu:

– Não creias seja o sepulcro uma passagem direta para o domicílio dos deuses... Vivemos longe da luz quando não cogitamos de acendê-la no próprio coração. Além da carne, em que nossa alma se agita, somos defrontados por nós mesmos. Os pensamentos que alimentamos são teias escuras que nos prendem à sombra ou às sendas de sublime esplendor, impelindo-nos para a frente... Aqueles que deixamos para trás retardam nosso passo ou favorecem-nos o avanço, conforme os sentimentos que a nossa memória lhes inspira. Não suponhas haja impunidade nos tribunais da justiça divina!... Recebemos invariavelmente, segundo as nossas obras...

Nesse ponto da singular entrevista, Helena recordou-se mais nitidamente do enigma que a dilacerava...

Acaso Secundino voltava do sepulcro para lembrar-lhe as obrigações de que pretendia desvencilhar-se?!

Súbita aflição assomou-lhe à alma inquieta.

Como alijar o fardo de angústia?

Reconhecia-se entre o Espírito de Emiliano, a relembrar-lhe uma felicidade que não mais lhe sorriria na Terra, e uma criança intrusa a ameaçar-lhe a existência.

No fundo, queria ser mãe e desenvolver no próprio coração os potenciais de ternura que lhe explodiam no peito, mas não nas circunstâncias em que se achava.

Jamais sentira tão grande flagelação moral.

Lágrimas ardentes escaldavam-lhe os olhos.

Ajoelhou-se, desesperada, e gritou:

– Como me pedes compaixão, se sou mais desventurada? Compreenderás, porventura, o tormento da mulher sob o grilhão de compromissos que lhe deslustram a dignidade pessoal? Sabes o que significa esperar um acontecimento desonroso, sem o braço que nos prometeu segurança e carinho? Ah!... os mortos não conseguem penetrar o infortúnio dos vivos, porque, se assim não fora, me levarias também... A convivência dos seres infernais deve ser mais benigna que o contacto dos homens cruéis!...

O desfigurado mensageiro acariciou-lhe a cabeleira sedosa e observou:

– Não blasfemes! Venho para rogar-te valor... Não desprezes a coroa da maternidade. Se aceitares a prova difícil, com submissão aos Divinos Desígnios, não nos separaremos. Juntos, em espírito, prosseguiremos em busca da alegria imortal... Suporta, com serenidade, os golpes do destino que hoje nos fere. Não menoscabes o rebento do nosso amor... Às vezes, nos braços tenros de uma criança, encontramos a força que nos regenera e nos salva... Não recuses, pois, a determinação dos Céus! Guarda contigo a flor que desabrocha entre nós. O perfume de suas pétalas alimentar-nos-á a comunhão... E um dia reunir-nos-emos, de novo, nas esferas da beleza e da luz!...

A jovem tentou prolongar o entendimento daquela hora inesquecível, contudo, talvez porque expandisse a sensibilidade em desequilíbrio, a figura de Emiliano como que se fundia em névoa esbranquiçada, afastando-se... afastando-se...

Chamava-o, em alta voz, mas debalde.

Acordou a gesticular, no leito, bradando, desvarada:

– Emiliano!... Emiliano!...

Um dos braços agitados derrubou, involuntariamente, a taça próxima, entornando-lhe o conteúdo.

Perdera-se a criminosa tisana.

Helena enxugou o pranto copioso e, porque não mais pudesse conciliar o sono, levantou-se e procurou o ar fresco da madrugada num terraço vizinho.

A visão do firmamento estrelado como que lhe suavizou o tormento íntimo e as veludosas virações que vinham do mar secaram-lhe os olhos úmidos, acalmando-lhe o coração.

Mais reservada e mais abatida, esperou resignada a obra do tempo.

Anacleta, leal e amiga, obteve indiretamente, em conversações reiteradas e supostamente sem importância, com Balbina, todos os informes imprescindíveis à assistência que devia prestar-lhe e, depois de longas semanas, em que se manteve acamada, a moça patrícia deu à luz uma pequenina.

Assistida exclusivamente por Anacleta, que se desvelou pela tutelada na posição de verdadeira mãe, Helena contemplou a filhinha, com insopitáveis conflitos no coração.

Não sabia se a odiava com violência ou se lhe queria com ternura.

A governanta fê-la notar a coincidência de a menina haver herdado certo sinal materno – uma grande mancha negra no ombro esquerdo.

Vestindo-a, carinhosamente, observou:

– Isso a tornará reconhecível em qualquer ocasião.

Não obstante fatigada, Helena respondeu resoluta:

– Não pretendo reencontrá-la.

– Entretanto – conjeturou a amiga –, o tempo corre atrás do tempo. Um dia, será talvez possível a reaproximação. Custa-me pensar que nos desvencilharemos de uma bonequinha como esta. Não surgirá um meio...

Helena, contudo, atalhou, firme:

– Ela deve desaparecer. É uma filha que não pedi e que não me cabia esperar.

Anacleta, desapontada, conchegou-a, de encontro ao coração, envolveu-a em panos de lã e, em seguida, apresentou-a ao angustiado olhar materno, acrescentando:

– É tua... Dá-lhe alguma lembrança. Pobre avezinha! Como se portará na ventania?

A moça, estranhamente dominada de pensamentos contraditórios, sufocou as lágrimas nos olhos úmidos e, tomando de móvel próximo um belo camafeu, em que se via a imagem de Cíbele, admiravelmente esculpida em marfim, adornou com ele o corpo da pequenina.

Logo após, recomendou, decidida:

– Anacleta, organiza-lhe a viagem. É preciso despachá-la num cesto grande, sob qualquer árvore do campo. Evita confiá-la à porta de determinada pessoa, de vez que não pretendo estabelecer qualquer laço de ligação com o passado, que considero morto, a partir deste instante.

– Helena!... – suspirou a moça, com o evidente intuito de aconselhar.

– Não interfiras – afirmou a jovem mãe –; quando o dia clarear, serei portadora de novo destino. Não me fales mais nisso. Saberei recompensar-te. Dispõe de mim como quiseres.

Anacleta procurou ainda impor-se, mas a filha de Vetúrio, sem tergiversar, exclamou:

– Não discutas. Os deuses decidirão...

A sobrinha de Apolodoro cumpriu a ordem, choramingando, e, munindo-se de agasalho, saiu conduzindo o pequeno fardo.

O dia estava prestes a alvorecer.

No horizonte, o Sol não tardaria em anunciar-se.

Anacleta foi visitada pela tentação de deixar a criança no limiar de alguma herdade, onde conseguisse acompanhar-lhe a evolução, indiretamente; todavia, embora não concordasse com a atitude de Helena, vivia, por sua vez, na condição de subalternidade. Dependia da casa de Opílio e muito particularmente da menina Vetúrio. Seguir a criança, ainda que de longe, seria atrair aflições sobre a própria cabeça. Não desejava abandonar o destaque social da casa de Cíntia. Era exageradamente feliz para perder com facilidade as vantagens de que se rodeava na vida. Contudo, cortava-lhe o coração a dor de abandonar a pequenina completamente à própria sorte. Seria justo entregar, daquele modo, um ser humano, à furna dos animais? Que destino poderia esperar a inocentinha, em pleno matagal?

Fitou o rosto miúdo, mal velado pela cobertura envolvente, e a compaixão intensificou-se-lhe ainda mais, em reconhecendo que a menina se deixava conduzir, sem chorar.

Soprava o vento fresco, qual se fora uma carícia do Céu.

A corajosa governanta havia caminhado aproximadamente três quilômetros, no rumo de pequeno povoado próximo.

Não poderia prolongar demasiado a excursão, sob pena de denunciar-se. Mas, como abandonar a criança aos imprevistos da charneca? Não se conformava à idéia de perpetrar semelhante crueldade. Guardá-la-ia num ângulo de caminho, até que pudesse sentir-se segura. E, em preces, rogava aos numes de sua fé encaminhassem até ali alguém, cuja presença a tranqüilizasse.

Preocupada, esperou.

E, quando a diurna claridade começou a espraiar-se, através dos lençóis de névoa, notou que um homem, como quem cultivasse no campo a meditação matutina, apareceu ao longe, caminhando devagar...

A moça ocultou-se, rápida, e a criança, pressentindo talvez o aparecimento de mãos amigas, passou a vagir ruidosamente.

O passeante estugou o passo, abeirou-se dela e, ajoelhando-se, junto ao cesto, bradou:

– Grande Serápis! que vejo? um anjo, ó deuses!... um anjo sem ninguém!...

Inclinou-se, cuidadoso, afagou a cabecinha nua e, erguendo os olhos para o alto, exclamou:

– Divino Zeus! há quinze anos conduziste Lívia, minha única filha e consolo de minha viuvez, para a glória de teu seio!... Hoje, que me sabes um peregrino sem apoio, ma restituis. Louvado sejas! Doravante não serei mais sozinho...

Com extremada ternura, retirou a menina do berço improvisado e apertou-a, de encontro ao coração, sob as dobras da capa acolhedora em que se envolvia e retomou o caminho por onde viera.

Os primeiros raios de ouro da manhã desvelaram a paisagem, parecendo que o Céu reafirmava a sua proteção à Terra e os pássaros começaram a cantar, melodiosamente, como se agradecessem à Divina Providência a alegria de uma criança perdida, que havia encontrado a bênção de um lar.

V

REENCONTRO

Ao término de 233, numa sala singela da igreja de São João, em Lião, pequena assembléia de companheiros se instalara para o exame de assuntos urgentes, relacionados com a obra do Evangelho.

Três homens de idade avançada, e um outro, em plena madureza, discutiam as necessidades do movimento cristão.

O Império vivia assolado por uma peste que procedia do Oriente, fazendo vítimas inumeráveis.

Em Roma, a situação era das mais graves.

A epidemia penetrara as Gálias e a comunidade cristã, em Lião, mobilizava todos os recursos para amenizar os problemas do povo.

O mais jovem integrante do conjunto era o Irmão Corvino, que advogava a causa dos enfermos abandonados e infelizes.

– Se desprezamos o próximo – comentava ele, inflamado de confiança –, como atender ao nosso mandato de caridade? Cristianismo é viver o espírito do Cristo em nós. Vemos no estudo das narrativas apostólicas que as legiões do Céu se apossam da Terra, em companhia do Senhor, transformando os homens em instrumentos da Infinita Bondade. Desde o primeiro contacto de Jesus com a Humanidade, observamos a manifestação do mundo espiritual, que busca nas criaturas pontos vivos de apoio para a obra de regeneração. Zacarias é procurado pelo anjo Gabriel que lhe comunica a vinda de João Batista. Maria Santíssima é visitada pelo mesmo anjo, que lhe anuncia a chegada do Salvador. Um enviado celeste procura José da Galiléia, em sonho, para tranqüilizá-lo, quanto ao nascimento do Redentor. E, erguendo-se o Mestre Divino, entre os homens, não se limita a cumprir a Lei Antiga, repetindo-lhe os preceitos com os lábios. Sai de si mesmo e coloca-se ao encontro das angústias do povo. Limpa os leprosos da estrada. Estende mãos amigas aos paralíticos e levanta-os. Restitui a visão aos cegos. Reergue Lázaro do sepulcro. Restaura doentes. Reintegra as mulheres transviadas na dignidade pessoal. Infunde aos homens novos princípios de fraternidade e perdão. Ainda na cruz, conversa amorosamente com dois malfeitores, procurando encaminhar-lhes as almas para o mais alto. E, depois dele, os apóstolos abnegados continuam-lhe a gloriosa tarefa do reerguimento humano, prosseguindo no ministério do esclarecimento da alma e da cura do corpo, devotando-se ao Evangelho até ao derradeiro sacrifício.

– Compreendemos a sensatez da exposição – objetou o presbítero Galiano, velho gaulês que se demorara por muito tempo, na Paflagônia –, entretanto, é preciso escapar às arremetidas do tentador. Penso haver chegado o momento de cogitar da construção do nosso retiro nas terras que possuímos na Aquitânia. Não podemos atingir o Céu sem a centralização de nossa alma na prece...

– Como conseguiremos, porém, ajudar a Humanidade, simplesmente orando? – ajuntou Corvino, seguro de si.

– Temos companheiros admiráveis estacionados no deserto. Organizam pousos solitários, desfiguram-se, atormentam-se e crêem auxiliar, por esse modo, a obra de redenção humana. Mas se devêssemos procurar a tranqüilidade própria, a fim de servir ao Criador, por que motivo teria Jesus vindo até nós, partilhando conosco o pão da vida? Em que luta condecorar-se-á o soldado que desiste do combate? Em que país haverá colheita valiosa para o lavrador que nada mais faz que contemplar a terra, a pretexto de amá-la? Como semear o trigo, sem contacto com o solo? Como plantar o bem, entre as criaturas, sem suportar o assédio da miséria e da ignorância? Não podemos admitir salvação sem a intimidade daquele que salva com aquele que se encontra desviado ou perdido.

Ante a pausa que se fez espontânea, Galiano considerou:

– As tuas ponderações são mais que justas, mas não podemos concordar com o pecado e nem permitir que as almas desprevenidas dele se aproximem.

– Os pagãos nos acusam de ladrões da alegria – acentuou Pafos, um diácono aureolado de cabelos brancos –, acreditam que o Evangelho é um manto de tristeza asfixiando o mundo.

– E não falta quem veja na peste uma vingança das divindades olímpicas – informou Ênio Pudens, excelente companheiro que o tempo encanecera –; muita gente volta a clamar contra nós, supondo sejamos os causadores da ira celeste. Valeriano, um amigo nosso que trabalha no Forum, contou-me, particularmente, que entre as solicitações formuladas pelo Concílio[11], na festa de Augusto, consta

[11]Assembléia gaulesa com direito de opinar diante da autoridade de César. (*Nota do Autor espiritual.*)

um apelo para que sejamos de novo flagelados. E afirmou que a execução de semelhante pedido vem tardando, porque o Imperador Alexandre Severo não está suficientemente seguro.

Galiano sorriu e acrescentou:

– Mais um motivo para o insulamento dos que pretendem adorar a Deus, sem a perturbação dos homens...

A frase reticenciosa ficara no ar, mas Corvino, tocado de profundo ardor pela causa do Evangelho, retomou a palavra, decidido:

– Veneráveis irmãos, admito não nos caiba o direito de interferir na resolução dos que buscam a solidão, contudo, creio não devamos incentivar o movimento que podemos classificar por deserção. Estamos numa guerra de idéias. O primeiro legionário que tombou, em holocausto à libertação do espírito humano, foi o próprio Mestre, nosso Comandante Divino. Desde a cruz do Calvário, nossos companheiros, em vasta frente de valoroso testemunho, sofrem o martirológio da fé viva. Há quase duzentos anos somos pasto das feras e objeto desprezível nos divertimentos públicos. Homens e mulheres, velhos e crianças têm sido levados a arenas e cárceres, postes e fogueiras, revelando o heroísmo da nossa confiança num mundo melhor. Não seria lícito trair-lhes a memória. Os adversários de nossa causa têm-nos como amargurados portadores da indiferença pela vida, mas é que ignoram a lição do Benfeitor Celeste que nos indicou no serviço da fraternidade a fonte do verdadeiro bem e da perfeita alegria. Urge, assim, não nos afastemos do trabalho e da luta. Há construções no plano do espírito, como existem no campo da matéria. A vitória do Cristianismo, com a livre manifestação do nosso pensamento, é obra que nos compete concretizar.

Surgiu pequeno intervalo na conversação, que a palavra de Ênio interrompeu:

– No que se refere a serviço, nossa posição não é das melhores. Muitas famílias, pressentindo a perseguição, vêm dispensando os empregados cristãos. Ainda ontem as oficinas de Popônio demitiram dez companheiros nossos.

– Mas temos o direito de esmolar para a igreja e a igreja precisa sustentá-los – observou Galiano, cuidadoso.

Corvino, porém, obtemperou, firme:

– Sim, temos o direito de esmolar. Esse, contudo, é também o direito do mendigo. Não nos cabe, segundo nos parece, olvidar a produção de benefícios para o mundo. Temos terra disponível, sob a responsabilidade de vários irmãos. O arado não mente. Os grãos respondem com fidelidade ao nosso esforço. Podemos trabalhar. Não devemos recorrer ao concurso alheio, senão em circunstâncias especiais. Não seria aconselhável manter a comunidade improdutiva. Cabeça vaga é furna de tentações. Creio em nossa possibilidade de auxiliar a todos, através do esforço bem dirigido. O serviço de cada dia é o recurso de que dispomos para testemunhar o desempenho dos nossos deveres, diante dos que nos acompanham de perto, e o trabalho espontâneo no bem é o meio que o Senhor colocou ao nosso alcance, a fim de que sirvamos à Humanidade, com ela crescendo para a Glória Divina.

O explicador ainda não havia terminado, quando a porta se entreabriu e um companheiro anunciou:

– Irmão Corvino, a irmã Pontimiana roga-lhe a presença.

O presbítero pediu permissão aos confrades e retirou-se.

Na praça pobre de acesso ao templo, que mal começava a erguer-se, uma senhora respeitável esperava-o.

Era a guardiã do palácio rural de Opílio Vetúrio.

Embora contrariando o esposo, fizera-se amiga fiel da igreja, ouvindo Corvino, que lhe amparara a renovação espiritual, passo a passo.

Não obstante idosa, Pontimiana revelava extrema agudeza nos olhos lúcidos, que sempre refletiam a cristalina bondade de sua alma.

Tantas vezes auxiliada pelo presbítero, convertera-se em prestimosa irmã dele, devotando-lhe estima sincera.

Sorridente, saudou-o e foi logo informando:

– Taciano, o menino agora rapaz que o senhor conheceu em Roma, chegou hoje. Tratando-se de alguém cujo destino sempre lhe interessou, vim trazer-lhe a notícia.

O semblante do religioso cobriu-se de extrema palidez.

Enfim, reveria o filho bem-amado.

Quase vinte anos haviam decorrido.

Constantemente, procurava-o no rosto dos órfãos e achara-lhe o carinho no peito das crianças sem lar que o buscavam, trêmulas de frio. Em todas as preces ao Senhor, lembrava-lhe o nome, no imo dalma. Consoante as lições do apóstolo que lhe consolidara a fé, consagrara-se ao trabalho da terra. Distanciara-se dos conhecimentos náuticos, renunciara à vocação do comando, amaciara a voz e aprendera a obedecer. Tomando o velho Corvino por padrão renovador, dividia a existência entre o santuário e o serviço comum. Não se tornara famoso, em Lião, simplesmente pela abnegação com que se dedicava aos enfermos, curando-os e reanimando-os através da oração, mas também pela arraigada ternura com que se empenhava na proteção à infância.

Habitava numa propriedade da igreja com trinta meninos, aos quais servia de mentor e de pai, seguido, de perto, pela cooperação de duas velhinhas.

Quinto Varro, convertido em presbítero, encontrara nos pequeninos o alimento espiritual da alma saudosa.

Apesar da prevenção reinante contra a igreja, a cidade respeitava-o.

Os pobres e os infelizes rendiam-lhe rasgado preito de amor. Mas não era somente grande no apostolado da fé. Agigantara-se em humildade, fazendo-se o jardineiro-chefe de cinco residências patrícias. Orientava os escravos com tanta mestria no preparo do solo e na educação das plantas, que conquistara, não apenas significativo salário, mas também admiração e preferência.

A casa senhorial de Vetúrio incluía-se entre as mansões aristocráticas cuidadas por ele. Captara a confiança dos mordomos e a estima dos servos. Era na extensa propriedade um cooperador e um amigo.

No fundo, Varro sabia que esse era o único recurso de rever Taciano e oferecer-lhe os braços paternais.

Desvelara-se, por isso, na formação do parque, no meio do qual se levantava a casa de Opílio. Nenhum jardim, em Lião, se lhe igualava em beleza.

Informado por Alésio e Pontimiana, que algumas vezes visitavam Roma, de que o filho era apaixonado por rosas rubras, com elas desenhou vastos canteiros, dando-lhes a figura especial de um coração, marginado de flores, em cujo centro acolhedores bancos de mármore, entre repuxos amenos, convidavam à meditação e ao repouso.

Trabalhara muito durante os dezessete anos que o distanciavam do lar, a fim de merecer o contentamento daquela hora.

Fizera-se mais experiente, mais esclarecido. Mantivera longo contacto com os mestres do pensamento, em várias línguas. Sobrenadara a corrente de aflições do próprio destino e procurara vencer todos os percalços para comparecer, ainda que para sempre anônimo e irreconhecível, diante do filho incessantemente lembrado, com a dignidade do homem de bem.

Como fazer face à surpresa daquela hora? Teria forças para abraçar Taciano, sem comprometer-se?

A voz de Pontimiana veio arrebatá-lo da obcecante reflexão:

– Irmão Corvino, o senhor sente-se mal, porventura?

Como que acordando de um sonho atormentado, o presbítero recompôs a fisionomia e respondeu, gentil:

– Desculpe, irmã. Estou bem.

– É que não disponho de muito tempo – tornou ela, preocupada. – O jovem Taciano chegou doente.

– Doente?

– Sim, tudo indica seja portador da peste maldita.

E, ante o coração paterno, amargamente surpreendido, continuou:

– Vim até aqui, não somente para o comunicado, mas também para rogar-lhe o concurso.

Atendendo às perguntas que lhe foram dirigidas, a empregada de Vetúrio esclareceu que o rapaz chegara com febre alta e vômitos freqüentes, sofrendo inquietante angina que lhe impedia a deglutição. Os escravos que lhe formavam o séqüito adiantavam que o moço parecia muito acabrunhado na viagem, piorando, entretanto, somente na véspera, horas antes de alcançarem a cidade. Ela e o marido haviam movimentado todas as providências. Taciano instalara-se no quarto confortável que, desde muito, o aguardava, e um médico de confiança fora chamado. Não conhecia ainda os efeitos da inspeção, todavia, resolvera pedir-lhe ajuda imediata, em razão da experiência que ele, Corvino, adquirira nas tarefas assistenciais que abraçara, junto dos pestosos. Sabia, de antemão, que a casa seria marcada por zona perigosa e que o esposo e ela não poderiam contar senão com servidores insipientes. Não podia esperar a contribuição de romanos prestigiosos. Os patrícios de nomeada, em maioria, estavam em vilas campestres, a longas distâncias, receosos de contágio.

O presbítero ouviu, de coração opresso, desejando colocar-se junto do filho, para o que desse e viesse. Mas, atento às responsabilidades que o prendiam ao templo, prometeu visitar o enfermo, tão logo se desincumbisse das obrigações mais urgentes.

Com efeito, ao entardecer, fez-se substituído no lar dos meninos e, à noitinha, dava entrada no aposento do filho.

Amparado por Alésio, o jovem agitava-se em náuseas aflitivas. O rosto descarnado denunciava-lhe o abatimento.

Por mais que o mordomo apresentasse o religioso, Taciano, febril, não dava conta de si mesmo.

O olhar esgazeado passeava pelo quarto, vagueando inexpressivo.

Enquanto Corvino lhe acariciava a cabeça suarenta, o guardião informava:

– Há duas horas começou a delirar.

Realmente, findos alguns minutos de pesada expectação, o doente pousou no visitante os olhos empapuçados, alterando-se-lhes o brilho. Indisfarçável interesse se lhe estampou na máscara fisionômica. Contemplou demoradamente o presbítero, qual se houvesse enlouquecido e, tentando afastar a delicada cobertura, bradou:

– Quem trouxe a informação da morte de meu pai? Onde estão os escravos que o assassinaram? Malditos! Todos serão mortos...

O benfeitor dos enfermos, colhido à queima-roupa por semelhantes palavras, recorreu à prece para não trair-se.

Pálido e semi-aterrado, orava em silêncio, enquanto Taciano, como se entrevisse a realidade nos desvarios da febre, prosseguia gritando:

– Conduzamos a galera até Cartago!... Não posso recuar... Conhecerei a verdade por mim mesmo... Faremos um inquérito. Punirei os culpados. Como puderam esquecer tamanho delito? Disse-me Opílio que há muitos crimes na sombra e que a justiça é incapaz de todos os reajustes... mas serei o vingador de meu pai... Quinto Varro será reabilitado. Não perdoarei a ninguém... Aniquilarei todos os patifes...

Preocupado talvez com a estranheza do irmão Corvino, o esposo de Pontimiana falou-lhe, reservado:

– O rapaz, fora de si, lembra-se do pai assassinado, faz muitos anos, por escravos nazarenos, na embarcação que o conduzia para a África, em missão punitiva.

E provavelmente porque o interlocutor apenas se manifestasse, através de monossílabos, acrescentou:

– Quinto Varro era o primeiro marido da patroa. Consta que viajava rumo a Cartago, incumbido de providenciar o castigo de vários cristãos insubmissos, quando foi apunhalado por servidores irresponsáveis e inconscientes...

Arejou um dos lençóis que envolviam o paciente e prosseguiu:

– Pobre menino! Embora educado por Vetúrio qual se lhe fora filho, revelou-se, desde cedo, atormentado pela memória paterna.

Em seguida, baixou o tom de voz e, abeirando-se, cuidadoso, do presbítero, observou, deixando-lhe perceber o constrangimento com que o recebia na intimidade:

– A morte de Varro acirrou na família, como é justo, o ódio ao Cristianismo. Taciano foi criado pela genitora na extrema veneração às divindades. A senhora costuma dizer que preparou o filho para combater a mistificação galiléia e não oculta o propósito de fazê-lo sustentáculo da munificência imperial. Respeito, assim, a sua cooperação, na qual Pontimiana deposita a maior confiança, contudo, sinto-me no dever de rogar-lhe cautela, a fim de que o rapaz não se sinta ofendido em seus princípios.

O abnegado irmão dos pobres não se surpreendeu com a observação.

Não obstante sentido, agradeceu a advertência.

Que não faria para demorar-se, ali, junto ao doente que ansiava por asilar nos seus braços?

Ocupou-se, carinhoso, em ministrar as beberagens indicadas pelo facultativo, esforçando-se, com todos os recursos de que dispunha, na enfermagem completa.

Taciano piorava sempre.

Noite alta, Alésio e a esposa se recolheram, recomendando a três escravos prestimosos se revezassem no trabalho noturno de assistência.

O irmão Corvino, porém, não arredou pé do leito.

Demorava-se o moço na fase culminante da febre insidiosa. A escarlatina complicada atingira o período de invasão.

Por trinta horas consecutivas, o religioso, entre a força da fé e a abnegação do amor, acompanhou-o, com desvelada ternura, conquistando o reconhecimento de todos os circunstantes.

No segundo dia, a erupção surgiu em manchas pequenas e vermelhas, começando no tórax, e, por várias semanas, o rapaz foi objeto de meticulosa atenção.

Muitas vezes, velando-lhe o sono, em lágrimas, o presbítero afagava-o, paternalmente, e sofria a tentação de revelar-se.

Como, porém, abrir uma guerra de morte contra Címtia? Não esposara ele no Evangelho um novo modo de ser? Que testemunho de lealdade ao Cristo poderia afirmar, semeando ódio e amargura no espírito do filho bem-amado? Adiantaria a Taciano qualquer atitude, tendente a impor-lhe afeição?

Em muitas ocasiões, orou, pedindo a Jesus o inspirasse, e vezes freqüentes contemplou o velho Corvino, em sonho, aconselhando-o a extrema renúncia, qual se lhe trouxesse a resposta do Alto.

Na posição de expositor da Boa Nova, achava-se ligado a milhares de pessoas, que lhe buscavam o exemplo e a palavra por respeitáveis diretrizes.

Não podia, desse modo, hesitar.

Grande era o amor pelo filho, no entanto, o amor sublime do Mestre era maior e devia conservá-lo digno, nas responsabilidades supremas.

Quando o enfermo recuperou a lucidez, abraçou-o, reconhecidamente, nele identificando, não só o jardineiro chefe da casa, mas também o benfeitor inesquecível.

Sentindo-se infinitamente atraído para aquele homem humilde que o visitava, perseverante, Taciano apreciava entreter-se com ele, por longas horas, em explanações sobre ciência e arte, cultura e filosofia.

Ligavam-se nos mesmos temas e nas mesmas preferências.

Discutiam Vergílio e Lucrécio, Luciano e Homero, Epicuro e Timeu de Locros, Sêneca e Papiniano, com análogos pontos de vista.

Todavia, como se temessem perder a fascinante comunhão em que se mergulhavam, pareciam linhas paralelas em religião.

Evitavam, sistematicamente, qualquer comentário em matéria de fé.

Amparado pelo amigo, o rapaz já conseguia efetuar vários passeios no parque enriquecido de suntuosa vegetação, e, ali, à sombra de vigorosos abetos ou entre giestas em flor, entabulavam preciosas conversações, sorridentes e felizes, à maneira dos antigos helenos, que preferiam a permuta de avançados conhecimentos no santuário da Natureza.

Certa feita, espicaçado pela curiosidade, Taciano indagou quanto às razões do seu insulamento na Gália, quando poderia ser, em Roma, festejado professor. Donde vinha e por que se condenara à obscuridade colonial?

Relutante, Corvino confessou que nascera na metrópole dos Césares, mas apaixonara-se pelo serviço junto à comunidade gaulesa e vira-se preso por fortes laços do coração.

– Que trabalho, contudo, encarcerar-te-ia em Lião, a ponto de esquecer-te? – perguntou o jovem com espontâneo carinho. – Admito que os herdeiros da glória patrícia não deviam abandonar a educação aos escravos. Um egípcio ou um judeu não podem produzir os pensamentos de que carecemos para a garantia da grandeza imperial.

– Sim, sem dúvida – concordou o amigo, bondoso –, entretanto, acredito que também as províncias nos reclamam acurado interesse. O mundo está repleto de nossos legionários. Possuímos forças incoercíveis de civilização, em todas as frentes. Nossos imperadores podem ser proclamados em variadas zonas da Terra. Em razão disso, não podemos olvidar a necessidade de instrução, em todos os setores.

E, sorrindo, acentuou:

– Por este motivo, converti-me em mestre-escola.

Taciano partilhou-lhe o bom humor.

Nesse instante, uma idéia nasceu no cérebro de Varro.

E se lhe trouxesse as crianças para uma visita de amor? Não seria a maneira mais segura de tocar-lhe o coração para o despertamento evangélico? O rapaz poderia ignorar-lhe a condição para sempre, mas seria justo não convidá-lo para o banquete da luz divina? Quem adivinharia as vantagens de semelhante realização? Pela inteligência de que se mostrava portador, o filho, naturalmente, impusera-se na família. Percebia-se logo que as opiniões dele se faziam respeitáveis. Apesar de extremamente jovem, era senhor das próprias convicções. Um cântico infantil conseguiria, decerto, sensibilizá-lo. Taciano provavelmente se inclinaria a estudar as lições de Jesus, se os meninos lhe alcançassem as cordas da alma...

Depois da reflexão de segundos, dirigiu-se ao convalescente, de olhos iluminados por secreta esperança, e indagou como receberia ele a saudação dos pequeninos de que se erigira guardião.

O pupilo de Vetúrio não regateou encômios à idéia.

Sentir-se-ia muito feliz com a homenagem, declarou. Sempre admitira que o futuro pertence à criança. A civilização romana, a seu ver, não podia descurar-se da preparação juvenil.

No dia previamente marcado, o próprio Taciano, com o auxílio de Alésio e da mulher, organizou, na encantadora Praça das Rosas Rubras, deliciosa criação de Corvino, o ambiente festivo da recepção.

Cestos de frutos e cântaros com abundante provisão de suco de uvas foram artisticamente espalhados entre os bancos de mármore.

O corpo musical da herdade, constituído por escravos jovens, foi trazido à reunião.

Garbosos moços, empunhando liras e alaúdes, tambores e sistros, improvisavam melodias alegres.

Dividia-se a fazenda em duas correntes partidárias: a dos servidores cristãos, inflamados de júbilo e esperança, dirigidos pelo otimismo de Pontimiana, e a dos cooperadores, devotos dos deuses olímpicos, capitaneados por Alésio, que não enxergavam o acontecimento com bons olhos. De um lado, surgiam preces e sorrisos de fraternidade, mas de outro apareciam impropérios e rostos sombrios.

Com a sabedoria do apóstolo e com a ingenuidade da criança, o irmão Corvino penetrou o recinto perfumado, conduzindo três dezenas de petizes, em singela apresentação.

Orientados pelo mentor, chegaram cantando um hino simples, que exprimia caricioso voto de paz.

Companheiro,
Companheiro!
Na senda que te conduz,
Que o Céu te conceda à vida
As bênçãos da Eterna Luz!...
Companheiro,
Companheiro!
Recebe por saudação
Nossas flores de alegria
No vaso do coração...

As vozes humildes assemelhavam-se a um coro de anjos que o bosque recebesse pelas asas do vento.

Taciano acolheu, bondoso, a colmeia infantil.

Dois bailarinos executaram números cômicos, enquanto a petizada se ria, feliz.

Alguns jogos inocentes foram postos em prática.

Seis meninos recitaram poesias de nobre delicadeza, através de monólogos e diálogos que encantaram a assembléia da qual constavam muitas dezenas de escravos em trajes festivos.

Em certo momento, Taciano tomou a palavra, referindo-se aos ideais da pátria e da raça, no engrandecimento da Humanidade.

Logo após, a merenda farta espalhou o contentamento culminante.

O prestimoso jardineiro que se fizera o afortunado credor de tantas atenções, trouxe ao jovem patrício o menor da turma. Era Silvano, um menino de cinco anos apenas, filho de um legionário que morrera no Ponto. A desditosa viúva, atacada pela peste, confiara-lhe o garoto, semanas antes.

Taciano abraçou-o, com sincera ternura, dirigindo-lhe a palavra, carinhosamente.

O irmão Corvino declarou que lhe cabia providenciar o regresso das crianças e, por isso, designava Silvano para dizer uma prece pela felicidade do anfitrião.

O pequeno, submisso, trocando jubiloso olhar com o orientador, procurou o centro da praça.

O momento era de extrema expectativa.

Todos os circunstantes entreolharam-se, aflitos...

O pupilo de Vetúrio acompanhava a cena, sorridente, certo de que seria lembrado numa oração comum às Divindades.

O pequeno, de cabeça erguida ao Céu, como um soldadinho triunfante, começou a falar, comovidamente:

– Jesus, nosso Divino Mestre!... Ajuda-nos...

Nesse instante, porém, súbita palidez cobriu a face do moço patrício. A fisionomia, dantes calma e educada, tornou-se-lhe irreconhecível. Feroz expressão eclipsou-lhe a alegria. Repentinamente convertido numa fera humana, rugindo cólera, clamou, terrível:

– Abaixo os nazarenos! abaixo os nazarenos!... Maldito Corvino!... Maldito Corvino!... que desgraça! quem se atreveu a introduzir cristãos em minha casa? Farei justiça, justiça! Acabarei com esta praga!...

Penosa surpresa dominou o recinto.

O paternal benfeitor aproximou-se dele e implorou:

– Piedade! Piedade!...

Taciano, contudo, não viu as lágrimas que fulguravam nos olhos dele.

Recuando, desesperado, respondeu em voz seca:

– Piedade? Reparem o velho refrão dos imundos galileus!...

E, agitando um bastão de ponta metálica, rugia, estentórico:

– Fora daqui! para fora daqui, gênios infernais!... Víboras do monturo, filhos das trevas, para fora daqui!...

O jovem parecia possesso de demônios do crime, tal a máscara de indignação e perversidade que lhe surgira no rosto.

Os pequerruchos tremiam imóveis.

Entre eles e o filho encolerizado, o coração de Varro não sabia o que fazer.

Muitos servidores do grupo de Alésio passaram a gargalhar ruidosamente.

Taciano relanceou os olhos na assembléia e bradou para o capataz que conhecia como sendo o mais ferrenho inimigo dos cristãos:

– Epípodo, traze o cão selvagem! Expulsemos a canalha! Aniquilemos os embusteiros!...

O escravo não hesitou. Atendeu, presto, e, em poucos instantes, aproximava-se um cão enorme a ladrar e a rosnar com fúria.

Os meninos debandaram aos gritos, dilacerando-se muitos deles na ramaria espinhosa das roseiras em flor.

O irmão Corvino, atônito, procurava acalmar os ânimos, entretanto, a fera alcançou o caçula, abocanhando-lhe o corpo tenro.

Aos gemidos de Silvano, a esposa de Alésio avançou, corajosa, e arrebatou a criança, contendo energicamente os movimentos do furioso mastim, que obedeceu em ganidos estridentes.

Apressou-se Varro a recolher o pequeno ferido que chorava a esvair-se em sangue. Aflito, tentava aliviá-lo, enquanto Taciano, desvairado, se dirigia ao interior doméstico, repetindo:

– Todos pagarão!... todos pagarão!...

Rufo, velho escravo da quinta, abeirou-se do presbítero, oferecendo-lhe os préstimos.

O religioso aceitou-lhe a cooperação, rogando-lhe reconduzisse os meninos ao lar, de modo a ocupar-se de Silvano, como se fazia mister.

Dispôs-se ao regresso, conchegando a inocente vítima, de encontro ao peito.

Caminhava, lentamente, no trecho isolado que ligava a residência de Vetúrio à cidade, absorto em escuros pressentimentos.

O menino, de tórax aberto, confrangia-lhe a alma. Em dado momento, parou de gritar, embora a hemorragia prosseguisse, abundante.

O irmão Corvino percebeu-lhe a queda de forças e buscou repousar, sob vetusto carvalho, a fim de ouvi-lo.

O pequerrucho fitou nele os olhos embaciados pela agonia...

Varro, em pranto, inclinou-se, paternalmente, e perguntou, com carinho:

– Estás recordando Jesus, meu filho?

– Estou sim senhor... – respondeu em voz débil.

Mas, revelando-se muito distante das questões transcendentes da fé – flor humana sequiosa de ternura –, exclamou para o benfeitor:

– Papai, abrace-me... Tenho frio...

Quinto Varro compreendeu.

Estreitou-o contra o coração, como se desejasse aquecê-lo com o calor da própria alma.

Tudo em vão. Silvano estava morto.

O doloroso acontecimento traçava sombrios horizontes ao futuro da igreja.

Abatido e desencantado, o presbítero perguntava a si mesmo se não fora precipitado na visita. Entretanto – refletia –, seria leviandade oferecer alguém o que possui de melhor, com pureza de sentimento? Guardava nos pequenos aprendizes do Evangelho a coroa do seu trabalho.

Poderia ser acusado pela circunstância de tudo fazer por despertar um filho para a verdade? Como entender-se com Taciano, sem tanger-lhe as fibras mais íntimas? Restabelecido no equilíbrio físico, o jovem seria convocado à vida social intensa. Conhecer-lhe-ia o ministério. Seria constrangido a decidir-se. Não seria, pois, aconselhável informá-lo, indiretamente, quanto às suas atividades cristãs? E que melhor maneira de fazê-lo, além daquela de apresentar-lhe os seus princípios numa demonstração prática de trabalho? Se o filho não conseguisse ouvir qualquer referência à Boa Nova, através dos lábios de uma criança, em prece, como suportaria qualquer alusão a Jesus, em discussões estéreis? Não podia ele, Varro, hesitar entre qualquer sentimento pessoal e o Evangelho. Seus deveres para com a Humanidade superavam-lhe as ligações consangüíneas. Embora reconhecesse semelhante verdade, entendia lícito operar, de algum modo, em favor do filho querido.

Taciano, porém, mostrara-se impermeável e rígido.

Parecia muito distante de qualquer acesso à própria justiça.

Petrificara-se-lhe a mente no orgulho racial e na falsa cultura. Pela explosão de cólera a que se atirara, ao ouvir a simples enunciação do nome do Cristo, denunciara o antagonismo talvez irremediável que os separava...

Profundamente consternado, entregou-se ao refúgio da oração.

Na comunidade evangélica ninguém comentou desfavoravelmente os tristes sucessos que redundaram na morte da criança. O irmão Corvino era demasiadamente respeitado para provocar qualquer crítica desairosa à sua conduta.

Nos ajuntamentos da cidade, contudo, o assunto crescia esfervilhante.

As correntes de opinião nascidas em casa de Vetúrio distendiam-se, agora, por todos os lugares. Para a maioria dos espectadores, Taciano era apresentado na condição de um herói, empunhando o gládio vingador das divindades olímpicas, mas para o grupo simpatizante do Cristianismo surgia como símbolo terrível de novas perseguições.

Os cristãos comumente eram acusados de encantamentos vergonhosos e detestáveis e de práticas de bruxaria, das quais o infanticídio fazia parte. E, por isso, não faltou quem visse na morte de Silvano alguma coisa relacionada com feitiçaria e operações mágicas.

Quadros terríveis foram pintados pela imaginação do populacho exaltado e a viúva Mércia, mãe do menino morto, foi convocada à acusação.

Nessa atmosfera asfixiante, o filho de Cíntia começou a receber a visita de romanos destacados, que lhe felicitavam o espírito reacionário e vigilante. Revigorado por semelhantes aplausos, sentia-se o rapaz habilitado para atuação de maior vulto.

O próprio questor Quirino Eustásio, velho patrício aposentado das lides políticas, mas influente junto à Propretura da Gália Lugdunense, veio ter com ele para saudações em estilo pomposo.

Dentre os assuntos tratados, não podia faltar o tema preferido.

– Acredito que a mocidade romana não poderia enviar-nos à província mais digno embaixador – encareceu o cortesão, com o calculado timbre de voz das pessoas entregues à bajulice. – A deplorável doutrina dos judeus proscritos insinua-se assustadoramente, ameaçando-nos as tradições. Esta cidade vive cheia de anacoretas da Ásia, de profetas vagabundos, de pregadores e fantasmas. Domiciliado aqui, desde os bons tempos de nosso magnânimo imperador Séptimo Severo, que os deuses conservam em sua glória divina, posso afirmar a minha convicção de que o movimento não passa de loucura coletiva, capaz de arrastar-nos à perdição.

– Sim, sem dúvida – observou o jovem satisfeito –, compete-nos recuperar o culto da pátria. A nosso ver, grande conjugação de energias se faz indispensável, a fim de extinguirmos a quadrilha maléfica. Não compreendo em que poderia repousar a grandeza de uma doutrina, cujos prosélitos se mostram honrados com o cutelo na cerviz. Em Roma, tive conhecimento de muitos processos alusivos às repressões e espantei-me com o teor das respostas dessa gente infeliz. Repudiam os deuses com uma desfaçatez de assombrar. Creio que as autoridades deveriam promover um expurgo social, em grande estilo.

O interlocutor, com o riso irônico de velho fauno, admiravelmente apresentado, acentuou, malicioso:

– Em razão disso, rejubilamo-nos com a sua presença. Se a juventude patrícia não formular uma reação à altura de nossas necessidades, rumaremos para a decadência. A sua coragem na expulsão desse renitente Corvino é um desafogo para nós. Recebi a notícia, como justo regalo. Estou convencido de que a nossa fé se sente agora menos ofendida. Não vemos com bons olhos esse homem estranho, cuja procedência é ignorada de todos. Para mim, não passa de um aventureiro ou de um louco a perturbar-nos o caminho.

O enteado de Vetúrio, mordiscando-se de curiosidade, indagou com interesse:

– Não se sabe, assim, quem é ele? Por que mistérios guarda consigo tamanha cultura a estagnar-se em serviços de jardinagem?

O interlocutor piscou os olhos astutos e acrescentou:

– Quem sabe? insinuou-se no espírito popular com incrível desenvoltura. Há quem o tome por santo, contudo, inclino-me a crer que não passe de algum feiticeiro, cercado de seres infernais. Trazia a aparência de um vagabundo quando surgiu aqui. Pouco a pouco, adquiriu a fama de curar pelas preces nazarenas, com imposição das mãos, e a primeira casa importante que lhe caiu nas garras foi a de Artêmio Cimbro, cuja filhinha, ao que dizem, sofria grandes perturbações mentais. Experimentado o tratamento de Corvino, parece que a menina se impressionou favoravelmente, recuperando-se, então, qual se fora um milagre. Daí para cá, fez-se o jardineiro da nobre família, que o introduziu em residências outras. Da sua vida profissional, é tudo quanto sei. Das atividades do mago, porém, muito teria a dizer se pudesse. Refere-se o vulgo a mil coisas. Se fossem apenas os plebeus a se mostrarem maravilhados... Entretanto, temos alguns patrícios ilustres enleados na rede. Dizem alguns que a palavra dele está revestida de miraculoso poder, afirmam outros que ele cura as mais complicadas enfermidades...

– É estranho ver uma cidade como esta, a desvairar-se por este modo! – comentou Taciano, com interesse.

– Por isso mesmo, necessitamos de elementos renovadores. A sua decisão, rechaçando Corvino, é sumamente confortadora. Ele é incompetente para conduzir crianças, mesmo desprezíveis. Sei que Artêmio lhe advoga a causa, mas estou convencido de que poderemos interromper-lhe, doravante, as mistificações. Zenóbio, um velho amigo que foi alto dignitário da imperial munificência, comunicou-me, ontem à noite, informado por fontes dignas de crédito, que o menino morto fora encaminhado aos dentes do cão pelo próprio Corvino, a fim de que a malta cristã obtivesse sangue inocente para os mistérios negros das reuniões que praticam. É notório que ele foi a única testemunha do ato final...

E, baixando o tom de voz, perguntou:

– Teria o dileto amigo observado isso? Seria muito importante registrar o fato, através de sua própria boca...

Taciano, de rosto esfogueado, a exprimir o choque de contraditórias emoções, esclareceu, presto:

– Nada posso adiantar nesse sentido. Quando ouvi o nome do crucificado, a revolta subiu-me à cabeça. Não tive olhos senão para defender a nossa propriedade contra a influência pestilencial. Determinei a soltura do cão de guarda, possuído de extrema desesperação. Não me cabe, por isso, asseverar aquilo que não verifiquei por mim mesmo.

Quirino, porém, mordeu os lábios, contrariado, e ajuntou:

– Fique certo, contudo, de que as coisas não terão ocorrido de outro modo. Reajamos em conjunto. Nossos escravos não podem continuar à mercê de bruxos inconscientes e nem será lícito permitir que pessoas de nossa condição social se deixem embair sem defesa...

– Nisso, achamo-nos de pleno acordo – salientou o rapaz, resoluto –; de minha parte, pretendo corrigir e selecionar a comunidade de servidores.

– E que plano traçou para esse serviço? Gostaria de agir em minha casa com uniformidade de vistas.

– Aguardo a vinda de meus pais, em breves dias, que trarão consigo Helena, a minha futura esposa. Como passarei a residir aqui depois do meu casamento, antecipei-me a eles, a fim de adaptar a vida da propriedade aos hábitos de minha família e de modo a afeiçoar-me às usanças da província. Não desejo, todavia, que os meus encontrem os disparates surpreendidos por mim. Pretendo reunir todos os servos, a fim de prestarem juramento aos deuses que veneramos. Afastarei quem fugir ao justo compromisso. Em seguida, penso instituir em casa o culto de Cíbele, começando com uma cerimônia processional pelo nosso bosque. É indispensável purificar os costumes e os ares.

Quirino concordou, entusiástico, e prometeu aderir ao programa. Não somente faria o mesmo em seu domicílio, mas convocaria os amigos a acompanhá-lo.

Estimava Opílio Vetúrio, de longos anos, e felicitava-se por ver-lhe a organização doméstica zelosa e bem guardada.

Realmente, depois de alguns dias, quando os sofrimentos da peste desapareciam no olvido comum, Taciano promoveu a grande assembléia do lar para a reafirmação de fidelidade aos deuses.

Em vastíssima dependência da herdade, uma soberba estátua de Cíbele fora instalada para a recepção dos votos gerais, enquanto que à direita da imagem, num alto palanque paramentado de seda carmezim e fios dourados, instalaram-se Taciano, dois sacerdotes populares da deusa e o casal de mordomos, Alésio e Pontimiana.

Numa extensa galeria, consideravelmente elevada, junto às portas de acesso ao grande recinto, a nobreza citadina, trazida por Eustásio, rejubilava-se com as cerimônias.

Em baixo, acotovelavam-se todos os servidores da família, dentre os quais alguns artistas repetiam cânticos consagrados à divindade.

Num pequeno altar, graciosamente florido, a imagem que Vetúrio importara de Pessinunte figurava-se uma testemunha impassível.

Cíbele, ladeada por dois leões, esculpida em mármore imaculado, representava realmente o símbolo de uma civilização bruxuleante, à frente do olhar indagador e triste de dezenas de escravos, sob a orgulhosa exibição dos senhores.

O primeiro a aproximar-se, criando naturalmente um padrão para ser imitado, foi Taciano, que, reverente diante do ídolo, declarou em voz alta:

– Sob a invocação da Divina Cíbele, Mãe dos deuses e mãe nossa, juro irrestrita fidelidade às crenças e tradições dos nossos antepassados e perfeita obediência aos nossos eternos imperadores.

Frenéticos aplausos coroaram-lhe as palavras.

Um hino sacro, acompanhado por flautas frígias, fez-se ouvir cadenciado e melodioso.

Em seguida, Alésio desceu do trono improvisado e, dando a idéia de que a cena havia sido previamente estudada, pronunciou respeitosamente os mesmos votos.

Logo após, veio Pontimiana.

A nobre senhora parecia doente e fatigada. Adivinhava-se-lhe a luta íntima.

Palidíssima, enviou ao marido suplicante olhar, mas, pela expressão rude com que Alésio a fitou, era possível imaginar os duros conflitos em que se haviam empenhado, antes da cerimônia...

Contida pelos olhos frios do companheiro, a orientadora da casa enxugou as lágrimas e repetiu, pausadamente, as mesmas palavras, negando assim a fé cristã que lhe atribuíam.

Triunfante sorriso pairou na máscara fisionômica de Alésio, enquanto se alastrava cochichado sussurro em enorme agrupamento de servidores.

Notas de amargurado assombro surgiram em vários rostos.

Todos os escravos, um a um, alguns enfáticos e outros humilhados, reafirmaram as frases pronunciadas inicialmente pelo senhor.

O último foi Rufo.

Epípodo, o capataz, conhecia-lhe a firmeza de opinião e, por isso, deixara-o para o fim, temendo qualquer irregularidade tendente a estabelecer a indisciplina.

De semblante austero, evidenciando aceitar plenamente as responsabilidades daquela hora, ergueu o bronzeado perfil, como se procurasse o céu e não a estátua impassível, exclamando em voz cristalina e dominadora:

– Juro respeitar os imperadores que nos governam, mas sou cristão e renego os deuses de pedra, incapazes de corrigir a crueldade e o orgulho que nos oprimem no mundo.

Um burburinho percorreu a assembléia.

Taciano dirigiu-se, em voz baixa, ao sacerdote mais idoso e esse, assumindo a função de juiz, clamou para o servo, em tom autoritário:

– Rufo, não te esqueças de tua condição.

– Sim – concordou o interpelado, valoroso –, sou escravo, e sempre servi aos meus senhores com lealdade, mas o espírito é livre... somente a Jesus-Cristo reconheço por Verdadeiro Senhor!...

– Exijo que te retrates perante Cíbele, a sublime Mãe dos Deuses.

– Nada fiz que não esteja aprovado pela retidão de minha consciência.

– Abjura e serás perdoado.

– Não posso.

– Sabes quais são as conseqüências de tua irreflexão?

– Creio falar com perfeito conhecimento de minha responsabilidade, entretanto, quaisquer que sejam os resultados de meu gesto, não devo recuar perante a minha fé.

Rufo relanceou o olhar pelos circunstantes e notou que dezenas de companheiros concitavam-no à resistência. Pontimiana, algo desafogada, enviava-lhe, em silêncio, muda mensagem de bom ânimo.

– Abjura! Abjura! – trovejava a voz do padre com aspereza.

– Não posso! – repetiu Rufo, imperturbável.

Depois de ligeira confabulação com o jovem patrício, o improvisado julgador convocou Epípodo ao chicote.

Rufo, por ordem do algoz, despiu a túnica de gala que envergara para a festa e ajoelhou-se de mãos para trás.

O trançado fino e cortante lambeu-lhe a pele nua por três vezes, provocando sangüentos vergões, mas o escravo não tremeu.

– Ainda há tempo, infeliz! – bradou, confundido, o sacerdote da *Magna Mater* – abjura e a tua falta será relevada...

– Sou cristão – reiterava Rufo, sereno.

– O castigo poderá conduzir-te à morte!

– O sofrimento não me intimida... – suspirou a vítima com humildade. – Jesus conheceu o martírio na cruz para salvar-nos. Morrer por fidelidade a ele é uma honra a que devo aspirar.

O látego visitou-lhe o dorso com violência, abrindo-lhe feridas sangrentas, mas, percebendo o mal-estar que a cena de selvageria impunha ao recinto, Taciano recomendou fosse o escravo recolhido ao cárcere, até resolver quanto à definitiva punição.

Terminado o serviço, começou a solenidade processional.

O filho de Cíntia desejava uma purificação completa da propriedade.

Considerável multidão apinhava-se nos pátios da casa, aguardando o cortejo.

A estátua de Cíbele foi colocada sobre riquíssimo andor de prata, ornamentado de lírios.

Jovens pares, rigorosamente vestidos de branco, simbolizando a castidade e a beleza, abriam alas à frente, dançando, em ritmos graciosos, ao toque de flautas e pandeiretas do culto.

Em seguida, todas as senhoras presentes, conduzindo palmas aromáticas, anunciavam o ídolo que, suportado pelos ombros de Taciano e de outros rapazes consagrados à deusa, se fazia seguir pelos sacerdotes em orações do rito frígio e pelos incensadores.

Depois deles, uma jovem de rara beleza carregava o cutelo sagrado.

Acompanhando-a, vinha o conjunto de musicistas, usando trompas, flautas, címbalos, tímpanos e castanholas, nos cânticos votivos, cujos trechos harmoniosos se perdiam no matagal.

Os dignitários e os principais vinham, em fila, silenciosos e reverentes e, ao fim do préstito, congregava-se a massa de escravos, mudos e tristes.

Os hinos de louvor à mãe dos deuses embalsamavam o bosque de doce melodia, interrompendo o chilrear dos pássaros assustados...

A procissão, em diversas fases, contornou a herdade, através do arvoredo bem cultivado e das vinhas extensas, tornando a casa, onde Cíbele foi restituída ao templo minúsculo que Opílio Vetúrio, em outro tempo, lhe erigira em pleno jardim.

Taciano, tomando a palavra depois das preces dos sacerdotes, agradeceu a presença dos religiosos, das autoridades e do povo, enaltecendo a sua confiança na proteção das Divindades Olímpicas.

Dispersou-se a colorida assembléia.

Entardecia...

Sozinho agora no amplo terraço, de onde podia descortinar o horizonte lavado e límpido, o jovem, instintivamente, recordou o irmão Corvino, a morte de Silvano e a reação de Rufo e, sem perceber, começou a lutar com a influência do Cristo, não mais em derredor das próprias idéias, mas dentro mesmo do coração.

VI

No caminho redentor

Dias amargos surgiram para a igreja de Lião, depois da morte de Silvano.

Gratificada por Eustásio, que odiava o Evangelho, a viúva Mércia, mãe da criança, veio a público acusar o irmão Corvino, declarando-o feiticeiro e infanticida. Afirmou, perante as autoridades, que o menino fora vítima de sortilégios malditos, chegando à crueldade de acrescentar que Silvano, órfão, tinha sido fascinado por engodos do pregador.

Extremamente humilhado, o amigo dos pobres foi conduzido a interrogatórios oficiais, em que se comportou com admirável nobreza.

Varro nada reclamou.

Esclareceu que visitara a residência de Vetúrio com a melhor intenção e que, inadvertidamente, uma das crianças fora atacada por um cão bravio, solto não sabia como.

Não podia, desse modo, culpar a ninguém.

Não faltaram insultos, por parte de romanos sarcásticos, que ele suportou com humildade e heroísmo.

Contudo, quando a prisão dele se fazia iminente, Artêmio Cimbro, patrício de grande fortuna e de não menor generosidade, advogou-lhe a causa, empenhando privilégios e haveres por livrá-lo do cárcere. Mobilizando altos valores políticos, junto ao legado propretor, conseguiu sustar a internação temporariamente, arquivando-se o processo para despachos ulteriores, mas o risonho lar dos meninos desapareceu.

As crianças foram recolhidas à pressa, em vários domicílios de irmãos que as receberam com amor.

Considerado, pelas autoridades, indigno de orientar a infância, o companheiro dos sofredores sentiu despedaçar-se-lhe o coração, quando o último petiz o abraçou, chorando, às despedidas.

Quinto Varro, o padrão varonil do bom ânimo e o exemplo da fé viva, não obstante a fortaleza espiritual de que invariavelmente dera testemunho, cedeu à tortura que antecede o desalento.

Entre a paixão pelo filho inacessível e o amor pelas crianças de que fora irremediavelmente despojado, era surpreendido, vezes freqüentes, entre lágrimas.

Em muitas ocasiões, dentro da noite, via-se diante da chácara senhoril de Vetúrio, tentando ver o rosto de Taciano, em algum ângulo das janelas iluminadas e, não raro, horas mortas, buscava essa ou aquela residência particular para avistar-se com algum dos filhinhos do coração.

Estudava intensamente, tentando fugir aos próprios pensamentos, em longas vigílias que terminavam pela extrema fadiga. Mal se alimentava, empenhando-se em trabalhos sacrificiais pelos doentes, receando talvez mergulhar-se na amargura, da qual resvalaria fatalmente para o desânimo.

Apesar das advertências dos superiores e dos amigos, perseverara na excessiva movimentação, até que caiu no leito, sob invencível cansaço. Febre alta devorava-o, devagarinho, constrangendo-o a oscilar entre a vida e a morte.

Por fim, à custa de carinho e devotamento dos companheiros, venceu o inquietante desequilíbrio, mas, apático e abatido, deixou-se permanecer na enxerga do quarto humilde, sem coragem de levantar-se.

Certa noite, acariciado pelo vento fresco que passava, sussurrando brandamente, lembrava ele o velho Corvino, com maior intensidade...

O luar e a atmosfera pura, a câmara pequena e a solidão compeliam-no a recuar no tempo.

Sentia imensas saudades do apóstolo que lhe tomara o lugar nos braços escuros da morte...

Esposara a missão evangélica com extremado fervor.

Dera à igreja os mais belos sonhos. Renunciara a todos os prazeres do homem comum, para favorecer, em si mesmo, a obra da espiritualização. Buscara esquecer o que fora, para transformar-se no irmão de todos. Dividira o tempo entre o enriquecimento da vida interior e o serviço constante, mas trazia o espírito sequioso de amor.

Seria crime o propósito de aproximar-se do filho para consagrar-se a ele? Seria reprovável o desejo de ser igualmente querido?

Na condição de homem, procurara compreender a esposa e honrar-lhe, no íntimo, a escolha feita. Cíntia poderia transitar no caminho que lhe aprouvesse. Era livre e, em razão disso, a mulher não lhe ocupava o pensamento, contudo, a lembrança de Taciano vergastava-lhe o coração. O anseio de ajudá-lo convertera-se-lhe nalma em idéia fixa.

Realmente, vira-o agressivo e cruel. Jamais lhe olvidaria a revolta, em ouvindo o nome de Jesus nos lábios tenros de Silvano. Entretanto – pensava –, o rapaz era fruto da falsa educação na casa de Opílio. O homem que o condenara à morte física, sentenciara-lhe o filhinho à morte moral.

Seria aconselhável nada fazer pelo jovem que apenas começava a existência? Constituiria ato culposo devotar-se um pai ao próprio filho, com a melhor intenção?

Recordando, porém, a grandeza do ideal que o impelia ao amor da Humanidade, perguntava a si mesmo por que motivo queria ao rapaz assim tanto...

Se a igreja povoava-se de meninos e jovens a lhe merecerem atenção e ternura, que razões subsistiriam para concentrar-se em Taciano com tamanha afetividade. Quando não desconhecia os intransponíveis impedimentos que os separavam?

Depois de muitos anos de resignação e heroísmo, auscultando os enigmas da própria alma, Quinto Varro rendia-se, não às lágrimas serenas, filhas da sensibilidade comovida, mas ao pranto convulso, vizinho do desespero.

A brisa suave, em correntes refrigerantes, penetrava a janela aberta, como se buscasse afagar-lhe a cabeça dolorida...

Agora, todavia, alheava-se dos encantos da Natureza.

Apesar da multidão dos amigos de Lião, sentia-se abandonado, sem ninguém... A presença do filho seria provavelmente a única força capaz de restituir-lhe a sensação de plenitude.

De pensamento voltado para a memória de Corvino, recordava-lhe os minutos derradeiros. Falara-lhe o venerando amigo, em termos inesquecíveis, quanto à sobrevivência da alma. Alentara-o com a certeza da irrealidade da morte. Consolidara-lhe a confiança e investira-o na posse de imorredoura fé.

Ah! como necessitava, naquele instante, de uma palavra que o arrebatasse ao torvelinho de angústia!

Ele, que ensinara a resistência moral, sentia-se agora frágil e enfermiço.

Pensou no amigo morto, como a criança transviada suspira por reencontrar o regaço materno...

Relegado a si mesmo, na solidão do quarto, soluçava com a cabeça dobrada sobre os joelhos, quando notou que leve mão lhe pousava nos ombros recurvos.

Perplexo, ergueu os olhos, inchados de chorar, e – oh! surpresa maravilhosa! – o ancião desencarnado regressara do túmulo e achava-se ali, diante dele, revestido de luz... Era o mesmo apóstolo de outro tempo, mas o corpo como que se fizera diáfano e mais jovem.

Irradiações de safirina claridade fulgiam-lhe na fronte e desciam como que em jorro sublime do coração.

O presbítero quis gritar a felicidade que lhe invadia o espírito, prosternando-se à frente do mensageiro do Céu, mas uma força incoercível emudecia-lhe a garganta e chumbava-o ao leito pobre.

Com um sorriso inexprimível, traduzindo melancolia e saudade, amor e esperança, a entidade falou-lhe com carinho:

– Varro, meu filho, por que desanimas, quando a luta apenas começa? Reergue-te para o trabalho. Fomos chamados para servir. Divino é o amor das almas, laço eterno a ligar-nos uns aos outros para a imortalidade triunfante, mas que será desse dom celeste se não soubermos renunciar? O coração incapaz de ceder a benefício da felicidade alheia, é semente seca que não produz.

O emissário espiritual fez uma pausa ligeira, como a impor ordem à enunciação dos próprios pensamentos e continuou:

– Taciano é filho do Criador, quanto nós mesmos. Não reclames dele aquilo que ainda te não pode dar. Ninguém se faz amado através da exigência. Dá tudo! aqueles que desejamos ajudar ou salvar nem sempre conseguem compreender, de pronto, o sentido de nossas palavras, mas podem ser inclinados ou arrastados à renovação por nossos atos e exemplos. Em muitas ocasiões, na Terra, somos esquecidos e humilhados por aqueles a quem nos devotamos, mas, se soubermos perseverar na abnegação, acendemos no próprio espírito o abençoado lume com que lhes clarearemos a estrada, além do sepulcro!... Tudo passa no mundo... Os gritos da mocidade menos construtiva transformam-se em música de meditação na velhice! Ampara teu filho que é também nosso irmão na Eternidade, mas não te proponhas escravizá-lo ao teu modo de ser! Monstruosa seria a árvore que se pusesse a devorar o próprio fruto; condenável seria a fonte que tragasse as próprias águas! Os que amam, sustentam a vida e nela transitam como heróis, mas os que desejam ser amados não passam muitas vezes de tiranos cruéis... Levanta-te! Ainda não sorveste todo o cálice. Além disso, a igreja, casa de Jesus e nossa casa, espera por ti... Os que lhe batem à porta, consternados e desiludidos, são nossos familiares igualmente... Esses velhos abandonados que nos procuram tiveram também pais que os adoravam e filhos que lhes dilaceraram o coração... Esses doentes que apelam para a nossa capacidade de auxiliar conheceram, de perto, a meninice e a graça, a beleza e a juventude!... Nossas dores, meu amigo, não são únicas. E o sofrimento é a forja purificadora, onde perdemos o peso das paixões inferiores, a fim de nos alçarmos à vida mais alta... Quase sempre é na câmara escura da adversidade que percebemos os raios da Inspiração Divina, porque a saciedade terrestre costuma anestesiar-nos o espírito...

O mensageiro fez breve silêncio, fitou-o com mais ternura, e, em seguida, acentuou:

– Varro, procura teu filho, com a lâmpada acesa do amor, nos filhos alheios, e o Senhor abençoar-te-á, convertendo-te a amargura em paz do coração... Ergue-te e aguarda de pé a luta dentro da qual reeducarás aqueles que mais amas...

O presbítero, num misto de dor e de alegria, de emotividade e de angústia, refletiu sobre a exaustão que o torturava, mas o enviado espiritual, anotando-lhe os mais íntimos pensamentos, aconselhou:

– Não te rendas ao sopro frio do infortúnio, nem creias no poder do cansaço... Que seria de nós se Jesus, entediado de nossos erros, se entregasse à fadiga inútil? Ainda que o corpo se recolha às transformações da morte, mantém-te firme na fé e no otimismo... O túmulo é a penetração na luz de novo dia para quantos lhe atravessam a noite com a visão da esperança e do trabalho.

O religioso considerou intimamente quão proveitosa lhe seria qualquer informação alusiva ao futuro... Poderia, acaso, esperar alguma aproximação com Taciano? Conseguiria reconstituir a escola que perdera?

Bastou que semelhantes indagações lhe assomassem ao cérebro para que a entidade lhe dissesse bondosamente:

– Filho, não aguardes, por agora, senão renúncia e sacrifício... Jesus até hoje não foi compreendido, mesmo por muitos que se dizem seus seguidores. Auxilia, perdoa e espera!... As vitórias supremas do espírito brilham além da carne.

Nesse instante, o apóstolo desencarnado inclinou-se e apertou-o nos braços afetuosos.

Quinto Varro adivinhou-lhe a despedida.

Oh! daria tudo para abrir-lhe a alma e relacionar-lhe todos os acontecimentos daqueles anos de saudade e separação, mas trazia as cordas vocais entorpecidas.

Corvino osculou-lhe os cabelos, na atitude de um pai que se despede de um filhinho, antes de adormecer, e, recuando até à saída, dirigiu-lhe comovedor adeus.

Lá fora, a noite esmaltada de estrelas embalava-se de brisas perfumadas e refrescantes.

Aquietou-se o doente no leito, com uma sensação de paz somente compreensível por aqueles que vencem em si mesmos os grandes combates do coração.

A breve tempo, qual se houvera sorvido brando entorpecente, dormiu tranqüilo.

No dia imediato, acordou registrando singular revigoramento.

Com espanto geral, dirigiu-se aos ofícios religiosos da manhã, para o culto da alegria e do reconhecimento.

Mal terminara as preces habituais, notou, não longe do átrio, desusado movimento de povo. Gritaria ensurdecedora vagueava no ar. Ante a silenciosa indagação que esboçava no rosto, alguém esclareceu que alguns bailarinos mascarados se achavam em função na via pública, anunciando o espetáculo de gala que se realizaria no anfiteatro, em homenagem à união matrimonial do moço Taciano com a jovem patrícia Helena Vetúrio.

A casa de Opílio tencionava solenizar o acontecimento com vários divertimentos públicos, de vez que o ricaço, senhor de extensas propriedades, pretendia fazer-se mais intensamente respeitado na comunidade citadina.

Com efeito, Vetúrio e a família, acompanhados de grande séqüito de clientes e aduladores, haviam chegado para a grande celebração.

A herdade, dantes simples, embora imponente, convertera-se em verdadeiro palácio romano, superlotado de damas elegantes e de tribunos discutidores, de políticos ociosos que comentavam as intrigas da Corte e de bajuladores sorridentes à procura do vinho farto.

Escravos inúmeros iam e vinham à pressa.

Movimentavam-se liteiras e carros, de variadas procedências.

Helena não cabia em si de júbilo, entre o carinho do noivo e a admiração de quantos lhe cortejavam a beleza.

Extremamente adestrada na vida social, fazia prodígios para agradar à aristocracia gaulesa, derramando-se em atenções por toda parte.

Cíntia, porém, viera transformada. Intencionalmente, fugia de todas as festividades que lhe agitavam o lar.

Ausente das conversações e dos saraus, era dada por enferma na palavra de Vetúrio e de Taciano, ante as interrogações das visitas.

Mas um homem antigo, velho associado de Opílio desde a mocidade, asseverava, entre os íntimos, que a senhora se fizera cristã.

Esse homem era o mesmo Flávio Súbrio, o velho soldado coxo, renovado também nas concepções da vida.

Súbrio recebera em Roma inestimáveis benefícios da coletividade evangélica e alterara os princípios que lhe norteavam o destino.

Do ateísmo e do sarcasmo passara à crença e à meditação.

Não era um adepto do Cristo, na verdadeira acepção da palavra, entretanto, fazia leituras edificantes, respeitava a memória de Jesus, dava esmolas e evitava o crime que, em outro tempo, constituía para ele trivialidade sem importância.

Por algumas vezes, comparecera às pregações das catacumbas e modificara-se. Conseguira reter na consciência a bênção do remorso e reconsiderara o caminho percorrido...

Todavia, de todos os dramas escuros que lhe povoavam o espírito, o assassínio de Corvino era talvez o que mais lhe dilacerava o coração.

Em muitas ocasiões, perguntara, sem resposta a si mesmo, que teria sido feito de Quinto Varro... Onde teria desembarcado? Conseguira sobreviver? Nunca mais obtivera dele a menor notícia.

Jamais esquecera a expressão de calma dos olhos de Corvino, quando lhe apunhalara o tórax envelhecido. Supôs que o apóstolo gritasse revoltado, entretanto, em se descobrindo, angustiado, o ancião levou a destra ao peito opresso, sem o mais leve gemido de reação. Aliás, ao sair, notou que ele orava... Aquele quadro nunca mais se lhe apagou da memória. Perseguia-o em todos os lugares. Se procurava mergulhar-se em taças fascinantes ou se buscava outros ares e companhias, com o intuito de fugir de si mesmo, lá se achava, no fundo da mente, a figura indelével do velho pregador, retribuindo-lhe a punhalada com a oração.

Atormentado pela própria consciência, não tolerara o suplício que infligira a si mesmo, e enlouquecera.

Nas provações da demência, fora socorrido por um grupo de cristãos, cujas preces lhe haviam balsamizado o espírito sofredor. Desde então, modificara o modo de ser, não obstante conservar encerrados consigo os seus inquietantes segredos, confiando-se aos braços renovadores do tempo.

Quando Opílio o convidou a transferir-se para a Gália, não hesitou.

Sabia que o missionário morto pertencera à coletividade lionesa e propunha-se algo fazer pela organização que ele tanto amara. Conhecia as hostilidades de Vetúrio contra o Evangelho, no entanto, não lhe faltariam recursos para ajudar, anônimo, à família espiritual que o irmão Corvino legara aos companheiros.

Sempre ligado à casa de Vetúrio, fora informado por uma escrava de confiança que Cíntia, enferma, se dispusera a receber o auxílio cristão, nos aposentos que lhe eram particulares e, restabelecida, alterara espiritualmente os próprios rumos.

Simpatizara com a nova atitude da matrona, todavia, a esse respeito, nunca pudera ter com ela a mais ligeira entrevista.

Efetivamente, essa informação era verdadeira. Cíntia tomara-se de súbita inclinação para o Cristianismo.

Logo após a temporária separação do filho, fora igualmente atacada pela peste, somente debelada com a interferência de um santo homem que, conduzido ao seu leito, às ocultas, por algumas escravas, lhe impusera as mãos em prece, devolvendo-lhe a paz íntima.

Reerguera-se da cama, contudo sentia-se presa de insopitável melancolia.

As crises de coração eram freqüentes.

Quando a casa se envolvia em silêncio, descia para o jardim, preferindo a meditação a qualquer bulício doméstico. Nessas ocasiões, muitas vezes Opílio a recolheu nos braços, enxugando-lhe as lágrimas abundantes.

A princípio, julgou-a repentinamente escravizada à memória de Varro e tentou distraí-la, mas acabou percebendo que a mulher amada abraçara novos princípios religiosos.

Estabeleceu com ela discussões que, gradativamente, se fizeram amargas e rudes e, por fim, considerou prudente afastar-se de Roma, por tempo indeterminado, esperando que a palavra de Taciano a dissuadisse.

Em Lião, o padrasto entendeu-se com o rapaz, que, orgulhoso e inflexível, lhe escutou as confidências, de semblante espantado e sombrio.

O moço aguardou uma oportunidade favorável ao tipo de conversação que desejava e, na véspera do casamento, valendo-se de ensejo adequado, alegou a necessidade de apresentar à mãezinha alguns novos trabalhos que vinha movimentando e retiraram-se ambos para vinhedo próximo.

Ante o Sol que se afigurava um braseiro perdido no poente afogueado, o jovem recordava, pelo caminho, que aquele era o seu último dia de mocidade sem compromisso. Na manhã imediata, marcharia ao encontro de novo destino.

Sob ramalhudo e anoso carvalho que parecia interessado em proteger a plantação nascente, tomou as mãos maternas e comentou os receios que lhe feriam a alma...

Porventura, teria ela esquecido os votos sagrados do coração? Soubera pelo pai adotivo que vivia agora dominada pelos sortilégios nazarenos... Seria isso verdade? Não podia conformar-se com a idéia de que houvesse alterado a direção da fé. Sabia-a forte, como sempre consagrada aos numes domésticos, sem qualquer traição aos antepassados, e nela confiaria até ao fim.

A genitora registrou-lhe as palavras, de olhos velados pela névoa do pranto que não chegava a cair e, como se guardasse nalma a sombra do crepúsculo que começava a vestir a paisagem, respondeu com amargura:

– Meu filho, amanhã terei cumprido integralmente a minha tarefa de mãe. O teu casamento assinala o fim de minhas responsabilidades nesse sentido. Podemos, pois, conversar, de coração para coração, como dois velhos amigos... De alguns anos para cá, sinto muita sede de renovação espiritual...

– Mas por que renovação se o carinho dos deuses jaz sobre a nossa casa? – atalhou o rapaz agastado e apreensivo. – Acaso nos falta qualquer coisa? Não vivemos uns para os outros na doce confiança recíproca que os protetores celestes nos conferiram?

– A fartura de bens materiais nem sempre traz felicidade ao coração – observou a matrona, sorrindo, triste –; a riqueza de Vetúrio pode não ser a minha riqueza...

Pousou no filho os olhos molhados e calmos que o sofrimento íntimo enobrecera e continuou, depois de longa pausa:

– Nossa personalidade, enquanto somos jovens, é semelhante a pedra preciosa por lapidar. Mas o tempo, dia a dia, nos desgasta e transforma, até que um novo entendimento da vida nos faça brilhar o coração. Sinto-me em nova fase. És hoje um homem e podes entender... Há muito tempo observo a decadência que nos rodeia. Decadência nos que governam, a expressar-se em desmandos de toda a sorte, e decadência nos governados que fazem da existência uma caça ao prazer... Noutra época, tive também os olhos vendados. Por mais falasse teu pai, avisadamente, buscando acordar-me, mais surdos se me faziam os ouvidos... Hoje, porém, as palavras dele ressoam em minha consciência com mais nitidez. Achamo-nos atascados no lodo de vícios e misérias morais. Só uma intervenção espiritual, diversa daquela em que até hoje temos acreditado, pode solevar o mundo...

– Mas, meu pai – explicou Taciano, visivelmente contrafeito – era um filósofo que não se afastou de nossas tradições. A documentação que nos deixou atesta-lhe a cultura. Além do mais, foi assassinado quando cumpria nobre dever no combate à praga cristã.

A senhora estampou indisfarçáveis sinais de amargura, na fisionomia serena, e replicou:

– Enganas-te, meu filho! Cresceste ao lado de Vetúrio, sob a névoa espessa que nos esconde o passado... Devo, porém, asseverar-te agora que Varro era seguidor de Jesus...

Tomando conhecimento da inesperada revelação, o rapaz transtornou-se.

Estranho rubor subiu-lhe à face, intumesceram-se-lhe as veias do rosto, crisparam-se-lhe os lábios e animalizou-se-lhe a expressão.

Amedrontada, Cíntia emudeceu.

Qual acontecera no dia da morte de Silvano, o jovem patrício colocou-se fora de si.

Não podia insubordinar-se naquela hora, contudo, bradou em desabafo:

– Sempre defrontado por esse Cristo que não procuro! Pela glória de Júpiter, nunca cederei, nunca cederei, nunca cederei!...

A genitora recuou, possuída de forte espanto.

Jamais lhe percebera tamanho desequilíbrio.

Taciano apresentava a máscara indefinível do sofrimento e do ódio, qual se estivesse, de chofre, à frente do seu mais terrível adversário.

Contemplou Cíntia, trêmula, e esforçando-se, em vão, por acalmar-se, enunciou com um ar de desalento:

– Mãe, Opílio tem razão. A senhora está mesmo demente. A peste enlouqueceu-a!...

E depois de alguns instantes de silêncio, em que apenas se lhe ouvia a respiração ofegante, acrescentou, melancólico:

– Amanhã, desposarei Helena com um dardo envenenado a pungir-me o peito.

Logo após, enlaçou-a, nervoso, com a preocupação de quem conduz um doente grave e, sem qualquer palavra, deixou-a, aflita e desapontada, em ataviada câmara de repouso.

Desde aquele crepúsculo inolvidável, Cíntia Júlia foi tida à conta de louca no seio da família.

O casamento dos jovens realizou-se com solenidades excepcionais. Por três dias consecutivos, a herdade e o anfiteatro regurgitaram de convidados para os jogos e festejos gratulatórios, com alegres cerimoniais de louvor e reconhecimento aos numes tutelares. Mas, no esplendor do regozijo público, duas personagens jaziam estigmatizadas por infinita angústia. Opílio e Taciano, constrangidos a manter a dona da casa no indevassável exílio doméstico, guardavam o sorriso artificial de quem recebia o júbilo do povo como taça brilhante cheia de fel.

Os aposentos da matrona permaneciam sob a guarda severa que Epípodo dirigia.

Proibiu-se-lhe a ela a recepção de visitas.

A entrada dos próprios servidores passou a ser devidamente controlada. A esposa de Vetúrio só poderia avistar-se com os mais íntimos.

E enquanto Opílio, agora mais estreitamente ligado a Galba, se devotava a largos empreendimentos na pecuária, junto de Helena e Taciano que se amavam, risonhos e felizes, Varro, desacoroçoado de qualquer entendimento com o filho, voltava à posição de protetor dos desamparados, dividindo-se entre as tarefas sacrificiais de sempre e as pregações edificantes, em que a sua palavra sublime parecia banhar-se de redentora luz.

A fama do irmão Corvino aumentava dia a dia, entre o ódio gratuito dos romanos gozadores e o agradecimento das almas simples que buscavam nele o refúgio e a consolação, a saúde e a esperança...

O ano 235 entrara sob escuros vaticínios.

Repletava-se o Império de incessante mal-estar.

Importante corrente do patriciado, sob a instigação de sacerdotes consagrados às divindades olímpicas, acusava os adeptos da Boa Nova com referências amargas, atribuindo-lhes a causa dos desastres que atormentavam a vida coletiva.

A peste que flagelava o mundo latino, em todas as direções, as colheitas mirradas, as vicissitudes da guerra e a instabilidade política eram tidas como conseqüência do trabalho punitivo dos deuses, que castigavam os cristãos, sempre mais numerosos em toda a parte.

Nuvens terríveis acumulavam-se sobre os trabalhadores do Evangelho, que, em preces, aguardavam o desabar de novos temporais.

Em meio de prognósticos sombrios, Caio Júlio Vero Maximino subira ao trono romano.

Alexandre Severo fora assassinado cruelmente, desaparecendo com ele a influência das mulheres piedosas que amparavam o Cristianismo no trono imperial.

O novo César assemelhava-se a um monstro que se apoderara da púrpura, sedento de sangue e de poder.

Fortaleceu, à pressa, os tiranos da administração e do exército e vasta perseguição aos prosélitos do Cristo foi reiniciada, com impulso avassalador.

Embora Maximino se mantivesse nas lides belicosas do mundo provincial, o movimento de morte irradiou-se de Roma, despertando a autocracia e a violência.

Diversas proclamações foram levadas a efeito, recomendando, a princípio, apenas o assassínio dos bispos e dos religiosos que lhes acolitassem o ministério, com anistia aos que abjurassem a fé, mas, a breve tempo, avolumou-se a onda arrasadora contra todos os profitentes do credo martirizado.

Inúmeras igrejas, levantadas desde a ascensão de Caracala, com ingentes sacrifícios, foram vítimas de pavorosos incêndios.

Na metrópole, os perseguidos tornavam ao culto exclusivamente nas catacumbas, e, nas cidades distantes, a repressão era graduada ao talante dos principais.

Com os cultivadores do Evangelho reconduzidos aos tribunais, aos calabouços e aos anfiteatros, recomeçou vasta efusão de sangue em toda a parte.

Em Lião, a igreja de São João foi interditada e os objetos sagrados passaram às mãos irreverentes de autoridades inescrupulosas. O corpo eclesiástico e os religiosos de obrigações definidas foram expulsos desapiedadamente, mas alguns deles, dentre os quais o irmão Corvino, resistiram à situação e permaneceram na cidade velando pelo rebanho aflito.

Os seguidores de Jesus, nas Gálias, não obstante todos os reveses da imensa luta, persistiram na fé, valorosos e invictos. Como os druidas, seus heróicos antepassados, procuraram a floresta para os seus cânticos de louvor a Deus. Depois do trabalho de cada dia, marchavam à noite, rumo ao campo amigo e silencioso, em cujas catedrais de arvoredo, sob o firmamento estrelado, oravam e comentavam as divinas revelações, como se respirassem, por antecipação, as alegrias do Reino Celeste.

Quirino Eustásio, o questor, movimentou os mais escuros fios da intriga e da calúnia, para que se efetuasse uma grande matança, mas Artêmio Cimbro, patrício por todos os títulos venerável, opunha toda a sua poderosa influência contra qualquer medida extrema.

Diante dos obstáculos que lhe estorvavam os desejos, Quirino aventou a idéia de os grandes senhores realizarem, nas próprias casas, o que denominava como sendo o "justo escarmento". Os escravos reconhecidamente cristãos seriam condenados à morte, e seus descendentes vendidos para outras regiões, a fim de que a cidade sofresse um expurgo tão completo quanto possível.

Uma ordem do legado imperial, por ele obtida sem dificuldade, completou-lhe os propósitos, encetando-se o morticínio em seu próprio lar.

Seis homens cativos foram trucidados espetacularmente, ao toque de músicas e entre júbilos populares, alastrando-se a medida por várias casas nobres.

Chegada a vez do palácio rural de Opílio, o questor visitou-o para articular as providências necessárias.

– Ao que me consta – informou Vetúrio, depois de interpelado –, temos aqui tão-somente um recalcitrante.

– Já sei – falou Eustásio, malicioso –, trata-se de Rufo, nosso teimoso e velho conhecido.

Taciano foi chamado a opinar.

O filho de Cíntia trouxe pelo braço a jovem esposa, em cujo regaço dormia Lucila, a primogênita recém-nata.

A conversação prosseguiu animada e ferina.

– Suponho – explicou o dignitário enfatuado – que não temos outra alternativa. Exterminaremos a canalha ou seremos exterminados por ela. Observo que alguns dos nossos compatriotas, e dos mais eminentes, receiam afrontar a ameaça galiléia, em nossa cidade, considerando talvez os seus fatores numéricos. Entretanto, é imprescindível reagir. Lião é a metrópole moral das Gálias, tanto quanto Roma é o centro do mundo. Que seria de nós estimulando aqui o favoritismo? Que Artêmio Cimbro agasalhe os velhacos, valendo-se do seu prestígio com senadores e altos magistrados de Roma, é calamidade que não podemos evitar, mas procedermos nós do mesmo modo, com servos imundos e ladrões, seria digno dos nossos foros de nobreza?

Os circunstantes aprovaram-lhe as palavras, com expressivos sinais de simpatia.

– Os escravos – continuou Quirino, convincente – são instrumentos passivos de trabalho e um instrumento, por si, não pode raciocinar. Somos nós os responsáveis. Providenciar é nosso dever.

E talvez porque a pausa se fizesse mais longa, Helena opinou, com firmeza:

– Concordo plenamente. Desde muito observo que a praga nazarena tem, sobretudo, deletérios efeitos psíquicos. Parece desfigurar o caráter e apagar o brio das pessoas. Antigamente, os sentenciados à morte nos circos lutavam, denodados, com as feras ou com os gladiadores, conseguindo, muitas vezes, recuperar o direito de viver e a própria liberdade. Agora, contudo, com os ensinamentos do homem crucificado, arrefeceu-se-lhes a galhardia. Há, por toda a parte, uma enchente de vergonha. O combate nas festas sempre foi um belo símbolo. Atualmente, porém, ao invés da lança em riste, vemos braços cruzados e ouvimos cânticos até ao fim.

Eustásio soltou estentórica risada e acentuou:

– Bem lembrado! bem lembrado! se a moda pega, viveremos de joelhos para que os vagabundos se mantenham de pé.

O entendimento prosseguiu demorado e minucioso.

Marcaram o dia da derradeira tentativa para a recuperação de Rufo.

Solenizariam o acontecimento.

Os escravos não seriam dispensados da cena final.

Eustásio traria consigo um comprador da Aquitânia e, se o renitente não cedesse, vender-lhe-iam a esposa e as duas filhinhas, no instante em que se lhe processasse a eliminação.

A medida seria uma advertência aos demais e, provavelmente, sustaria novos surtos de indisciplina.

Examinaram entre si o gênero de morte mais adequado à situação, caso Rufo se revelasse inflexível.

Salientou Vetúrio que um machado nas mãos de Epípodo não seria usado em vão, mas Quirino, perverso, recordou que um servo delinqüente, arrastado pela cauda de um potro selvagem, era sempre um quadro festivo, digno de ser visto.

O dia do expurgo na fazenda de Opílio surgiu sob pesada expectação.

Indisfarçável angústia transparecia do semblante de numerosos trabalhadores, concentrados em extenso pátio.

Vetúrio, Taciano e Galba, seguidos de Quirino, de outras personalidades destacadas e do mercador de cativos, penetraram o recinto, empertigados, dominadores e livres.

Rufo, ladeado por musculosos guardas, foi trazido ao centro da praça, em cujos limites se amontoavam homens, mulheres e crianças.

Foi então que Vetúrio determinou que uma senhora e duas meninas se aproximassem.

Eram Dioclécia, a esposa do prisioneiro, e as duas filhinhas Rufília e Diônia, que o abraçaram com sofreguidão e alegria.

– Papai! Papaizinho!...

As vozes cariciosas ecoaram, comoventes, arrancando lágrimas, enquanto o escravo mostrava o pranto que lhe manava dos olhos, como gotas de orvalho diamantino, deslizando sobre expressiva máscara de bronze.

Epípodo, atendendo a um sinal do senhor, separou o belo grupo familiar e a voz de Opílio bradou, emprestando às palavras o máximo de energia:

– Rufo! chegou o momento decisivo! Jurarás fidelidade aos deuses e serás salvo, ou seguirás o impostor galileu, sentenciando-te à morte e provocando o banimento definitivo dos teus. Escolhe! não há tempo a perder!...

– Ah! senhor – chorou o servo, caindo de joelhos –, não me condeneis! Compadecei-vos de mim!... sou escravo desta casa, desde que nasci!...

O infeliz calou-se, dominado pela angústia, e a cabeça noutro tempo erecta e altiva baixou o rosto até à poeira que Vetúrio pisava.

– Não invoques o passado! Atende ao presente! Por que a ilusão nazarena, quando as nossas divindades te propiciam o pão farto e a vida feliz?

Rufo, porém, reergueu a fronte, recuperando a serenidade.

Contemplou a esposa que o fitava, amargurada, e, em seguida, estendeu os braços para Diônia, meigo anjo moreno de quatro anos, que se precipitou, de novo, para ele, exclamando, confiante:

– O senhor vem conosco, papai?

O interpelado fixou a menina, com inexprimível ternura, mas não respondeu.

Ninguém poderia conhecer o drama que se desenrolava por trás daquele semblante sulcado pelo sofrimento.

Os olhos estáticos pararam de chorar.

Súbita e inabalável firmeza estampara-se-lhe no rosto.

Elevou a atenção para o céu, evidenciando íntima atitude de oração, mas Opílio tornou a falar, contundente e gritante:

– Não delongues, não delongues! Renegas a superstição nazarena e abominas agora o impostor da cruz?

– O Evangelho é revelação divina – informou Rufo, possuído de calma impressionante –, e Jesus não é um mistificador e sim o Mestre da Vida Imperecível...

– Como ousas? – atalhou Vetúrio, encolerizado – a tua morte não passará de suicídio e serás o verdugo da própria família. Dioclécia e as meninas serão expulsas e, quanto a ti mesmo, em poucos momentos descerás ao convívio das potências infernais.

Lançou-lhe rancoroso olhar e rematou, depois de ligeiro intervalo:

– Desgraçado, não temes?

O escravo, parecendo envolvido em vigorosas forças espirituais, fitou-o, com tristeza, e esclareceu:

– Senhor, os que vão morrer colocam-se à frente da verdade... Dói-me o coração reconhecer a esposa e as filhinhas humilhadas pelo incerto destino que as espera na Terra, entretanto, entrego-as nesta hora ao Juiz do Céu. Hoje podeis sentenciar. A casa, o solo, o arvoredo e o ouro permanecem em vossas mãos. Amanhã, porém, sereis chamado à prestação de contas nos tribunais divinos. Onde estão aqueles que, em outro tempo, perseguiram e condenaram? Arrojaram-se todos ao mesmo pó em que se confundem os servos e os senhores. As liteiras da vaidade e do orgulho consomem-se no tempo... Não temo a morte, que para vós é enigma e mistério, e para mim é libertação e vida...

A grande assembléia escutava com insopitável torpor de assombro.

Opílio, manietado talvez por fios intangíveis, jazia imóvel como o bastão lavrado em que se apoiava, por nota marcante de sua autoridade doméstica.

– Comentais a lamentável situação de minha companheira e de minhas filhas – continuou Rufo, depois de curto intervalo –, em vista de vossa resolução, exilando-as para outras terras, no entanto, com o respeito que a vossa família sempre nos mereceu, sou levado a perguntar por vossos antepassados... Onde viverão hoje vossos pais? Os títulos do patriciado não exoneraram vossos avoengos dos deveres para com o sepulcro. Sois tão separado deles, como serei doravante dos meus... E, enquanto a vossa saudade vagar como sombra inútil, corvejando sobre os vossos dias, a dor de minha mulher tanto quanto a minha própria dor produzirão em nós a confortadora certeza de estarmos cooperando na edificação de um mundo melhor... Somos escravos, sim, nascidos sob o jugo pesado de cruel cativeiro, contudo, nosso espírito é livre para adorar a Deus, segundo a nossa compreensão. Antes de nós, companheiros outros conheceram o martírio... Quantos terão sido assassinados nos circos, nas cruzes, nas fogueiras e nos tribunais?! Quantos terão demandado o túmulo, carregando espinhosos fardos de aflição!... Entretanto, nossos corações feridos, como o lenho atirado ao fogo, alimentam a chama do idealismo santificante que iluminará a Humanidade! Nossos filhos jamais estarão órfãos. Tutelados do Cristo, no mundo, constituem a herança abençoada de nossa fé, destinada ao grande futuro... A felicidade celeste habita conosco nos cárceres da Terra. Nossos padecimentos são semelhantes às sombras ralas da madrugada que se misturam à luz nascente de novo dia!...

O prisioneiro fitou Vetúrio, de frente, com valorosa serenidade, e afirmou sem afetação:

– Vós, porém, romanos dominadores, tremei, enquanto rides! Jesus reina, acima de César!...

Vencendo a lassidão que o dominava, Opílio Vetúrio agitou os braços e clamou:

– Cala-te! nem mais uma palavra! Epípodo, o chicote!...

O capataz estalou o rebenque no rosto do escravo enobrecido, enquanto Vetúrio, em poucas palavras, concluía o negócio com o mercador.

Dioclécia e as filhinhas foram cedidas a preço ínfimo.

Enquanto o potro bravio era aparelhado, a esposa do mártir tentou lançar-se nos braços dele, mas algumas companheiras afastaram-na, com as meninas, para recanto próximo.

Rufo ia ser atado à cauda do animal que relinchava, escouceante, quando Berzélio, o comprador de cativos, abeirou-se dele e ciciou-lhe aos ouvidos:

– Tua família encontrará um lar em nossa casa da Aquitânia. Morre em paz, eu também sou cristão.

Pela primeira vez, naquele dia de terríveis recordações, belo sorriso estampou-se no semblante do mártir.

Mais tarde, algumas mulheres piedosas da igreja lhe recolhiam os despojos em matagal próximo.

Emancipara-se Rufo para servir com mais segurança aos desígnios do Senhor.

Da elevada janela dos seus aposentos de exílio, Cíntia acompanhara a cena horrenda. Vendo o animal desembestar pelo bosque, arrastando a vítima indefesa, desmaiara de pavor.

Escravas de confiança, orientadas por Helena, aflita, iam e vinham na azáfama do socorro. Taciano esqueceu as visitas e colocou-se ao lado da enferma, acabrunhado e abatido.

Duas horas de expectativa correram pesadas e tristes.

Depois de muitas massagens e de vários excitantes nas narinas, a senhora acordou, mas, para espanto de todos, desferia estranhas gargalhadas.

Cíntia Júlia estava louca...

A família Vetúrio, desde então, cobriu-se de provas inquietantes.

Um ano decorreu sem novidades de vulto.

Excursões diversas nas Gálias foram efetuadas com a doente, na companhia de Opílio e Taciano, em busca de melhoras que não apareceram. Médicos e oráculos famosos foram consultados sem proveito.

Não obstante reforçado o serviço de vigilância em casa, a guarda da enferma tornou-se mais difícil.

De quando em quando, era encontrada a falar consigo mesma, em voz alta, com evidente alienação mental, mais acentuada.

Certa feita, burlando as sentinelas, caminhou para um velho tugúrio, onde o irmão Corvino socorria os sofredores.

Quinto Varro orava com a destra suspensa sobre duas crianças paralíticas, quando notou a presença da mulher amada, que ele, de pronto, identificou.

Irreprimível amargura envolveu-lhe o coração.

Cíntia era apenas uma sombra.

O corpo descarnado, as rugas numerosas, a cabeleira quase branca e os lábios torcidos desfiguravam-na desapiedadamente.

Fixou-o, a princípio, com indiferença, mas observando-o sozinho, tão logo se haviam retirado as visitas, iluminou-se-lhe a expressão de fé e confiança.

Acercou-se, respeitosamente, do apóstolo e rogou, humilde:

– Pai Corvino, há muito tempo ouço referências ao vosso trabalho. Sois um intérprete de Jesus! Valei-me, por piedade! Sinto-me doente, cansada de tudo...

E, provavelmente porque reparasse a perplexidade do benfeitor, acrescentou, precipitada:

– Não me conheceis? Sou a segunda esposa de Opílio Vetúrio, um dos inimigos dos cristãos! A família declara-me dementada... Oh! sim, quem sabe? Que pode fazer uma pobre mulher senão enlouquecer quando se vê plenamente ludibriada pela vida? Poderá o coração vencer as dores irremediáveis? Como conseguirá uma árvore resistir ao raio que a destrói? Já vistes alguém sustar a corrente de um rio com um simples ramo de parra? Noutro tempo, fui a esposa de um homem que não soube compreender e sou mãe de um filho que me não entende... Estou exausta... Errei, preferindo o inferno do ouro, quando Deus me oferecia o paraíso da paz... Desprezei o companheiro que realmente me queria para a glória do espírito e julgaram-me senhora de robusto juízo... Agora, procuro recuperar minhalma e tratam-me por louca... Estou farta de ilusões... Quero a bênção do Cristo consolador... Aspiro à renovação...

A infortunada matrona enxugou as lágrimas, ante o missionário que a fitava, aterrado e enternecido, e continuou:

– Avaliareis, por acaso, o sacrifício do coração materno, alimentando um filho, dia a dia, orvalhando-o com o pranto de sua dor e fortalecendo-o com os raios de sua alegria, para vê-lo, em seguida, conscientemente entregue à ferocidade? Podereis imaginar os padecimentos da mulher que, vítima de si mesma, permanece situada entre o desencanto e o remorso, ferida nas menores aspirações? Ah! pai Corvino, por quem sois! compadecei-vos de mim!... Desejo buscar o Mestre, mas estou condenada a respirar entre os ídolos que me enganaram... Socorrei a minhalma que sangra!...

Ajoelhou-se como quem nada mais poderia dar de si própria senão a suprema humildade e, com surpresa, verificou que o irmão dos infelizes tinha lágrimas abundantes.

– Chorais? – bradou a enferma, perplexa – só um emissário do Senhor pode assim proceder... Sou culpada! culpada!...

Lançando os olhos para o alto, começou a gritar com manifesto desequilíbrio:

– Perdoai-me, ó meu Deus! meus pecados são enormes. Tenho crimes que provocam o pranto dos vossos escolhidos!... Malditos os deuses de pedra que nos arrojam aos despenhadeiros da ignorância! malditos os gênios do egoísmo, do orgulho, da perversidade e da ambição!...

Quinto Varro, que a fisionomia envelhecida e a longa barba tornavam irreconhecível, inclinou-se para ela e, dominado pelo carinho espontâneo, murmurou:

– Cíntia! espera e confia!... Deus não nos esquece, ainda mesmo quando sejamos induzidos a esquecê-lo...

Estranho fulgor estampou-se no semblante da enferma, que lhe cortou a palavra, exclamando:

– Oh! esta voz, esta voz!... quem sois? Como soubestes meu nome sem que eu vo-lo dissesse? Sereis, acaso, um fantasma que regressa do túmulo ou a sombra de um homem que morreu sem nunca estar morto?

O missionário afagou-a com ternura e osculou-lhe os cabelos, copiando, instintivamente, os gestos da mocidade.

Perplexa, a matrona recuou, exibindo no olhar profunda lucidez, qual se fora repentinamente chamada à realidade pela grande emoção...

Fixou o interlocutor, de frente, com inexprimível espanto, e gritou:

– Varro!...

Na inflexão com que pronunciara aquele simples nome, colocara todo o amor e todo o assombro que era capaz de sentir.

O apóstolo, no entanto, debalde aguardou a frase que se lhe apagara nos lábios descoloridos.

Cíntia contemplou-o por momentos curtos, emudecida, mantendo na expressão fisionômica a extática felicidade de quem encontra um tesouro há longo tempo acariciado...

Um peregrino da fé religiosa que surpreendesse o paraíso não revelaria maior ventura que a daquela face transfigurada por suprema alegria interior.

O quadro inolvidável, porém, foi breve como um relâmpago dentro da noite.

Destrambelhado o coração pelo júbilo do reencontro, a pobre senhora empalideceu repentinamente, os órgãos visuais arregalaram-se-lhe nas órbitas e o corpo oscilou, desgovernado.

Varro, aflito, correu a ampará-la.

A agonizante aquietou-se-lhe nos braços com a submissão de uma criança.

O valoroso patrício, que a fé metamorfoseara em sacerdote, rociando-lhe o rosto de lágrimas, cerrou-lhe os olhos, piedosamente.

Cíntia Júlia morrera como um passarinho, sem estertores, sem contrações.

Apertando-a, de encontro ao coração, Quinto Varro soluçou, balbuciando uma prece.

– Senhor! – clamou ele – tu, que nos reúnes com bondade, não nos separarias para sempre!... Amigo Divino, que nos concedes a luz do dia depois das sombras da noite, dá-nos serenidade, finda a tormenta!... Ampara-nos o coração desarvorado nos tortuosos caminhos do mundo e abre-nos o horizonte da paz! Tantas vezes morremos nas trevas da ignorância, mas a tua compaixão nos ergue, de novo, à claridade divina! Nada posso pedir-te, servo que sou agraciado por tantas bênçãos imerecidas, mas, se possível, rogo-te proteção para quem hoje te busca, com o espírito sedento de amor. Ó Mestre de nossas almas, socorre-nos na solução de nossas necessidades! Nada podemos sem a tua luz!...

Sufocado pela comoção, silenciou.

A oração falada morrera-lhe na garganta, mas o espírito fervoroso prosseguiu em súplica silenciosa, que somente foi interrompida à chegada de um irmão que o auxiliou a prestar as derradeiras expressões de carinho à morta, cujos lábios se entreabriam, imóveis, num sorriso indefinível.

Um mensageiro de confiança foi expedido ao palácio de Vetúrio, mas, temendo represálias, o emissário apenas notificou que a senhora, vítima de inopinado mal-estar, exigia imediata assistência.

A notícia foi recebida desagradavelmente.

Aquela fuga para o círculo cristão era detestável acontecimento.

Epípodo, o chefe da vigilância, foi advertido com severidade e um homem da estima familiar, à frente de vários cooperadores, foi incumbido de superintender a remoção da enferma para a casa.

Esse homem era Flávio Súbrio.

O velho soldado procurou o irmão Corvino e, surpreendido por aquela voz que não lhe parecia estranha, veio a conhecer a deplorável ocorrência.

Lançando olhares desconfiados para o apóstolo, que tinha nome idêntico ao da vítima que ele nunca esquecera, providenciou, respeitoso, o transporte do cadáver, que Varro ajudou carinhosamente a instalar na carruagem, convertida em coche mortuário.

Infinita consternação envolveu a residência romana, outrora fulgurante e feliz, e, ao entardecer, um pelotão de legionários cercou o casebre em que o irmão Corvino meditava...

Vetúrio reclamara-lhe a prisão para o inquérito que pretendia instaurar.

O presbítero foi acintosamente recolhido e encarcerado sem a menor consideração.

O martírio supremo de Quinto Varro ia começar.

VII

Martírio e amor

Atirado ao calabouço, o irmão Corvino passou a experimentar os efeitos da implacável perseguição de Opílio Vetúrio.

Ordenações dos assessores de Maximino começaram a aparecer, recomendando o suplício dos chamados "desordeiros galileus".

Artêmio Cimbro e alguns outros patrícios influentes embalde tentaram opor resistência à chacina criminosa, porque o deplorável movimento alastrou-se, irrefreável.

Álcio Noviciano, velho guerreiro da Trácia, chegou à cidade, em companhia de alguns frumentários, na posição de enviado do tirano que comandava o poder, sendo recebido festivamente.

Exibições no anfiteatro da cidade foram organizadas com esmero.

O amigo de Maximino era portador de cartas diversas às autoridades lugdunenses, recomendando o maior rigor no castigo aos seguidores do culto nazareno e, a fim de corresponder às mensagens ilustres, dezenas de plebeus foram lançados à sanha carnívora de feras africanas, ao som de músicas alegres.

O benfeitor dos pobres, entretanto, e outros prisioneiros altamente categorizados pela opinião pública foram reservados a interrogatório dirigido pelo destacado visitante.

No dia justo, o tribunal de audiências regurgitava de povo.

Vastas galerias jaziam apinhadas de gente.

Todos os adversários da nova fé como que se congregavam ali, para a ironia e o escárnio.

Renteando quase com o embaixador do imperante, Opílio, Galba, Taciano e Súbrio acompanhavam o desenrolar dos acontecimentos com sombrio aspecto.

Vetúrio, denunciando no rosto envelhecido as extremas aflições que o atormentavam, revelava-se inquieto, levando a destra aos olhos, de momento a momento, evidenciando a emotividade de que se via possuído, enquanto Taciano, recordando o enfermeiro abnegado, mostrava no semblante misto de compaixão e desprezo. Caracterizava-se Galba pela frieza habitual, mas Flávio Súbrio, não obstante decrépito, espreitava os menores rumores do largo recinto, com a vivacidade de um felino, parecendo disposto a registrar as mínimas particularidades do espetáculo.

O irmão Corvino, escoltado por guardas numerosos, apareceu no grande salão.

Esquelético e descorado, falava, sem palavras, da fome que curtia no cárcere. No pulso, trazia feridas rubras e, na face, sinais de chicotadas revelavam o martírio nas celas, onde legionários ébrios costumavam realizar exercícios de crueldade, mas os olhos do condenado como que se mostravam mais brilhantes. Não era só a paciência que se irradiava deles, demonstrando-lhe a grandeza espiritual, mas também uma superioridade indefinível, misturada de compreensão e piedade pelos verdugos.

À frente do missionário, os representantes da casa de Opílio fizeram-se pálidos.

Imprecações reboaram de todos os lados, acirrando os ânimos contra o apóstolo indefeso.

– "Abaixo o feiticeiro! morte ao assassino! suplício ao matador de mulheres e crianças!..."

Impropérios como esses eram bramidos à solta por centenas de lábios duros e espumejantes.

Quinto Varro, porém, que a consciência tranqüila parecia coroar de imperturbável serenidade, passeou o olhar calmo e bondoso pela assembléia irritada e a multidão aquietou-se, de chofre, qual se fora dominada por força irresistível.

O próprio Álcio, habituado à agressividade da caserna, estava surpreendido.

Levantou-se, imponente, e tentando, em vão, assumir o aspecto respeitável de um magistrado, arengou, por alguns minutos, salientando as preocupações do governo na eliminação do culto proibido e advertindo os cidadãos contra a ideologia religiosa que pretendia confundir escravos e senhores.

Em seguida, dirigiu-se solenemente ao presbítero, notificando:

– Creio-me exonerado de qualquer consideração para com os prisioneiros sem títulos que os recomendem ao respeito do Estado, contudo, tantos empenhos foram interpostos, junto de minha autoridade, em vosso favor, tantas famílias aristocráticas se interessam por vosso destino, que me sinto no dever de ajuizar quanto à vossa situação com especial benevolência.

Corvino escutava o legado, serenamente, mas insopitável inquietude dominava a multidão.

– Sois acusado de haver provocado a morte de uma criança – prosseguiu Novaciano, empertigado –, para cultivar sortilégios malignos, e de haver assassinado uma distinta dama patrícia, doente e irresponsável, depois de atraí-la, provavelmente com promessas de cura imaginária. Todavia, ponderando as solicitações de vários principais, dignar-me-ei analisar o processo alusivo às culpas referidas, tratando-vos como cidadão do Império, mas, antes de tudo, desejo certificar-me de vossa fidelidade às nossas tradições e princípios, de vez que sois indicado como membro da seita renegada, para cuja extinção não possuímos outros recursos que não sejam o exílio, a punição ou a morte.

Fez ligeiro intervalo, fixou o presbítero de frente, buscando, em vão, suportar-lhe o olhar confiante e calmo e inquiriu:

– Em nome do Imperador Maximino, exorto-vos a jurar lealdade aos deuses e obediência às leis romanas!

Varro, concentrado em si mesmo, evidenciando longa distância espiritual da atmosfera de crueldade e pequenez que predominava no recinto, respondeu com firmeza e simplicidade:

– Ilustre legado, consoante as lições do meu Mestre, sempre dei a César o respeito que César espera de mim, no entanto, não posso sacrificar aos ídolos, porque sou cristão e não desejo abandonar minha fé.

– Que ousadia! – exclamou Novaciano, encolerizado, enquanto o populacho prorrompia em gritos: –"morte ao traidor! degolem o celerado!..."

O religioso, porém, não expressou a mínima alteração facial.

O juiz agitou pequeno martelete de bronze, exigindo silêncio, e voltou a interpelar:

– Sois atrevido até ao insulto?

– Rogo-vos desculpas se a minha palavra incomoda, no entanto, indagais e respondo por minha vez.

A atitude serena e digna de Corvino de novo impusera quietação à grande assembléia.

Álcio enxugou o suor copioso que lhe corria da fronte enrugada e tornou:

– Confessais, então, vosso conúbio com a seita maldita dos nazarenos?

– Não vejo qualquer maldição nela – replicou o preso, sem azedume –, os seguidores do Evangelho são amigos da fraternidade, do serviço, da bondade e do perdão.

O emissário de César passou a destra pela calva oleosa, brandiu um bastão de prata no estrado em que se apoiava e bradou:

– Sois apenas velha quadrilha de mentirosos! Que fraternidade poderia ensinar-vos um galileu desconhecido que vos induz ao suplício, há quase duzentos anos? Que serviço prestaríeis à coletividade, pregando a indisciplina entre os escravos com falaciosas promessas de um reino celestial? Que bondade exerceríeis, conduzindo mulheres e crianças ao espetáculo sangrento dos circos? E que perdão conseguireis exemplificar, quando o vosso heroísmo não passa de vileza e humilhação?

Varro percebeu a dureza intelectual do inquiridor e objetou:

– Nosso Mestre padeceu na cruz por sentir-se o irmão maior da Humanidade, necessitada, não de força bruta ou de violência, mas de valor moral para compreender a grandeza do espírito eterno; o serviço para nós não é a exploração do homem pelo homem e sim o livre acesso da criatura ao trabalho para o engrandecimento dos méritos pessoais de cada um; a bondade, em nosso campo de ação, é...

Álcio, entretanto, cortou-lhe a palavra, gesticulando, furioso:

– Calai-vos! Por que aturar o vosso sermão sem nexo? Ignorais, porventura, que posso decidir sobre o vosso destino?

– Nossos destinos jazem nas mãos de Deus! – retorquiu Varro, sereno.

– Sabeis que posso lavrar a vossa sentença de morte?

– Respeitável legado, o poder transitório do mundo está em vossas determinações. Obedecei a César, ordenando o que vos aprouver! Obedecerei a Cristo, submetendo-me à vossa vontade.

Novaciano trocou expressivo olhar com Vetúrio, como se estivessem acertando, em silêncio, os pontos de vista que lhes eram comuns e clamou:

– Não tolero o sarcasmo!...

Convocou um dos assessores e recomendou que o prisioneiro recebesse três chicotadas de relho curto na boca.

Um guarda de aspecto feroz foi o escolhido.

Varro, enquanto açoitado, parecia em oração.

O sangue borbotava-lhe dos lábios, escorrendo sobre a túnica humilde, quando um jovem, aproximando-se, ajoelhou-se, junto dele, e exclamou em pranto:

– Pai Corvino, eu sou teu filho! Recolheste-me quando eu vagava na rua, sem ninguém! Deste-me uma profissão e uma vida digna... Não sofrerás sozinho! Estou aqui...

Todavia, no estupor geral que a cena impunha aos circunstantes, o benfeitor ferido, embora sangrando, inclinou-se para o rapaz e rogou:

– Crispo, meu filho, não afrontes a autoridade! Por que te rebelas, assim, se ainda não foste chamado?

– Meu pai – soluçou o jovem, quase menino –, também quero o testemunho! desejo provar minha fidelidade ao Senhor!...

E, voltando-se para o representante de César, declarou:

– Eu também sou cristão!

Corvino acariciou-lhe os cabelos em desalinho e continuou:

– Esqueceste que a maior exemplificação dos seguidores do Evangelho não é a da morte e sim a da vida? Não sabes que Jesus espera de nós a lição do amor e da fé onde respiramos? Meu testemunho no tribunal ou no anfiteatro será dos mais fáceis, mas poderás honrar o nosso Mestre, de maneira mais sacrificial e mais nobre, trabalhando por ele, em benefício dos nossos irmãos em Humanidade e por ele sofrendo, dia a dia... Vai em paz! Não desrespeites o mensageiro do Imperador!...

Como se o ambiente estivesse magnetizado por forças intangíveis, o moço, enxugando as lágrimas, saiu sem ser molestado por ninguém.

Tornando a si da surpresa que o senhoreara, Novaciano reergueu a voz e considerou:

– O legado de Augusto não pode perder tempo. Sacrificai aos deuses e o processo que vos envolve o nome será examinado atenciosamente...

– Não posso! – insistiu Corvino, sem afetação – sou adepto do Cristianismo e nessa condição desejo morrer.

– Morrereis então! – gritou Álcio, indignado.

E assinou a sentença, indicando o campo próximo em que o prisioneiro seria decapitado no dia seguinte, ao amanhecer.

Varro escutou-a, sem modificar-se.

A fé e a tranqüilidade imperturbáveis fulgiam-lhe no semblante.

Na assembléia, contudo, reinava amplo mal-estar.

Opílio e Galba abraçaram o legado com visíveis sinais de satisfação. Taciano, porém, sentia-se inexplicavelmente angustiado, lutando consigo mesmo para sobrepor-se a qualquer ato de simpatia. As conversações que mantivera com o enfermeiro em outro tempo afloravam-lhe à memória. Aquele homem ultrajado e abatido impunha-se-lhe à admiração, ainda mesmo contra a sua própria vontade. Tudo faria para não pensar, mas a grandeza moral dele confundia-o e o chamava à reflexão. Instintivamente, inclinava-se a defendê-lo, contudo, não seria lícito conceder a si mesmo tal aventura. Corvino poderia ser um gigante de heroísmo, mas era cristão, e ele, Taciano, detestava os nazarenos.

Afastou-se alguns passos, a fim de apreciar soberba estátua de Têmis que jazia no recinto, mas alguém correu ao encontro do condenado, que voltava à prisão, resignadamente.

Esse alguém era o velho Flávio Súbrio, que se abeirou do religioso e disse-lhe em voz baixa:

– Reconheço-te! Agora, não alimento qualquer dúvida...Vinte anos não me fariam olvidar-te!...

Quinto Varro lançou-lhe dolorido olhar, sem nada responder.

O antigo lidador, todavia, recebeu-lhe o silêncio como sendo a confirmação que aguardava e, contendo a custo o pranto que lhe enevoava os olhos, segurou-lhe as mãos que pesadas algemas enlaçavam e acentuou:

– Meu amigo, não teria sido mais suave a tua morte no mar? Como me pesa haver cooperado para o teu sacrifício! Como lastimo a tua infortunada sorte, observando o fardo de angústia que te verga os ombros!...

O interpelado, porém, sorriu, triste, e replicou:

– Súbrio, a escravidão a Jesus é a verdadeira liberdade, tanto quanto a morte, em companhia do nosso Divino Mestre, é a ressurreição para a vida imperecível! Só um fardo deveremos temer – o da consciência culpada!...

E, reparando-lhe, com surpresa, as lágrimas de sincera compunção, que não chegaram a transbordar, acrescentou:

– Se procuras agora algum meio de acesso à verdade, não deixes para amanhã o teu encontro com o Cristo. Faze alguma coisa por tua salvação e o Senhor fará o resto...

Nesse instante, porém, o chefe de vigilância, acreditando que Súbrio insultava o prisioneiro, abeirou-se de ambos e vociferou, sarcástico:

– Nobre romano, deixa comigo este feiticeiro! Prepará-lo-ei a bastonadas para o espetáculo de amanhã...

E antes que Súbrio, estupefato, pudesse mover-se, Varro foi arrastado, de novo, para o cárcere.

Desde esse momento, porém, o velho guerreiro em disponibilidade pareceu tomado de incompreensível perturbação.

Desligou-se dos amigos íntimos, dirigiu-se apressadamente à herdade, retirou de antigo cofre todas as peças de ouro que possuía e voltou ao centro da cidade, procurando os companheiros do irmão Corvino.

Nos arredores da igreja, num telheiro abandonado, encontrou Ênio Pudens, por indicação de algumas mulheres piedosas.

Deu-se a conhecer ao clérigo respeitável e entregou-lhe, para a igreja de São João, todo o dinheiro que pudera amealhar, durante anos, rogando-lhe abençoar as suas novas resoluções. Ênio, comovido, orou em companhia dele, deprecando a assistência celestial e confortando-o com generosas palavras de bondade, compreensão e fé.

Apesar de semelhante socorro, o velho soldado parecia diferente, abstraído, dementado...

Em vão, Opílio procurou-o em casa, debalde Taciano buscou-lhe a companhia.

Súbrio retirara-se para o campo, mantendo-se em meditação, a reconsiderar os caminhos percorridos.

Tornou ao ambiente doméstico, nas primeiras horas da madrugada, mas não conseguiu acalmar-se.

Quando Vetúrio veio acordá-lo, para seguirem juntos, no rumo do campo da execução, já havia seguido para o local, onde Galba e o pai a ele se reuniram.

Taciano absteve-se. Alegou súbita indisposição orgânica, a fim de subtrair-se ao espetáculo. Não desejava enfrentar a presença de Corvino, cuja serenidade o molestava.

Não obstante a hora matutina, vasta multidão se aglomerava na praça livre, não faltando grande número de personalidades eminentes, inclusive Novaciano, que se sentira fortemente impressionado com a resistência moral do prisioneiro.

Atendidas as formalidades, então vigentes, o representante de Maximino ordenou ao carrasco se aproximasse.

O irmão Corvino, evidenciando indescritível ansiedade no olhar percuciente e límpido, fitava o grupo de Opílio, à procura de alguém que não aparecia...

Pesados momentos transcorreram.

A Natureza, como que indiferente aos crimes e aos infortúnios dos homens, engalanava-se de luz.

O Sol coroava a paisagem com raios de ouro, enquanto o vento cantava, em sopros frescos, carreando para longe a fragrância das ramarias em flor.

Entristecido, de vez que não conseguira surpreender Taciano na assembléia popular que o rodeava, Quinto Varro passou à oração silenciosa.

Espiritualmente distanciado do ensurdecedor vozerio, observou que vultos luminosos o acariciavam... Lembrou-se, insistentemente, do venerando Corvino e sentiu-se consolado com a perspectiva de igualmente morrer na reafirmação de sua fé... Procurava aguçar os sentidos para penetrar com segurança no mundo invisível, quando escutou os gritos estentóricos de alguém, junto dele.

Era Flávio Súbrio que bradava, possesso:

– Eu também sou cristão! Abaixo os deuses de pedra! Viva Jesus! Viva Jesus! Prendam-me! Prendam-me com razão! Sou um assassino que se transforma! Já matei muitos! Matem-me agora também!... Infelizes romanos, porque converterdes a honra dos antepassados num rio de sangue! Somos todos celerados sem remissão! Quero, por isso, a nova lei!...

Em meio da perplexidade geral, Vetúrio abeirou-se do aristocrático visitante e informou:

– Ilustre Novaciano, apresse a execução. Flávio Súbrio é comensal de minha casa, há muitos anos, e acaba de enlouquecer, talvez, em razão da idade avançada. Incumbir-me-ei de afastá-lo, sem qualquer inconveniência.

A ordem foi expedida.

O condenado ajoelhou-se.

Artêmio Cimbro, que ninguém ousava incomodar, em virtude das suas prerrogativas, aproximou-se dele, valorosamente, e cobriu-lhe o rosto com pequena toalha de linho tenuíssimo, a fim de que a cena brutal lhe não ferisse a visão.

Glabro Hércules, antigo gladiador do anfiteatro, agora convertido em verdugo, ergueu o gládio, com mãos trêmulas, descendo o instrumento sobre o pescoço da vítima. Todavia, poderes invisíveis atuavam para que o gume da espada não atingisse o lugar visado. Havendo desferido o terceiro golpe, recebeu do legado de César a determinação de sustar o serviço.

Existia uma lei, proibindo o quarto golpe em qualquer decapitação.

Quinto Varro, banhado em sangue, foi, por isso, transferido para o calabouço, onde, agora, lhe assistia o direito de morrer lentamente.

Vetúrio acompanhou as mínimas particularidades do quadro terrível, sem alterar-se, e quando voltou a procurar por Flávio Súbrio, que se distanciara para não ver a horrenda exibição, não mais o encontrou.

O cliente de Opílio tomara um carro e voltara, rápido, para casa.

Profundamente transtornado, quase irreconhecível, convocou Taciano a entendimento particular e passou a narrar-lhe o passado, sintetizando quanto possível.

O moço patrício, boquiaberto e aterrado, ouvia-lhe as reminiscências, quando Vetúrio chegou suarento e aflito, e, adivinhando o que se passava, tentou interrompê-lo.

– Flávio Súbrio enlouqueceu! – rugiu irado.

– Não, Taciano, não! – protestou ele, em voz firme – meu juízo não está desequilibrado! Minha saúde nunca foi tão robusta quanto agora! Minha consciência apenas acorda para justiçar a si mesma. Tenho crimes sobre crimes! Não perpetrarei mais esse – o de ocultar-te a realidade. Corre ao campo da execução e, se teu pai ainda vive, não lhe prives do teu carinho à última hora! Seguirei contigo, seguirei contigo!...

Opílio, desesperado, revelando comprometedor desequilíbrio que, de modo algum, se coadunava com o seu temperamento calculado e cortês, interferiu, gritando:

– Cão, recua! Não quebrarás a harmonia de minha casa! Não menosprezes a memória do pai de Taciano, que sempre nos foi extremamente sagrada!...

Com as veias intumescidas, denunciando a emotividade que lhe oprimia a alma, Súbrio estampou feroz expressão na fisionomia, dantes fleumática e impenetrável, e retorquiu:

– Não é verdade, Taciano! Opílio recomendou-me apunhalar Quinto Varro sobre as águas, mas, por gratidão ao passado, poupei-o, assassinando um apóstolo que o acompanhava e que, certamente, lhe legou o nome. Ainda que eu morra, estou agora mais aliviado, quase feliz. Extravasei o fel que me envenenava o coração, expeli algo de minha própria baixeza... Mas, não percamos tempo, sigamos!

Vetúrio, porém, de imediato, cingiu-lhe a cintura e imobilizou-lhe os braços, chamando os servos, alarmado e lívido.

Escravos musculosos, em obediência ao amo, trancafiaram-no em aposento primorosamente mobilado, mas escuro e triste.

O lidador do pretérito, não obstante a senectude, mostrava naquela hora a agilidade de um tigre posto a ferros, tentando reagir à altura da agressão.

Todavia, antes que Opílio e o esposo de Helena se retirassem, Súbrio calou-se, inexplicavelmente.

Brilhavam-lhe, agora, os olhos, tomados de estranha lucidez, e, transcorridos alguns instantes, falou, pausadamente:

– Taciano, minha história é a versão real dos fatos. Algo me diz ao espírito que teu pai ainda não partiu. Vetúrio encarcerou-me, supondo asfixiar a verdade... Naturalmente, acredita que poderá reter-me, quanto fez com tua desventurada mãe, entretanto, engana a si mesmo, mais uma vez... e já que me sinto impossibilitado de uma confissão, à frente do legado de Augusto, a fim de receber o castigo que mereço, morrerei para que creias em mim! Troco minha vida prejudicial e inútil pelos momentos de consolo que Varro nos merece...

Opílio desferiu uma risada nervosa, reiterando a convicção de que o companheiro delirava.

Súbrio, no entanto, continuou calmo, dirigindo-se ao rapaz:

– Quando eu tiver punido a mim mesmo, pondera a minha revelação e não vaciles...

Vetúrio, porém, impediu qualquer novo entendimento. Arrastou o genro para o interior doméstico, convidando-o a preparar-se para a refeição.

No triclínio, buscou dissipar a tristeza do filho adotivo, ensaiando conversação alegre e calmante, e, findo o repasto, passaram a breve repouso em amplo terraço, ambos procurando distração e refazimento.

Quando o filho de Cíntia parecia mais animado, eis que surge Epípodo, muito pálido, anunciando que o velho Súbrio se dependurara na grade mais alta da câmara-prisão.

Enteado e padrasto entreolharam-se, apavorados.

Correram, instintivamente, ao quarto sombrio e encontraram o corpo do velho amigo a pender, inerte, de grossas vigas de madeira.

O antigo soldado cumprira a palavra, suicidando-se.

Taciano, então, qual se estivesse impulsionado por indomável energia, não mais hesitou. Afastou-se, presto, na direção da cavalariça e, quando se aboletava em carruagem ligeira, foi abraçado por Opílio, que declarou:

– Vou contigo. Convencer-te-ás de que o miserável feiticeiro está morto e de que Súbrio foi simplesmente vítima de loucura e ilusão.

O Sol das primeiras horas da tarde dardejava por entre as frondes dos gigantescos carvalhos que protegiam o caminho pelo qual os dois associados do destino seguiam silenciosos, ruminando, mentalmente, as próprias reflexões. Contudo, enquanto Taciano, jovem e vigoroso, se perdia num abismo de indagações, Opílio, encanecido e inquieto, afundava-se em dilacerantes sofrimentos. Como escapar aos dissabores daquela hora, se o condenado ainda estivesse vivo? Como reaver a confiança do genro, se a palavra de Súbrio fosse confirmada?

À porta da enxovia, foram recebidos pelo administrador da prisão, com especiais deferências, que, loquaz e gentil, informou achar-se o irmão Corvino moribundo...

A pedido de Artêmio Cimbro, o carcereiro Edúlio prestava-lhe assistência, mesmo porque o generoso patrício obtivera permissão para sepultar-lhe o corpo, tão logo expirasse.

Opílio, trêmulo, rogou licença para visitarem o agonizante a sós, sendo imediatamente atendido.

Afastado o enfermeiro, ambos penetraram a câmara estreita, onde o condenado, de olhos imensamente lúcidos, aguardava o instante final.

Finíssimos lençóis, oferecidos por mãos anônimas, apresentavam-se manchados de sangue.

Os golpes de Hércules tinham-lhe massacrado o omoplata, invadindo o tórax, que se apresentava aberto.

Taciano, dominado por inenarrável angústia, permutou com ele inesquecível olhar...

E, de espírito iluminado pela verdade, qual ocorre às grandes almas ao se avizinharem da morte, Quinto Varro, com esforço, falou-lhe, abertamente:

– Meu filho, supliquei a Jesus não me permitisse a grande viagem, sem reencontrar-te... Estou convencido de que Flávio Súbrio revelou ao teu coração todos os sucessos que já se foram...

Porque o rapaz, aterrorizado, se voltasse para Vetúrio, o genitor continuou:

– Já sei... Este é Opílio, que te criou como pai. Compreendo o constrangimento com que nos ouve, no entanto, rogo a ele me releve esta conversação de última hora... Ontem, Cíntia ausentava-se da Terra, hoje sou eu...

A essa altura, o moribundo sorriu, conformado.

O jovem, todavia, evidenciando os próprios conflitos mentais, deixou que a emoção lhe extravasasse do peito, interrogando:

– Se és meu pai, como compreender tamanha serenidade? Se Súbrio foi verdadeiro, não tens em meu padrasto o maior inimigo? Se Vetúrio mandou que te assassinassem para usurpar-te o destino de minha mãe, como pudeste tolerar tão horrível situação, quando uma simples palavra tua conseguiria clarear qualquer dúvida? Ó deuses, como vencer o tenebroso labirinto?!...

O sentenciado, porém, recompondo a expressão fisionômica, tentou esboçar um gesto de carinho e acrescentou, reticencioso:

– Taciano, não te perturbes, no justo momento em que nos despedimos. Não consideres Vetúrio como adversário de nossa felicidade... Lembra-te, meu filho, do afeto com que te orientou o desenvolvimento... Ninguém alcança a dignidade pessoal sem abnegados condutores. Olvidas, porventura, o devotamento com que se consagrou ao teu bem-estar? O agradecimento sincero é uma lei para os corações nobres e leais. Ainda que fosse ele um criminoso comum, merecer-nos-ia respeito pela ternura com que te seguiu os primeiros passos... Supões devamos identificar nele um inimigo de nossa casa, entretanto, não poderemos esquecer haver sido ele o homem amado por tua mãe... Sempre honrei os desejos de Cíntia nas menores particularidades e não deixaria de compreendê-la numa escolha do coração...

O ferido interrompeu-se, por alguns instantes, readquirindo forças, e prosseguiu:

– Não me creias transviado do sentimento... Aprendi com Jesus que o amor, acima de tudo, é o meio de cooperarmos na felicidade daqueles a quem nos devotamos... Amar é fazer a doação de nós mesmos... Admito que o pretérito poderia ter sido orientado por outras normas, entretanto, quem de nós poderá penetrar com segurança a consciência alheia? Que faríamos se estivéssemos no lugar deles? Opílio, decerto, foi querido com infinito enternecimento pela alma a quem tanto devemos e, talvez por isso mesmo, não hesitou em manifestar-lhe as mais íntimas aspirações...

– Se devo reconhecê-lo como pai – soluçou o moço, de joelhos –, não entendo o perdão das ofensas!

Varro afagou-lhe a cabeça e, como que revigorado por forças extraterrenas, considerou:

– És moço ainda para compreender as tempestades que nos convulsionam o coração... Eu também comecei a perceber a vida pelas tradições dos nossos antepassados. Júpiter enfeixava para mim o poder supremo e acreditei que as criaturas fossem apenas seres agraciados ou perseguidos pelo favor ou pelo desagrado dos deuses... Mas depois encontrei Jesus-Cristo em meu caminho e percebi a grandeza da vida a que somos destinados... Cada homem é um espírito eterno em crescimento para a glória celestial. Somos felizes ou infelizes por nós mesmos... Por esse motivo, não avançaremos para diante, sem a bênção da grande compreensão... A justiça divina observa-nos... Como, pois, nos elevarmos pela virtude sem esquecer as mãos que nos ferem?... Conforma-te!... O tempo é o calmante de todas as aflições... Ajuda aos que te atormentam, ampara os que te não entendem... Quantas vezes o criminoso é apenas infeliz?!... Não te arrojes aos precipícios da vaidade e do orgulho!... És moço em demasia... Podes aceitar o Evangelho do Senhor e realizar obras imortais!...

– Não posso, não posso!... – clamou o rapaz, abeirando-se do desespero – sinto que não me é possível fugir à verdade! Sou teu filho, sim, mas sou contra o Cristo... Não admito uma fé que anula o brio e o valor! Se não fosses cristão, provavelmente não teríamos atingido este abismo de sofrimento moral! Morrerei com os nossos antigos orientadores. Consagrei minha total confiança às divindades, não posso afastar-me do santuário de nossa fé!...

– Não te conturbes! – observou o pai, sereno e bondoso – não seria agora, nos derradeiros instantes de meu corpo, que terçaria armas contigo, em disputa religiosa... Começas, presentemente, a viver. Quantos problemas te reserva o futuro? Quantas lições recolherás, em contacto com as dores humanas? Enquanto os nossos velhos deuses se arrojarão ao pó de que se formaram, Jesus viverá eternamente. Ele te socorrerá em algum ângulo da estrada, como socorreu a mim!... Amanhã, quando o muro de sombra estiver levantado entre nós, continuarei velando por teus passos!... seguir-te-ei a luta, de perto, e voltarei a estar contigo, possivelmente noutro corpo... Renasceremos sempre até o aprimoramento integral de nossa alma... Aqueles que se amam jamais se separam... Morrer não é afastar-se de maneira irremediável... De uma vida mais livre, podemos acompanhar os seres amados de nosso roteiro, inspirando-lhes novos rumos... Por enquanto, nada possuo de mim com que te possa auxiliar, contudo, confio na eficácia da oração, e continuarei implorando a bênção de Jesus, em nosso favor... Não importa a transitória impossibilidade de crer em que te encontras... Por minha vez, nada fiz ainda com que possa merecer a divina proteção e tenho recebido, incessantemente, o amparo celeste... Espiritualmente, meu filho, somos ainda crianças no grande e abençoado caminho... Qual acontece ao menino inconsciente, na infância terrestre, que se desenvolve sem perceber a grandeza do Sol que nos sustenta, seguimos na senda humana, ignorando a Infinita Sabedoria que nos ampara e dirige... Apesar disso, por trás de todos os dons que nos felicitam, vive Deus que nos criou para o Bem Eterno e que espera por nosso crescimento com desvelos paternais...

Nesse instante, provavelmente pelo excesso de forças que despendera, o moribundo caiu em perigosa crise hemorrágica.

Golfava o sangue, copioso, através da boca e das narinas, dificultando a respiração.

Taciano inclinou-se, então, com filial piedade para o agonizante, buscando socorrê-lo.

Sentia-se, enfim, tomado de compaixão.

Percebendo talvez o carinho que renascera no espírito do enteado, Vetúrio, sem dizer palavra, retirou-se, deixando-os a sós. Entretanto, o presbítero não mais tornou ao entendimento particular com o filho. Quando reabriu os olhos, trazia-os desmesuradamente abertos, qual se estivessem postos em horizontes diferentes da vida...

Quinto Varro não mais enxergou o recinto acanhado da clausura. As paredes do cárcere, ante a visão dele, haviam desaparecido. O duro leito era o mesmo e podia ver Taciano, junto de si, mas o espaço, em torno, estava repleto de entidades espirituais.

Dentre todas, o agonizante reconheceu, de imediato, o velho Corvino e o pequeno Silvano, que o olhavam afetuosamente.

O santo apóstolo que o precedera, na grande viagem da morte, sentara-se à cabeceira e acariciava-lhe a fronte empapada pelo suor da agonia...

Silvano, por sua vez, fazia-se seguir de algumas dezenas de crianças, sobraçando delicados instrumentos de música.

Varro estampara, no rosto, largo e belo sorriso.

Dirigindo-se a Corvino, com palavras que o jovem patrício passou a tomar como sendo manifestação alucinatória, falou em voz baixa, estranhamente reanimado:

– Benfeitor querido, este é o filho de minhalma!... é o doce menino, a quem me referi, em nossas antigas conversações, em Roma... Cresceu em outros braços e desenvolveu-se em outro clima!... Ó meu pai, tu sabes que longas e torturantes saudades me dilaceraram o coração!... Tu sabes como suspirei por esta hora de compreensão e harmonia!... Contudo, ai de mim! os que se amam profundamente, na Terra, costumam reencontrar-se no justo momento da grande separação... Ó pai querido, não me relegues à aflição que trago no peito opresso... Balsamiza meu espírito ulcerado, sustenta-me para a viagem da morte!... Dá-me forças, a fim de que eu possa seguir em paz, avançando no caminho que o Senhor me traçou! Não permitas que os meus pés venham a vacilar na jornada nova! Daria tudo agora para ficar e desvelar-me pelo filho inesquecido, no entanto, o nosso Divino Mestre honrou-me com o seu testemunho de confiança!... Devo partir, deixando na retaguarda o fatigado corpo que me serviu de tabernáculo!... Consola-me, porém, a certeza de que prosseguiremos ligados uns aos outros pelos laços sublimes do amor que, em toda a parte, é a herança gloriosa de Nosso Pai Celeste!... Perdoa-me a insistência com que me prendo a Taciano nos minutos supremos de minha despedida da Terra!... Ele ainda está moço e inexperiente... Não tem ainda suficiente altura espiritual para compreender o Evangelho, mas o futuro nos auxiliará a vê-lo triunfante... Abnegado Corvino, não o abandones!... Ajuda-o a refletir na grandeza da vida e a descobrir a luz do conhecimento cristão!...

O agonizante fez longo intervalo, enquanto o rapaz lhe afagava as mãos, sufocando as lágrimas.

Em seguida, retomou a palavra, exclamando:

– Sei que só a meditação na magnanimidade do Eterno devia ser agora o meu pensamento único... Sei que só a Infinita Bondade do Senhor pode suprir o vazio de minha insignificância, contudo... Taciano é meu filho e Jesus nos prometeu ilimitado perdão quando muito amássemos!... Taciano...

O mártir parecia interessado em prosseguir e o filho mostrava-se ansioso em continuar escutando, mas a resistência de Varro chegara ao fim...

O moribundo emudecera.

Somente os olhos, fitos no jovem angustiado, falavam sem palavras do carinho e da inquietação que lhe vagueavam na alma.

Foi então que Silvano e a multidão dos meninos que o acompanhavam cercaram-lhe a enxerga humilde e começaram a cantar...

Quinto Varro ouviu o velho hino, simples e terno, que ele mesmo compusera para felicitar os visitantes de sua escola, enquanto as crianças repetiam:

Companheiro,
Companheiro!
Na senda que te conduz,
Que o Céu te conceda à vida
As bênçãos da Eterna Luz!...
Companheiro,
Companheiro!
Recebe por saudação
Nossas flores de alegria
No vaso do coração.

Quando o coro infantil emudeceu, Varro levantou--se, admirado.

Contemplou o corpo que se imobilizara, abatido e exangue. A gratidão pelo invólucro amigo, que lhe propiciara tantas lições, banhava-lhe agora a alma em prece. Em minutos rápidos, reviu todas as lutas e dores do passado, com indefiníveis sensações de paz e de alegria.

Corvino abraçava-o, com a ternura de um pai a um filho querido, enquanto vários amigos, à distância, lhe dirigiam pensamentos de amor.

O presbítero desencarnado via-se, no fundo, aliviado, quase feliz, mas, de inopino, como quem acorda pela manhã clara, retomando alguma preocupação dolorosa da véspera, sentiu-se dominado por chaga invisível a corroer--lhe o coração. Repentinamente fixou Taciano, que chorava em silêncio, e reconheceu nele a sua única dor.

Inclinou-se, impulsivamente, sobre o rapaz e abraçou-o. Ah! o calor daquele corpo como que lhe comunicava nova existência, os raios de sentimento emitidos pelo coração filial pacificavam-lhe o íntimo, balsamizando-lhe a mente atormentada!... Conchegou-o, de encontro ao peito, com infinito desvelo, experimentando intraduzível alegria mesclada de amargura, entretanto, o velho Corvino enlaçou-o brandamente, e falou:

– Varro, há mil meios mais seguros de auxiliar, acima das impressões infrutíferas da tristeza ou da aflição. Reergue-te! Taciano é filho de Deus. Muitos companheiros encarceram-se, após a morte, nas teias escuras da afetividade menos construtiva, quais pássaros embaraçados em visco de mel, e transformam-se em algozes carinhosos e inconscientes dos próprios familiares... Levanta o teu padrão de sentimento e caminhemos. Voltarás, decerto, a rever teu filho e estender-lhe-ás os braços robustos e generosos, mas, por agora, Jesus e a Humanidade devem ser as nossas essenciais preocupações de servidores do Evangelho.

O interpelado procurou recompor-se e ergueu ao Senhor o pensamento em rogativa de paz...

Sentindo-se dono de faculdades mais sutis, assinalou vozes argentinas, ao longe, num cântico de glorificação a Deus.

Varro lembrou-se, então, dos laços de trabalho e ideal que o ligavam à comunidade cristã e encontrou forças para desprender-se do filho.

Obedecendo ao terno constrangimento de Corvino, afastou-se. Lá fora, no campo, centenas de companheiros aguardavam-no, em regozijo. Numerosos mártires das Gálias, ostentando palmas de luz que brilhavam de conformidade com a elevação espiritual de cada um, cantavam, jubilosos, em homenagem ao novo herói.

Quinto Varro, em pranto de alegria, recordou velhos amigos e lembrou-se de Clódio, o antigo benfeitor, sendo informado de que encontraria o apóstolo naquele mesmo dia, à noite, em Roma, no cemitério de Calisto.

Horas mortas, a luminosa assembléia se pôs em movimento, dando a idéia de uma processão de arcanjos, na direção da cidade imperial.

Em pouco tempo, espalhando bênçãos de harmonia no firmamento, atingiram a grande metrópole.

Inúmeros missionários da Espiritualidade uniram-se aos irmãos gauleses, de tal modo que, ao chegarem os viajores aos túmulos, constituíam imensa multidão.

Irmanados em pensamentos de amor, sustentados por misteriosa comunhão, formavam prodigioso ambiente sob o manto da noite bordado de lentejoulas a faiscarem, sublimes, em todas as direções.

Corvino pronunciou sentida oração de reconhecimento a Jesus e, quando terminava a comovente prece de hosanas, um astro solitário surgiu no espaço, descendo no rumo da luzente assembléia.

Pousando à pequena distância, transformou-se, rápido, num ancião nimbado de luz.

Era Clódio que, aproximando-se, saudou, risonho, os companheiros de fé.

Recolheu Quinto Varro num longo e carinhoso abraço e, depois, passando à tribuna, discorreu com indescritível beleza acerca das tarefas sacrificiais do Evangelho, na redenção do mundo...

Todos os ouvintes lhe escutavam a palavra, tomados de jubiloso assombro.

A elevação geral do pensamento coletivo despedia feéricas irradiações em torno, a incidirem nas lágrimas que inúmeros pioneiros da Boa Nova derramavam, enlevados e comovidos...

Terminando, o lúcido orador considerou, com emoção:

– Celebramos hoje o regresso de Varro, nosso abnegado irmão de ideal e de luta. Paladino da nossa Causa, honrou todas as oportunidades recebidas. Valoroso soldado do Cristo, quando ferido não feriu, quando humilhado, jamais humilhou... Nas horas de treva, acendeu a claridade da própria alma, e, quando o mundo julgava derrotá-lo, soerguia-

-se pela fé e pelo amor, dando ao Mestre os mais altos testemunhos de confiança... Compreendeu o ensinamento evangélico do sacrifício pessoal pela felicidade dos outros, e, oferecendo a própria vida no corpo terrestre, reencontrou a si mesmo, na gloriosa imortalidade! Antigamente conosco, em recuados séculos, combatia a favor do mentiroso poder humano, adquirindo aflitivas desilusões... Vexilário do ideal de dominação política, não hesitava em submeter os semelhantes pela força, a fim de alcançar os objetivos de vaidade e orgulho pessoais, mas, agora, em legítimos combates consigo mesmo, expurgou sentimentos e propósitos, redimindo-se e santificando-se, em longa e porfiada ascensão... Como filho, cumpriu todos os deveres que lhe cabiam no lar; na condição de esposo, exalçou a mulher que lhe partilhou os destinos, respeitando-lhe as idéias diferentes das dele; como pai, soube sofrer até à suprema renunciação, de modo a garantir a felicidade do filho que lhe possuía a afetividade, e, na posição de homem, consagrou-se ao erguimento moral de todas as criaturas...

Campeão do serviço e da fraternidade, guerreou o ódio, exemplificando o amor, e exaltou os dons imarcescíveis do espírito pela humildade com que se devotou à expansão da Boa Nova!

Agora, que a sua alma, credora do nosso mais amplo reconhecimento, se afinou, através de notáveis triunfos, com as mais elevadas esferas do Amor Divino, saudemos nosso valoroso companheiro, em trânsito para resplendentes cimos da vida!...

Se quiser, poderá, presentemente, dos cumes do saber e da virtude, colaborar com o Mestre em arrojados cometimentos, na santificação do mundo!

Que o Senhor o abençoe, na trajetória sublime que lhe cabe por gloriosa conquista, em direção do porvir!...

Clódio, sorridente, dera por finda a saudação, enquanto comovedora melodia de hosanas vibrava sob o céu enxameado de cintilantes estrelas...

Chorando de alegria, o recém-desencarnado abeirou-se do excelso mensageiro e exprimiu-se, humilde:

– Abnegado amigo, tuas palavras falaram fundo à minhalma. Recebo-as por incentivo caridoso à minha pobre boa vontade, de vez que não as mereço, de modo algum... Sei que a tua generosidade me descerra novos horizontes, que a tua bondade pode conduzir-me às alturas, entretanto, se é possível, deixa-me na Terra mesmo... Reconheço-me, por enquanto, incapaz de seguir adiante, mesmo porque minha tarefa não foi concluída. Alguém...

Clódio acariciou-lhe a cabeça e cortou-lhe a frase, acentuando:

– Já sei. Referes-te a Taciano. Procede como desejares. A decisão te pertence. Recebeste permissão para ajudá-lo, durante um século, e possuis grande saldo de tempo.

Fixou nele os olhos doces e penetrantes que exteriorizavam a beleza de sua alma, e perguntou:

– Como desejas alongar a tarefa?

– Gostaria de renascer na carne e servir junto do filho que o Céu me confiou – esclareceu Varro, humildemente.

O emissário refletiu alguns instantes e declarou:

– Em nome dos nossos Superiores, posso autorizar a execução dos teus propósitos, entretanto, devo notificar-te que Taciano perdeu as melhores oportunidades da juventude física. Valiosos recursos lhe foram ofertados, em vão, para que se erguesse à glória do bem. Agora, não obstante amparado por teu carinho, será visitado pelo aguilhão da dor, a fim de que desperte, renovado, para as bênçãos divinas.

Varro esboçou um sorriso de paciência e compreensão e pronunciou sentido agradecimento.

O ágape fraterno prosseguiu brilhante, todavia, quando os companheiros se despediam para o retorno a obrigações comuns, o herói de Lião, instado pelo velho Corvino ao descanso, desejou rever Taciano, antes de partir...

O venerando amigo atendeu-lhe à solicitação, prontamente.

Jubilosos e unidos, tornaram à Gália Lugdunense e penetraram, tranqüilos, na área do palácio de que o presbítero fora modesto jardineiro.

Não precisaram recorrer ao interior doméstico.

Ao se aproximarem, perceberam os apelos mentais do jovem patrício, à pequena distância...

Incapaz de desprender-se da angústia que o absorvia, desde o momento em que se afastara do cadáver paterno, ralado de dor, Taciano abandonara os aposentos particulares e descera ao jardim, em busca de ar fresco. Tomado de terrível amargura, procurou a praça das roseiras, onde tantas vezes permutara impressões com o genitor, então transformado em carinhoso enfermeiro.

Parecia-lhe ouvir, de novo, as referências e observações de outro tempo, recapitulando preciosas conversações acerca de literatos e filósofos, professores e cientistas.

Revia-lhe, na imaginação, o semblante calmo e, somente agora, reconhecia naquela solicitude de todos os instantes a ternura familiar, que, em sua impulsividade, não pudera discernir...

Profunda saudade misturada de irremediável aflição pungia-lhe o espírito.

Sob o pálio das constelações matutinas que tremiam alvinitentes, Quinto Varro aproximou-se e osculou-lhe a face orvalhada de lágrimas copiosas.

– Meu filho! meu filho!... – falou, abraçando-o – Deus é amor infinito! não desfaleças! a oportunidade de redenção ressurge sempre com a divina misericórdia!... Reanima o coração perturbado e levanta-te! Nossa boa e santificante luta apenas começa...

O rapaz não escutou com os ouvidos da carne as palavras que lhe eram dirigidas, mas recolheu-as em forma de vibrações de incentivo e esperança.

Sentindo-se inexplicavelmente aliviado, enxugou o pranto e contemplou o céu constelado de luz.

– Vamos!... – continuou o pai abnegado – não gastes inutilmente as próprias forças!...

Enlaçado brandamente, ergueu-se o jovem, sem saber como, e, sustentado pelo benfeitor espiritual, retomou o caminho de volta a casa, entregando-se ao repouso.

O missionário invisível orou junto dele e impôs-lhe as mãos.

Envolvido nas ondas reconfortantes de doce magnetismo, Taciano adormeceu...

Com a íntima ventura de quem cumpre um dever sagrado e belo ao coração, Quinto Varro, amparando-se em Corvino, retirou-se, feliz.

Abraçados, os dois amigos alçaram-se ao santuário de paz e reconforto que lhes serviria de residência, nas esferas da alegria imortal.

Em torno, a alvorada ruborizava o longínquo horizonte...

Esmaecia o fulgor das estrelas e passarinhos madrugadores anunciavam à Terra que um novo dia começava a brilhar.

FIM DA PRIMEIRA PARTE

SEGUNDA PARTE

I

Provas e lutas

O ano 250 corria sob nuvens pesadas...

Desde a subida de Décio ao poder, a metrópole romana e as províncias atravessavam enormes inquietações.

O novo Imperador odiava os postulados do Cristianismo e, por isso, desencadeara terrível e sistemática perseguição contra os prosélitos do novo ideal religioso.

Editos sanguinolentos, ordens rigorosas e missões punitivas foram expedidas em variadas direções.

Ameaças, buscas, inquéritos e prisões espalharam-se em toda a parte. Fogueiras, feras, espadas, unhas de ferro em brasa, ecúleos, tenazes e cruzes foram trazidos fartamente aos processos de flagelação. Prêmios foram estabelecidos para quem inventasse novos gêneros de tortura.

E os magistrados, quase todos dados ao culto do temor e da bajulice, primavam na execução dos desejos do novo César.

Em Cartago, as famílias cristãs sofriam vexames e apedrejamentos; em Alexandria, os suplícios se multiplicavam sem conto; nas Gálias, os tribunais viviam repletos de vítimas e delatores; em Roma, intensificavam-se os espetáculos de morte nos circos...

Entre os sucessos deploráveis da época, a vila Vetúrio, em Lião, mostrava-se menos festiva, todavia, mais laboriosa e mais frutescente.

Desde a morte de Varro, Opílio retirara-se em companhia de Galba, para a capital do mundo, sem jamais haver trocado palavra com o genro.

As terríveis surpresas havidas entre ambos, desde o suicídio de Flávio Súbrio, cavaram, entre os dois, abismos de silêncio e fria animadversão, no fundo dos quais as amargas revelações obtidas jaziam como segredos indevassáveis do coração.

Desajustado, desde o instante em que tomara conhecimento da verdade alusiva ao pretérito, Taciano buscava afogar no serviço as mágoas e as preocupações que lhe conturbavam o mundo íntimo.

Devotado à esposa, que sempre lhe merecia o maior carinho, tentou concentrar nela todos os seus cabedais afetivos; entretanto, Helena era demasiado frívola para compreender-lhe a dedicação. Absorvida em atividades sociais numerosas, viajava freqüentemente, ora visitando relações de amizade em localidades fronteiriças, ora seguindo ao encontro do pai e do irmão, na metrópole imperial. Estranhara, a princípio, o afastamento paterno, cuja verdadeira causa jamais conseguiu conhecer, mas habituou-se, por fim, com a ausência de Vetúrio, supondo que o genitor encontrava mais alegria em envelhecer, tranqüilo, na cidade que lhe servira de berço.

Sempre acompanhada de Anacleta, sua antiga governanta, era assídua freqüentadora do teatro, do circo, das corridas e dos jogos.

Não valiam, para alterar-lhe a conduta, as solicitações reiteradas do esposo, dado à meditação e à dignidade doméstica.

A jovem senhora encontrava cada dia mil pretextos de ausentar-se, escrava da opinião pública, das convenções, das modas e dos folguedos impróprios da sua condição.

Vetúrio realmente se desligara do enteado, mas não largara mão dos interesses patrimoniais e, a fim de proteger-se, enviara à herdade um liberto grego de sua confiança, de nome Teódulo, conferindo-lhe o direito de partilhar com o genro os serviços administrativos.

Teódulo era um solteirão inteligente e astuto, invariavelmente disposto à curvatura da cerviz para auferir vantagens para si mesmo. Fizera-se amigo de Taciano, mas em muito maior grau da esposa, cavando sutilmente a separação entre os dois.

Se a dona da casa pretendia um passeio a Viena, ou a Narbona, era o primeiro a apresentar-se para guiar-lhe a condução; se desejava cruzar o Mediterrâneo, para excursões a Roma e adjacências, era ele a pessoa indicada para segui-la, de perto, de vez que o marido, com estranheza para a mulher, não parecia inclinado a qualquer reencontro com o sogro.

Taciano, não obstante o vigor juvenil dos trinta e quatro anos, revelava-se profundamente modificado.

Não era mais o moço de outro tempo.

Ensimesmara-se.

Já que lhe não era possível encontrar na companheira a confidente desejável, vivia psiquicamente insulado, aplicando no serviço do campo todo o potencial de suas forças.

Não podia crer-se rico, de vez que se achava ligado aos interesses de Vetúrio, preso à fatalidade doméstica.

A propriedade era quinhoada de rendas substanciosas, mas a sua posição em família colocava-o em subalternidade econômica, de vez que, no fundo, Helena era a filha legítima, com quem o dono da herdade se entendia diretamente, através de correios constantes.

Muitas vezes, considerara a conveniência de adquirir um sítio, em que pudesse exercer a autoridade que lhe era própria, entretanto, a realização nunca saíra do projeto. As despesas da esposa eram demasiado expressivas para que pudesse aventurar-se em semelhante cometimento.

Helena despendia somas enormes no fausto de sua carreira social.

Por isso mesmo, interrompida a intimidade dele com o padrasto, desde a morte de Varro, via-se o rapaz torturado por incessantes problemas financeiros, que as suas múltiplas atividades mal permitiam resolver.

A única compensação que usufruía era o consolo que lhe vinha da constante ternura da segunda filha. Nascera Blandina, em 243, como se fora uma bênção que o Céu lhe houvera reservado ao coração. Enquanto a primogênita, menina e moça, apegava-se ao espírito materno, copiando-lhe as predileções e atitudes, a menor colava-se ao pai, exclusivamente. Acompanhava-o em seus giros solitários pelo bosque, seguia-lhe as meditações no jardim.

Não valiam ralhos da governanta, nem observações dos mais íntimos.

Blandina parecia uma flor permanente a engastar-se na destra paterna.

Diariamente, ao amanhecer, era a única pessoa de casa a orar, em companhia de Taciano, ante a estátua de Cíbele, a deusa maternal.

Certa manhã, vamos encontrá-los conversando em extenso vinhedo.

– Papai – indagava ela, de cabelos soltos, beijados pela luz solar –, quem fez o campo, assim tão belo?

O genitor, sorrindo, respondeu feliz:

– Os deuses, filhinha, os deuses nos concederam as árvores e as flores para o embelezamento de nossa vida.

A menina, embriagada de júbilo infantil, tomou um cacho de uvas amadurecidas e perguntou, de novo:

– Mas, papai, qual dos deuses nos traz uvas tão doces?

O companheiro, satisfeito com a curiosidade dela, sentou-a nos joelhos, explicando:

– Quem nos concede a bênção da colheita, é Ceres, a generosa deusa da agricultura.

Talvez prevendo novas interrogações da pequena, continuou:

– Ceres fez longas viagens entre os homens, ensinando-os a arar o solo e a preparar boas sementeiras... Possuía uma filha, de nome Prosérpina, carinhosa e bela como tu, mas Plutão, o rei dos infernos, roubou-a, cruel...

– Oh! por quê? – interferiu Blandina, interessada.

E o moço prosseguiu, pacientemente:

– Plutão era tão feio, tão feio, que não achou mulher que o amasse. Então, um dia, quando Prosérpina colhia flores nos campos sicilianos, o medonho Plutão assaltou-a e conduziu-a para a sua horrível morada.

– Pobrezinha! – lamentou a pequerrucha, penalizada – e a mãe dela não encontrou algum meio de salvá-la?

– Ceres sofreu muito até que lhe descobriu o paradeiro. Desceu aos infernos, a fim de recuperá-la, mas a filha era meiga e bondosa e, por isso, afeiçoara-se ao tirano que fora obrigada a receber por marido. Compadecendo-se do esposo, não mais quis voltar. Ceres, então muito aflita, recorreu a Júpiter, o senhor do Olimpo, mas tantas perturbações sobrevieram que o grande deus julgou melhor determinar que Prosérpina, cada ano, passasse seis meses em companhia da mãezinha, e os seis restantes junto do companheiro.

A menina suspirou, aliviada, e comentou:

– Júpiter, nosso pai do céu, foi sábio e bondoso...

Em seguida, os olhinhos vivos e escuros se lhe iluminaram. Abraçou Taciano, nervosamente, e indagou:

– Papai, se Plutão me roubasse, o senhor me procuraria?

– Sem dúvida – replicou Taciano, rindo-se –, mas não há perigo. O monstro jamais nos incomodará.

– Como sabe o senhor?

O paizinho enlaçou-a, informando:

– Temos nossa mãe Cíbele, Blandina. Nossa divina protetora jamais nos abandona.

A pequena, confiante, estampou satisfação e paz na fisionomia ingênua.

Enquanto o moço patrício passava a orientar o trabalho de alguns escravos, a criança correu, alhures, encontrando grande borboleta a mover-se dificilmente.

Blandina recolheu-a, com extremo cuidado, nas dobras do leve peplo de lã e apresentou-a ao genitor, reclamando:

– Paizinho, será que as borboletas não possuem um deus que as ajude?

– Como não, minha filha? Os gênios celestes cuidam de toda a Natureza.

– Mas onde estaria o socorro para uma pobre criatura como esta?

Taciano sorriu e, dando-lhe a mão, acentuou:

– Vamos comigo, vou mostrar-te.

Deram alguns passos e alcançaram límpida corrente.

Taciano, carinhoso, indicou-lhe o córrego cantante e esclareceu:

– As fontes, minha filha, são dádivas do Céu, em nosso favor. Deixa tua borboleta ao pé das águas, ela está sedenta.

A pequena obedeceu, feliz.

E ambos, pelo dia a dentro, passearam juntos e juntos brincaram, observando os lagartos que se arrastavam ao sol.

Para o filho de Quinto Varro, agora introspectivo, a presença da menina era talvez a única felicidade que desfrutava na Terra.

De retorno a casa, corados e bem-dispostos, foram recebidos com grande reboliço. Chegara um correio de Roma e Taciano, desconcertado, sabia que um acontecimento desses era sempre um sucesso desagradável para ele. A esposa fazia-se mais exigente e mais áspera.

Com efeito, logo que se viu no interior doméstico, Helena convidou-o a entendimento particular, apresentando-lhe longa mensagem paterna. Opílio insistia pela viagem da filha e das netas à metrópole. Vivia saudoso e, sobretudo, excessivamente preocupado com a situação de Galba, totalmente entregue, como sempre, às companhias indesejáveis. Não se resignava à idéia de que o rapaz prosseguisse solteiro. E, confidencialmente, rogava à Helena estudasse com o genro a possibilidade do consórcio entre tio e sobrinha. Lucila, a neta que ele vira nascer, atingira os quinze anos. Não seria conveniente aproximá-la do solteirão, tentando-se algum esforço regenerativo, apesar da diferença de idade?

A sociedade romana, dizia o velho, achava-se em decadência. Grandes fortunas estavam dissipadas pela imprevidência de famílias patrícias tradicionais.

Não seria justo, perguntava, preservar os próprios bens com um novo enlace no próprio ambiente doméstico?

Taciano leu a carta, mostrou no rosto o imenso desagrado que o possuía, e comentou, entediado:

– O velho Opílio, decerto, respira ouro. Não tem outra idéia na cabeça que não seja dinheiro, defesa do dinheiro e multiplicação do dinheiro. Creio viveria ele descuidadamente no inferno, desde que o reino da sombra fosse construído sobre moedas. Que disparate! Que felicidade poderá advir do casamento de uma jovem de quinze anos com um libertino da qualidade de Galba?

A senhora fez-se pálida e recomendou, transtornada:

– Não tolero qualquer referência desrespeitosa a meu pai. Ele tem sido sempre amável e generoso.

E, mirando o esposo, de cima para baixo, prosseguiu:

– Que poderíamos oferecer a Lucila, na província repleta de escravos e pobretões? Além disso, o matrimônio de nossa filha com meu irmão seria um feito de grande sabedoria. Meu pai sabe sempre o que faz.

O marido, no fundo, desejou prorromper em gritos de revolta.

Com que direito deliberavam, assim, quanto ao destino de sua primogênita? Era ela demasiado verde para qualquer escolha. Por que não confiar-lhe o juvenil coração aos braços do tempo, de modo a decidir-se com calma? Sabia, de experiência própria, que a felicidade nunca seria fruto de constrangimento.

Renunciava, contudo, a qualquer argumentação.

Entre ele e Vetúrio existia um mar de lodo e sangue. Nunca lhe desculparia o infortúnio paterno. A amizade que os ligava em outro tempo convertera-se em ódio silencioso. Entretanto, a esposa era filha dele e, no sangue das filhinhas, era obrigado a receber-lhe a marca familiar.

Poderia discutir, contender, guerrear, contudo, era agora individualmente pobre e não conseguiria vencer o gigante financeiro que o destino lhe impusera por padrasto.

E a lutar verbalmente com Helena, não seria preferível calar-se?

Diante da sombria mudez do esposo, ela continuou:

– Há mais de um ano não vejo meu pai. Agora, devo seguir. Outra alternativa não me resta. A embarcação estará em Massília provavelmente na semana próxima... Desta vez, suponho contar contigo. Meu pai espera por ti há muitos anos...

Como quem despertasse de um pesadelo, Taciano replicou, mal-humorado:

– Não posso... não posso...

– É isto! Sempre que necessito de teu concurso para alguma excursão importante, primas pela ausência. Temos um mundo vasto de alegrias e divertimentos, mas preferes o cheiro de cabras e cavalos...

– Helena, não é bem assim – considerou o marido, apoquentado –, o trabalho...

Ela, porém, interrompeu-lhe a palavra, entre irritada e áspera:

– Sempre o trabalho a eterna desculpa. Não te amofines. Seguirei com Anacleta e Teódulo, em companhia das meninas.

O dono da casa sentiu-se ferido, só em pensar na separação da filha menor, e observou, instintivamente:

– Precisarás de séquito assim tão grande?

– Não te queixes – falou a mulher, sarcástica –, cada qual recebe o que procura. Se pretendes solidão, não te agastes por falta de companhia.

O marido não respondeu.

A filha de Vetúrio começou a providenciar.

Costureiras, floristas, ourives e artífices trabalharam com grande azáfama.

Todavia, no meio do entusiasmo geral, Blandina choramingava incessantemente. Insistia em ficar. Não queria deixar o genitor. A dona da casa, entretanto, não alterava a opinião. As netas deveriam partir, ao encontro do avô.

Na véspera da viagem, tão lamurienta se mostrava a menina, que Taciano, altas horas da noite, levantou-se a fim de consolá-la, de vez que a esposa, atarefada com preparativos diversos, ainda não se recolhera. Dirigindo-se de um aposento a outro, ouviu rumores abafados em pequeno terraço próximo. Sem ser percebido, lobrigou Helena e Teódulo em colóquio afetuoso. A intimidade a que se entregavam não lhe propiciava ensejo à mínima dúvida, quanto à comunhão amorosa entre os dois.

O coração bateu-lhe descompassado.

Sempre descansara, acerca do procedimento da esposa, apesar do temperamento explosivo com que Helena se caracterizava.

Experimentou o impulso de estrangular Teódulo com mãos frias e implacáveis, no entanto, os gemidos de Blandina despertavam-lhe os sentimentos de pai. O escândalo não traria compensações. Ao invés de refazer-lhes o destino, agora plenamente atormentado, recairia, como flecha incendiária, sobre a família que o Céu lhe confiara.

Punir a esposa seria condenar as filhas.

Instintivamente, lembrou-se de Varro, e, pela primeira vez, refletiu amplamente nas tempestades que haviam desabado no caminho paterno.

Que forças sobre-humanas teriam conseguido sustentá-lo? Como pudera o genitor suportar o infortúnio doméstico, sem trair a superioridade moral que lhe conhecera?...

Rememorou as palavras que lhe ouvira "in extremis", detendo-se em analisar a elevada concepção paternal com respeito aos direitos da mulher... Desejaria possuir noções tão enobrecedoras, mas sentia-se distanciado de tamanha conquista do espírito. Para ele o perdão era covardia e a humildade expressava vileza.

Por outro lado, lembrou Cíntia, a mãe tristonha que lhe embalara o berço. Compelia a imaginação a recuar até à meninice e verificava que, ainda mesmo nos mais belos dias de consagração carinhosa do padrasto, nunca pudera observar a genitora totalmente feliz. A matrona querida vivera longos anos de alma velada por indefinível amargura.

Não estaria Helena adquirindo o mesmo patrimônio de dor?

Escutou algumas palavras afetuosas do amoroso par, que a aragem da noite lhe trazia aos ouvidos, todavia, tal qual procedera Quinto Varro, quando ainda não era ele Taciano senão um anjo tenro, retrocedeu e procurou a câmara da filha.

Blandina abraçou-o, reconfortada, como quem sentisse todos os perigos dissipados, ante a presença paterna, e, depois de beijá-lo, adormeceu, tranqüila.

O moço apertou-a, de encontro ao peito, e, intimamente angustiado, recolheu-se, mudo.

No leito, recordou o pai com mais insistência e orou suplicando o socorro dos deuses imortais de sua fé. Tentou sustentar-se em posição de vigilância, mas a prece, à maneira de suave anestésico, oferecera-lhe brando torpor e acabou envolvido em pesado sono.

Ao amanhecer do dia seguinte, foi ruidosamente acordado pela esposa, a fim de despedir-se.

A caravana partia cedo.

Helena e os companheiros pretendiam efetuar breve parada em Viena, de modo a rever amigos.

Taciano, amargurado e carrancudo, pronunciou alguns monossílabos, mas quando chegou a vez de Blandina, que se lhe arrojou, em pranto, aos braços ansiosos, o chefe da família pareceu emocionado e trêmulo.

– Não me deixe seguir, papai! quero ficar! tenho medo! leve-me para a vinha! – soluçava a menina, em desespero.

O genitor beijou-a com ternura e recomendou:

– Acalma-te! Atende aos desejos da mãezinha, o vovô espera-te, bondoso! A viagem te fará feliz, minha filha!

– Não pode ser assim – gritou a criança, com os olhos inchados de chorar –, quem rezará com o senhor pela manhã?

Fosse pela tortura moral que trazia da véspera ou pela angústia daquele adeus que lhe cortava o coração, o patrício sentiu que a emoção lhe sufocava o tórax opresso. Entregou Blandina aos braços de Anacleta que a aguardava, impaciente, e, num gesto brusco, demandou o interior, buscando a solidão para desfazer-se em lágrimas. Queria desligar-se da amargura que lhe avassalava o pensamento, contudo, quando os carros se afastaram entre as rumorosas saudações dos escravos, ele quase enlouqueceu ao ouvir a estridente voz da filha, reclamando:

– Papai!... papaizinho!...

Iniciada a excursão, Helena inquietou-se.

Blandina, apesar de todas as repreensões, recusou qualquer alimento. A beleza da paisagem do Ródano não a interessava.

A chegada, pois, a Viena, depois de várias preocupações, realizou-se sob pesada nuvem.

A pequena acusava febre alta e o coração parecia uma ave assustada na gaiola do peito.

De olhos inconscientes, revelava-se completamente alheia à realidade. Pronunciava o nome do pai através de gritos estranhos e dizia ver Plutão, num carro de fogo, procurando roubá-la.

Teódulo, aflito, chamou um médico, que considerou a menina em grave posição orgânica, desaconselhando a viagem.

Em razão disso, o genitor foi imediatamente instado a socorrê-la.

Taciano, atormentado, atendeu presto e o grupo de Helena, restituída a menina aos braços paternais, prosseguiu sem a pequerrucha, que, contente, tornou a casa.

Começou então para o patrício e a filha admirável período de refazimento.

Amavam-se tão profundamente, com esse carinho doce e perfeito de quem tudo procura dar sem nada receber, que realmente se bastavam um ao outro.

Totalmente entregues à Natureza, efetuavam encantadores passeios pelos vinhedos e bosques, pelas pastagens e charnecas.

Mas não se restringiam agora às caminhadas no campo. Taciano adquirira pequeno barco, no qual faziam longas incursões pelo Ródano.

De entendimento a entendimento, o genitor passou a conversar com a menina, com respeito à educação.

Precisavam contratar os serviços de um professor condigno. Não encontrava na fazenda nenhum escravo à altura de semelhante trabalho.

– Por que motivo o senhor mesmo não me ensina? – perguntou, certa feita, a criança, quando navegavam além dos muros da cidade, encantados com a magnificência do rio, então enriquecido pelas últimas cheias da primavera.

– De mim mesmo, não posso – esclareceu Taciano, bondoso –, não saberíamos nós dois garantir um programa disciplinar, como se faz imprescindível.

Blandina parou o olhar, no soberbo quadro em torno...

O crepúsculo descera vagaroso, mergulhando a terra em leve sombra, e as constelações no alto começavam a luzir...

Taciano remava sem dificuldades, subindo a corrente, desde o ponto de confluência do Saona, tornando ao centro da cidade, auxiliado pelas virações vespertinas.

Pareciam absortos, no grande silêncio, apenas cortado, de quando em quando, pelo vôo célere de passarinhos retardatários, quando ouviram aveludada voz de mulher gorjeando na ribeira do rio...

Estrelas – ninhos da vida,
Entre os espaços profundos,
Novos lares, novos mundos,
Velados por tênue véu...
Aladas rosas de Ceres,
Nascidas ao sol de Elêusis,
Sois a morada dos deuses,
Que vos engastam no céu!...

Dizei-nos que tudo é belo,
Dizei-nos que tudo é santo,
Inda mesmo quando há pranto
No sonho que nos conduz.
Proclamai à terra estranha,
Dominada de tristeza,
Que em tudo reina a beleza
Vestida de amor e luz.

Quando a noite for mais fria
Pela dor que nos procura,
Rompei a cadeia escura
Que nos prenda o coração,
Acendendo a madrugada
No campo de Novo Dia,
Onde a ventura irradia
Eterna ressurreição.

Dai consolo ao peregrino,
Que segue à mercê da sorte,
Sem teto, sem paz, sem norte,
Torturado, sofredor...
Templos do Azul Infinito,
Descerrai à Humanidade
A glória da Divindade
Na glória do vosso amor.

Estrelas – ninhos da vida,
Entre os espaços profundos,
Novos lares, novos mundos,
Velados por tênue véu...
Aladas rosas de Ceres,
Nascidas ao sol de Elêusis,
Sois a morada dos deuses,
Que vos engastam no céu!...

– Quem estará cantando assim? – perguntou Blandina, admirada.

Taciano, impressionado, remou quase que instintivamente na direção de acolhedora praia vizinha e, à frente da jovem que cantava, ele e a filha não puderam conter a simpatia que lhes nascera nos corações.

Amarrou o barco à margem e desceram.

A moça, surpreendida, veio ao encontro da pequena, exclamando:

– Bela menina, que os deuses te protejam!...

– E protejam também nossa bela desconhecida – murmurou Taciano, bem-humorado.

E, no propósito de dissipar-lhe a timidez, acrescentou:

– Por Serápis! nunca ouvi, antes, tão formoso hino às estrelas. Quem teceu tão lindo poema?

– Foi meu pai, senhor.

O excursionista sentiu algo estranho no coração. Aquela voz penetrava-lhe as fibras mais íntimas. Enterneceu-se-lhe inexplicavelmente a alma. Que faria aquela mulher assim só, na praia agora povoada de sombras?

Observando que ela e Blandina se entendiam num abraço carinhoso e natural, esqueceu a idéia de retornar ao batel e considerou, gentil:

– Francamente, ser-me-ia grato conhecer, de perto, o autor da delicada composição.

– É fácil – explicou a moça, alegre –, moramos aqui mesmo.

Oferecendo a mão à menina, tomou a dianteira.

O trio, depois de alguns passos, penetrou uma casa singela, em cuja peça mais importante, uma sala acanhada e desconfortável, um velho, à claridade de duas tochas, consertava precioso alaúde.

Diversos instrumentos musicais amontoavam-se no recinto, revelando a profissão do dono da casa.

Desajeitada, a jovem apresentou os recém-chegados, explicando:

– Papai, são dois viajantes do rio. Escutaram a canção às estrelas e interessaram-se pelo autor.

– Oh! quão generosos! – e o velho acrescentou, mostrando largo sorriso: – entrai! a casa é pequenina, mas é vossa.

Entendimento reconfortante foi entabulado.

O ancião, que se abeirava dos setenta anos, trazia nos olhos e nas palavras irradiante vigor juvenil.

Biografou-se, sem afetação.

Chamava-se Basílio e nascera em Roma, filho de escravos gregos. Embora endividado com o ex-senhor, Jubélio Carpo, que o alforriara, prosseguia na posição de liberto, agindo por conta própria.

Carpo, nobre romano, era quase da idade dele. Meninos ainda, haviam crescido juntos, e, por isso, casaram-se ambos quase ao mesmo tempo.

Cecília Prisciliana, a esposa do senhor, adoecera de peste, logo após o nascimento do segundo filho, e Júnia Glaura, sua mulher, escrava e amiga, devotara-se à matrona com tamanho desvelo que conseguira salvar-lhe a existência, mas à custa da própria vida. Adquirindo a perigosa moléstia, Júnia impusera-lhe a viuvez, deixando-lhe uma filhinha de nome Lívia, que sobreviveu pouco tempo.

Compadecidos da sorte dele, os patrões emanciparam-no, sob a condição de lhes pagar, em qualquer tempo, os pesados débitos que contraíra, para socorrer os familiares.

Todavia, não pudera prosseguir em Roma, onde tantas recordações dolorosas lhe martirizavam o espírito.

Desgostoso, retirara-se para a ilha de Cipro, onde passara muitos anos, mergulhado em estudos filosóficos, buscando fugir de si mesmo.

Ali recebera como presente dos deuses – acentuava sorridente – a sua nova filha, à qual deu o mesmo nome da primeira.

Lívia surgira-lhe no justo momento em que se via mais infortunado e mais só.

Desesperado com os obstáculos constantes que se lhe deparavam, sem nunca haver encontrado recursos para liquidar os compromissos econômicos que o prendiam à casa do amo, dispunha-se a aguardar a morte, quando o Céu lhe enviara a nova filhinha, por milagrosa via, refazendo-lhe as esperanças.

Desde então, investira-se de nova coragem para lutar.

Rearticulou as próprias energias para o trabalho e reassumiu as atividades rotineiras de um homem com problemas mensais a resolver.

Restaurando instrumentos musicais, na profissão de afinador, reconheceu que na ilha os rendimentos não responderiam aos novos encargos e, por isso, transferiu-se para Massília, onde encontrou serviço farto e adequados recursos para educar a menina.

Dissabores numerosos, porém, compeliram-no a mudar-se e escolhera Lião para seu novo campo de ação.

Surpreendera-se diante da grande quantidade de harpas, alaúdes e cítaras a reclamarem reajuste e, satisfeito com as novas perspectivas de melhoria econômica, achava-se na cidade, havia seis meses, reorganizando o próprio caminho.

Basílio falava com segurança e brandura, mas notava-se na voz dele algo de dolorido que não chegava a exteriorizar-se. Chagas invisíveis de sofrimento transpareciam-lhe da palavra vazada em risonha compreensão, mas tocada de leve amargura.

O patrício animado e alegre encorajou-o, fazendo-lhe sentir novos horizontes de trabalho.

Possuía muitos amigos e conseguir-lhe-ia rendosos serviços.

Para amenizar o ambiente que se anuviara demasiado com os temas inquietantes da vida comum, Lívia atendeu a um pedido paterno, executando alguns números de harpa que Taciano e Blandina ouviram, encantados.

A pequena, enlevada, aquietara-se meiga e silenciosa e o filho de Quinto Varro, como que transportado a diferentes regiões, divagava, através de múltiplas reminiscências, mal contendo o pranto de emotividade que lhe assomava aos olhos.

Rememorou todos os dias do pretérito, tentando lembrar onde e como vira em algum lugar e em algum tempo o ancião que o fitava, bondoso, e a jovem que cantava com a voz misturada de alegria e de dor, mas debalde... Guardava a impressão de conhecê-los e amá-los, mas a memória negava-se a identificá-los no tempo.

Lívia calara-se, mas o visitante prosseguiu absorto, pensando, pensando...

Foi Blandina quem lhe interrompeu as reflexões, inquirindo, carinhosa:

– Papai, o senhor não acha que Lívia poderia ser minha professora?

Um sorriso geral desabrochou na sala pobre.

A idéia foi jubilosamente aceita.

E naquela noite, quando o adeus se fez sentir, revestido de compreensão e ternura Taciano afastou-se, renovado. Esquecera as lutas e os problemas do próprio destino, qual se houvera sorvido milagroso néctar dos deuses.

O coração do patrício, antes taciturno e angustiado, parecia reviver.

II

Sonhos e aflições

De olhos postos no firmamento que se povoava de constelações, vamos encontrar Basílio, envolvido pelas brisas suaves do rio, falando para os ouvidos de Taciano, admirado:

– A vida para nós ainda representa impenetrável segredo celeste. Não passamos de animálculos que pensam. O poder é uma fantasia na mão do homem, assim como a beleza é um engodo no coração da mulher. Visitei o Egito, em companhia de dois sacerdotes de Amatunte, e ali encontramos variados remanescentes da sabedoria imortal. Estudei minuciosamente, nas pirâmides de Gizé, os problemas da vida e da morte, entrando em cogitações profundas sobre a transmigração das almas. O que aprendemos, em nossos cultos exteriores, é mera sombra da realidade. A truculência política dos últimos séculos prejudicou em toda a parte o serviço da revelação divina. Creio assim que nos abeiramos de tempos novos. O mundo tem fome de fé viva para ser feliz. Não admito estejamos limitados à existência física e o Olimpo há de ampliar-se para responder às nossas aspirações...

– Não acreditas, porventura – interferiu o interlocutor, preocupado –, que nos basta à felicidade coletiva a confiança pura e simples na proteção dos deuses, dentro do culto aos nossos antepassados?

– Sim, sim – considerou o ancião –, simplicidade é também uma das faces do enigma, entretanto, meu caro, no caso do nosso tempo de incomensuráveis desequilíbrios morais, avulta o problema do homem. Não somos bonecos nos tentáculos da fatalidade. Somos almas, usando a vestimenta de carne, em trânsito para uma vida maior. Pesquisei em todas as grandes estradas da fé, nos arquivos da Índia védica, do Egito, da Pérsia e da Grécia e, em todos os instrutores veneráveis, observei a mesma visão da glória eterna a que somos destinados. Tenho de mim para comigo que somos um templo vivo em construção, através de cujos altares se expressará no Infinito a grandeza divina. Nas experiências da Terra, porém, conseguimos edificar tão-somente os alicerces do santuário, prosseguindo, além da morte do corpo, na complementação da obra sublime. Nas lutas da existência animal, desenvolvemos as potencialidades do espírito, habilitando-nos à elevação aos pináculos da vida.

E, depois de uma pausa em que parecia refletir quanto aos conceitos que enunciara, ponderou:

– Por isso mesmo, o problema é muitíssimo mais vasto. É indispensável saibamos destacar a dignidade humana, imanente em todas as criaturas. Escravos e senhores são filhos do mesmo Pai.

O amigo que lhe registrava atentamente as palavras, objetou, de chofre:

– Igualdade? Isso, porém, viria contrariar a estrutura de nossa organização social. Como nivelar as classes, sem ferir as tradições?

O velho, contudo, sorriu calmo e acentuou:

– Meu filho, não me refiro à igualdade por violência, que viesse enfileirar na mesma categoria bons e maus, justos e injustos. Reporto-me ao imperativo de fraternidade e educação. Compreendo que a vida é semelhante à grande máquina, cujas peças vivas, que somos nós, devem funcionar harmoniosamente. Há quem nasça para determinada tarefa, a distância da nossa, como existe quem veja o caminho comum de maneira diferente dos nossos olhos. Atentos à certeza de que o nosso espírito pode viver na Terra vezes inumeráveis, modificamos o curso de nosso trabalho, de existência a existência, como o aprendiz de letras primárias evolve, pouco a pouco, para as mais altas expressões de cultura. Não vemos, pois, como nivelar as classes, o que seria impraticável. O esforço pessoal e o mérito resultante são fronteiras naturais entre as almas, aqui e além. A hierarquia existirá sempre como sustentáculo inevitável da ordem. Cada árvore produz, segundo a espécie a que se filia, e cada qual merece mais ou menos estima, segundo a qualidade dessa mesma produção. Substituamos, assim, as palavras "senhores" e "escravos" por "administradores" e "cooperadores" e talvez atinjamos o necessário equilíbrio em nosso entendimento.

Buscando suavizar o diálogo, o ancião fez pequeno intervalo e acrescentou, sorridente:

– Precisamos de mais humanidade para sermos realmente humanos. Não é justo o cativeiro da sensibilidade e da inteligência e, a fim de que o nosso mundo se adapte à perfeição que o espera, é imprescindível tenhamos bastante coragem de raciocinar em termos diversos daqueles que vão regendo a nossa jornada coletiva, de milênios para cá. As condições de luta e aprendizado na Terra alterar-se-ão totalmente quando compreendermos que somos irmãos uns dos outros.

Taciano, na essência, não esposava semelhantes pontos de vista. Nunca pudera ouvir a palavra “fraternidade”, sem revoltar-se. Contudo, menos impulsivo agora, rememorava as conversações que mantivera com o pai, em outro tempo.

Basílio era um autêntico sucessor de Quinto Varro.

Admitiu que o novo amigo estaria igualmente impregnado da mística dos nazarenos, mas detestava ainda o Cristianismo para fazer qualquer pergunta. Para ele, as Divindades Olímpicas deveriam ser obrigatoriamente objeto de exclusiva adoração. Anos antes, teria explodido em considerações rudes e contundentes, mas o sofrimento moral lhe havia alterado o modo de ser e, no fundo, não desejava desfazer tão bela amizade.

Por essa razão, procurou desviar o entendimento e, fixando-o no aspecto filosófico, inquiriu:

– Julgas então que já vivemos outras vidas? Que já respiramos juntos em outros climas?

O velho bem-humorado afirmou, convicto:

– Não tenho qualquer dúvida. E assevero, ainda mais, que ninguém se encontra sem objetivo. A simpatia ou a antipatia não se fazem num minuto. São obras do tempo. A confiança com que nos entendemos, os laços de afeição que nos aproximam, desde ontem, não constituem simples eventualidade. O acaso não existe. Certamente, forças superiores e intangíveis nos reúnem, de novo, para algum trabalho a realizar. Procedemos do passado, assim como o dia de hoje é a continuação do dia de ontem, na seqüência das horas. Na Terra, experimentamos e somos experimentados, em marcha constante para outras esferas e, de mundo em mundo, como de degrau a degrau, alcançaremos a gloriosa imortalidade.

As considerações transcendentes de certo iriam longe, mas Lívia e Blandina surgiram, de súbito, e os convidaram, prazenteiras, para um leve repasto de frutas e refrescos.

Os dois amigos aquiesceram, contentes.

Taciano, naquela segunda noite de palestra, mostrava-se mais alegre, mais expansivo.

Reportou-se ao contentamento da filhinha, na expectativa de afeiçoar-se mais intimamente à mestra e comentou os planos que ele mesmo delineara, feliz.

Basílio passaria a residir numa casa próxima da vila Vetúrio, onde o afinador encontraria amplos recursos para instalar-se condignamente com a filha.

Estariam todos, desse modo, em permanente comunhão.

E o entusiasmo, que é sempre o responsável pelos milagres da alegria, materializou o projeto, sem perda de tempo.

Numa semana, verificou-se a desejada alteração.

Pequeno sítio foi alugado para o filósofo, e a primeira manhã de passeio para Taciano, Lívia e Blandina despertou numa admirável festa de luz.

O bosque orvalhado era fartamente percorrido por brisas frescas, que perpassavam pelas flores, carreando-lhes o perfume para longe.

Aves delicadas atitavam e gorjeavam nas árvores esguias e ramalhosas que se mantinham verdes e lindas, como ofertas vivas da terra ao céu sem nuvens.

Enquanto a menina, corada de sol, perseguia, curiosa, um grupo de borboletas, Taciano parou à frente de um ninho cheio de filhotes implumes e, mostrando-o à companheira de excursão, exclamou emocionado:

– Quanta alegria nesta família feliz!

A moça contemplou o quadro, com grande enlevo, e concordou, contente:

– A Natureza é sempre um livro divino.

O patrício fitou-a, com indisfarçável ternura, deixando transparecer os sentimentos indefiníveis que lhe afloravam na alma e considerou:

– Lívia, há momentos em que, por mais se nos fixe a confiança nos deuses, mais se nos torna o coração um labirinto de perguntas sem resposta... Por que motivo um pássaro pode fazer a própria casa em harmonia consigo mesmo e um homem é constrangido a sofrer a influência dos outros, na realização dos menores desejos?!... por que razão corre em paz a corrente de um rio para fundir-se no mar largo, enquanto os dias da alma humana se escoam, atormentados, na direção da morte? Haverá mais clemência nas Divindades Imortais para os seres inferiores? Seremos, porventura, consciências caídas no integral esquecimento de si próprias, algemadas à Terra para serviços de purgação?

A jovem, que se conturbara ante a chama afetiva que lhe resplendia no olhar, pronunciou alguns monossílabos, evidenciando o propósito de modificar a conversação, mas Taciano, encorajado com o rubor espontâneo que assomara à face da interlocutora, prosseguiu, carinhosamente:

– Sempre admiti que as tradições familiares devem nortear os nossos sentimentos. Casei-me, por isso, em obediência a elas e, dentro delas, formei a pequena família que me segue os passos. Procurei na esposa que os deuses me trouxeram uma irmã para a viagem no mundo. Supunha que o amor, tal como o vemos, na existência comum, gerando tantos crimes e tantas complicações, não passasse de mero impulso plebeu das almas menos afeiçoadas à dignidade social. Sinceramente, não surpreendi em Helena a amiga que meu espírito aguardava. Tão logo se nos fez mais íntima a experiência em comum, percebi a distância moral em que nos situávamos. Contudo, nela encontrei amorosa mãe para minhas filhas e conformei-me.

O moço esboçou amargo sorriso e continuou:

– A vida não foi feita de encomenda para nós, de vez que somos subordinados dela, com o dever de aproveitar-lhe as lições. Cerrei, assim, as portas do ideal e passei a existir, como tantos outros existem, apagando em mim mesmo qualquer despertamento do coração. Agora, porém, que nos vimos, tenho noites maldormidas... Penso em alguma surpresa da sorte que me faculte a felicidade de aproximar-me de ti, com liberdade bastante para oferecer-te o que tenho... É pouco, bem sei. Mas é o coração inteiro que deseja restaurar-se para ver-te feliz. Tenho imaginado uma vida nossa, essencialmente nossa, a distância deste sítio, onde muitas recordações aflitivas me vergastam a alma... Levaríamos conosco Blandina e teu pai, afastando-nos de tudo o que possa alterar o ritmo de nossa ventura. Mas seria justo imaginar um plano tão arrojado sem ouvir-te?

O moço fitou-a com enternecimento, ansioso por verificar-lhe o estado dalma, notando-lhe a ternura nos olhos marejados de lágrimas que não chegavam a cair.

– Conhecemo-nos, há alguns dias – prosseguiu o moço romano, sensibilizado –, entretanto, guardo a impressão de que somos velhos amigos... Minha esposa e a primogênita, que se afinam imensamente uma com a outra, demorar-se-ão largo tempo em Roma... Não desejo acusá-las de ingratidão, mas tenho razões para supor que ambas não registrariam, por muito tempo, a ausência de Blandina e a minha própria ausência... Somos, em casa, duas pessoas colocadas à margem... Tenho refletido, pois, na possibilidade de uma renovação... Não julgas possível a nossa felicidade em outra parte? Abandonaríamos as Gálias e procuraríamos uma terra diferente, na Ásia ou na África...

Relanceando o olhar pelo arvoredo farto, continuou:

– Esta herdade, não obstante a beleza de que se reveste, é o túmulo das mais belas esperanças de minha mocidade... Um sopro de morte aqui me transformou o destino... Há momentos em que desejaria incendiar os bosques, destruir as plantações, derrubar o palácio e dispersar os servos para arrancar um novo mundo de minha própria solidão, todavia, quem, por mais poderoso, fará realmente o que deseja?

Contemplou a filha adotiva do filósofo, com intraduzível esperança a fluir-lhe do olhar, e tomando-lhe, de leve, a destra, rogou:

– Que me dizes de tantas e tão amargurosas confidências?

Lívia, que a ruborização do rosto fizera mais singular e mais linda, respondeu com tristeza e simplicidade:

– Taciano, meu pai costuma dizer que as almas capazes de tecerem a perfeita ventura conjugal habitualmente se encontram tarde demais. Quando não são surpreendidas pela morte que as separa em plena alegria, são detidas por insolúveis compromissos que lhes inibem a aproximação...

– Mas meu casamento não é obstáculo intransponível – atalhou o moço, algo perturbado –; Helena desvencilhar-se-ia de mim, como quem se livrasse de um fardo.

A moça, contudo, embora serena, acentuou com amargura:

– O grilhão não pesa, entretanto, somente numa das conchas da balança. Eu também sou casada...

O interlocutor sentiu que uma onda de frio lhe gelava o coração, mas permaneceu firme, à escuta.

– Quando meu pai se referiu aos dissabores que nos defrontaram em Massília, reportava-se ao meu inquietante problema pessoal.

A moça fez pequena pausa, dando a idéia de quem acordava a memória, e prosseguiu:

– Há quase dois anos, houve em Massília uma festa ostentosa, em homenagem ao patrício Aulo Sérgio Tuliano, de passagem pela cidade. Instado por amigos, meu pai permitiu que eu me incumbisse de vários números musicais na noite de maior regozijo público. Nessa ocasião, conheci Marcelo Volusiano, um moço que, de imediato, se interessou por minha companhia e que, em poucos meses, se fez meu esposo. Meu pai sempre alegou a necessidade de conhecer-lhe os antecedentes, antes de formular a sua aprovação ao matrimônio, todavia, sentindo-se idoso e enfermo, procurou satisfazer aos meus anseios de moça, porquanto eu não alimentava qualquer dúvida quanto à correção do rapaz que me despertara para as alegrias do amor. Ele asseverava proceder de nobre família, com recursos suficientes para garantir-se em variados negócios e aparentava tanta prosperidade financeira que não vacilei em aceitar como verdade pura as informações com que se nos fazia conhecer. Marcelo, porém, logo após o matrimônio, mostrou-se irresponsável e cruel. Desapareceram dele os modos aristocráticos do amigo de Aulo Sérgio. Além de tirano bem-posto, era um jogador impenitente do anfiteatro, mergulhado em atividades escusas. A princípio, meu pai e eu tudo fizemos por subtrair-lhe o vício que o subjugava e, para alcançar esse fim, não hesitei em trabalhar como harpista em festas pagas, acreditando cooperar com ele na solução de débitos numerosos, contudo, cedo reconheci que ele me usava os dotes artísticos para atrair relações importantes, junto das quais obtinha vultosas aventuras financeiras, cuja extensão nunca pude conhecer.

A moça suspirou, magoada pelas dolorosas reminiscências, e prosseguiu:

– Se o problema estivesse limitado aos desgostos de ordem material, provavelmente ainda nos achássemos em Massília, tentando o reajuste. Marcelo, entretanto, apesar de minha dedicação afetiva, em seis meses de convivência parecia entediado de meu carinho, e, apaixonando-se por Sublícia Marcina, inteligente poetisa e bailarina de renome, passou a viver em companhia dela, sem abandonar a nossa casa. Tantos espetáculos deprimentes presenciamos que meu pai deliberou a nossa transferência para cá, buscando a nossa renovação...

– E qual é a tua atitude, à frente do patife que assim procedeu? – atalhou Taciano, sob forte impulsividade.

– Como toda mulher – esclareceu Lívia, cuja profundez filosófica, aliada à frescura juvenil, tornava admirável naquela hora –, sofri muito, a princípio, mas, com o auxílio do Céu, o meu ciúme acabou em piedade. Julgo Marcelo demasiadamente infeliz para condená-lo. Não creio possa ele desfrutar a tranqüilidade de uma vida digna.

Taciano fitou-a com admiração e pesar e considerou, afetuoso:

– Por que razão pensas desse modo? Não é comum semelhante atitude numa jovem que ainda não alcançou os vinte anos!... Acaso, não serás tão mulher quanto as outras?

Lívia, porém, sorriu algo triste e observou:

– Não tive mãe que me quisesse. Devo a minha compreensão ao pai que me acolheu! Desde cedo, habituei-me a acompanhá-lo nas digressões filosóficas e a interpretar a vida, segundo as realidades que o mundo nos oferece. Na época em que quase todas as meninas estão perturbadas pela ilusão, fui conduzida à responsabilidade e ao trabalho. Em Massília, tudo nos custou caro ao esforço pessoal e, por isso, aprendi que não atingiremos a paz sem desculpar os erros alheios que, em outras circunstâncias, poderiam ser nossos...

– Não sentes, então, saudades do homem que amaste? Não lhe disputarias a posse?

– Por quê? – indagou a interlocutora, serena. – As saudades que eu possa experimentar não devem impedir o Céu de mostrar-me o melhor caminho. Bom seria se eu pudesse partilhar a felicidade com meu esposo, entretanto, se esse convívio me constrangesse a cometer um crime, em desacordo com a retidão de minha consciência, não será mais justo o benefício da ausência? Quanto a disputar atenções e carinhos de outrem, não creio seja o amor objeto de leilão. O afeto, a confiança e a ternura, a meu ver, devem ser tão espontâneos quanto as águas cristalinas de um manancial.

– Não acreditas, porém, na sobrevivência da felicidade noutros moldes? – E, baixando o tom de voz, que se fizera mais doce, o marido de Helena perguntou: – Não admites a nossa capacidade de construir novo ninho, em novo campo de compreensão e ventura?

Lívia, extremamente enrubescida, lançou-lhe inesquecível olhar e concordou:

– Sim, creio! Sinto em tua dedicação nobre e calma uma praia linda e segura, capaz de proteger o barco de meu destino contra todos os vendavais. Amo-te muito! Descobri esta verdade, logo que nos vimos pela primeira vez! Compreendo, agora, que Marcelo me trouxe os encantamentos da menina, ao passo que, em tua companhia, assinalo em mim os anseios da mulher... A nenhuma glória feminina poderia eu aspirar mais alta que a de compartir de teus sentimentos, entretanto, não mais nos pertencemos...

Anotando-lhe a última frase, marcada de desapontamento e amargura, o filho de Varro interrompeu-lhe a palavra, considerando, impulsivo:

– Se me queres e se eu te quero tanto, por que nos prendermos aos que nos desprezam? Renovaremos a própria sorte, seremos felizes, teu pai, entender-nos-á...

Lívia desatou o pranto de emotividade que lhe dominava o coração, e falou em voz entrecortada:

– Possuis, ligada ao teu nome, a esposa que te premiou com duas filhinhas...

– Minha esposa? – ponderou o interlocutor, inquieto – e se eu te dissesse que ela não encontrou em mim o homem que esperava? E se eu te afirmasse, com provas inequívocas, que ela se consagrou a outra espécie de amor?

A moça suspirou, aflita, e comentou:

– Não duvido de teus informes, contudo, o tempo e o espírito de sacrifício podem modificar a situação...

E, indicando a menina que brincava, distante, acrescentou com firmeza:

– Blandina é também um amor que confia em nós. Se adotássemos uma conduta igual à daqueles que nos ferem, talvez lhe envenenássemos irremediavelmente o coração. De que nos valeria arrebatá-la aos braços maternos? Estaria presa, em espírito, a estas árvores da sua primeira infância... A separação lhe faria ver uma heroína inolvidável na mãezinha que lançaríamos com o nosso gesto ao menosprezo, e a devoção que desejaríamos dela receber, pura e simples, provavelmente estaria transformada em desconfiança e dor... Se algum dia deve provar o fel da verdade, que o cálice de angústia lhe seja imposto por outras mãos...

Taciano fitou a pequena, de longe, e calou-se, de voz embargada pela comoção.

– Estaremos juntos! – esclareceu a moça, reanimando-o – o amor, acima de tudo, é entendimento, carinho, comunhão, confiança, manifestação da alma que pode perdurar sem qualquer compromisso de ordem material... Encontrar-nos-emos em Blandina, que será nosso ponto de referência afetiva. Os dias passarão sobre nós como vagas de beleza e esperança e... quem sabe o futuro? Talvez o tempo...

Antes, porém, que pudesse terminar a frase, a menina alcançou-os, com belo sorriso, a oferecer-lhes soberbo ramo de gerânios encarnados.

O genitor refugiou-se no silêncio e a pequenina dominou a conversação, contando graciosas aventuras.

Daí a instantes, o trio retomava o caminho de volta.

No átrio da modesta casa que passara a habitar, Basílio aguardava-os com visíveis sinais de impaciência.

Em reduzidas palavras deu conta da preocupação que o afligia.

Marcelo aparecera, inesperadamente.

Lívia empalideceu e tentou, com delicadeza, evitar um encontro entre os dois homens; todavia, Taciano, de semblante nublado, resolveu entrar e conhecê-lo, de perto.

O rapaz, que se abeirava dos trinta anos, era alto, de compleição elegante, mostrando formosa cabeleira a emoldurar-lhe os olhos móveis na fisionomia enigmática.

Abraçou a esposa, com alegria, como se nada houvesse acontecido de grave entre os dois, e saudou Taciano, efusivamente, chegando a desconcertá-lo. Parecia até satisfeito em observar a mulher, em companhia de um amigo novo, como quem se aliviava de um fardo na consciência.

Em minutos, relacionou o objetivo da viagem que o trazia.

Viera a Lião, acompanhando alguns cantores de renome que se destinavam a grandes exibições artísticas.

Entretanto – acrescentava ele, talvez para prevenir indiretamente a esposa –, não podia demorar-se.

Diversos companheiros aguardavam-lhe o regresso em Viena. Uma bela festa em casa de Tito Fúlvio, abastado patrício de suas relações, compelia-o a retorno imediato.

O pai de Blandina percebeu no recém-chegado um espírito inteiramente diverso da família a que se afeiçoara.

Marcelo era turbulento, exibicionista, palrador.

Dava a idéia de um menino inteligente a brincar de viver. Não apresentava, no verbo fácil, qualquer frase que denotasse madureza de raciocínio.

Trazia a mente apaixonada pelos assuntos do anfiteatro, do qual era freqüentador inveterado. Sabia o número de feras enclausuradas nas jaulas de Massília, quantos gladiadores podiam ali brilhar na arena e quantas bailarinas viviam na cidade, dignas do aplauso público, mas ignorava o nome de quem governava a próspera Gália Narbonense onde vivia, e desconhecia completamente as suas indústrias e tradições.

Taciano, que o escutava, a princípio, com disfarçado rancor, depressa lhe reconheceu a fatuidade e passou a examiná-lo com mais calma e menos severidade.

No fundo, porém, sentia-se aborrecido.

Aquele visitante inesperado era um trambolho no caminho. Se pudesse, exilá-lo-ia no fim do mundo.

A idéia de liquidá-lo em alguma emboscada bem-feita agitou-lhe o pensamento, contudo, não nascera com a vocação de assassino e, por isso, expulsou a tentação que se lhe insinuava na cabeça.

Não vacilaria, porém, na mobilização de todos os recursos para afastá-lo.

Enquanto Marcelo se detinha, loquaz, na descrição das próprias bravatas, o filho de Varro refletia sobre a melhor maneira de empenhar amigos no afastamento do intruso.

Absolutamente distanciado da conversação, imaginava como desterrar o marido de Lívia para algum ponto remoto.

Não lhe suportaria a presença.

Removê-lo-ia a qualquer preço.

Foi quando o próprio Marcelo lhe ofereceu o ensejo desejado, exprimindo o propósito de voltar a Roma.

Sentia-se asfixiado por dificuldades financeiras.

Só a grande metrópole lhe facultaria lucro fácil, à altura de sua expectativa.

Taciano surpreendeu a brecha que buscava.

Mostrou radiante expressão no rosto e esclareceu que podia apresentá-lo a Cláudio Lício, sobrinho do velho Eustásio que a morte já havia levado, e que, em Roma, se fizera acatado na organização e direção de jogos no circo. Crescera em Lião, de onde partira demandando aventuras coroadas de êxito, e fizera-se benquisto de muitos políticos que lhe não negariam cooperação e favor. Marcelo, decerto, encontraria excelente colocação para os seus dotes intelectuais, orientando artistas diversos.

Havia tanta segurança na palavra do novo amigo que o genro de Basílio, entusiasmado, lhe aceitou a proposta sem hesitar.

Expressiva mensagem foi escrita.

O filho de Quinto Varro pedia ao companheiro de mocidade ocupasse o recomendado em algum encargo rendoso e condigno.

Lida a carta, Marcelo prorrompeu em bombásticos agradecimentos e, sem qualquer consideração para com a mulher e para com o sogro, decidiu a viagem para Viena no mesmo dia. Prometeu tornar, em breve, a fim de combinar com os familiares, quanto ao futuro. Referiu-se às virtudes da companheira, como se devesse alimentar-lhe o carinho à custa de elogios e reafirmou ao velho mil protestos de amizade e admiração.

E à feição de um pássaro inquieto, feliz por ver-se livre, despediu-se, ruidosamente, descendo com outros amigos para a cidade próxima.

Começou, então, para a vila Vetúrio formoso período de harmonia e restauração.

Três noites por semana, o palácio era abrilhantado com música primorosa e conversação sadia. Enquanto Lívia e Blandina cantavam ao som de harpas e alaúdes, Taciano e Basílio comentavam Hermes e Pitágoras, Vergílio e Ulpiano, em preciosos torneios de inteligência.

Semanas e semanas de felicidade corriam, céleres, quando Teódulo regressou à herdade, trazendo notícias.

Helena dirigia ao esposo longa carta, comunicando-lhe a determinação de permanecer em Roma, por alguns meses, não só para satisfazer ao genitor doente, como também para solucionar o problema da filha. Galba, fatigado de prazeres, parecia disposto a desposar Lucila. Era simples questão de tempo.

Taciano não prestou maior atenção ao assunto e passou a dispensar ao preposto de Opílio glacial tratamento.

Teódulo percebeu-lhe a frieza e jurou vingar-se.

Astuto e malicioso, compreendeu que entre o marido de Helena e a filha de Basílio existiam os mais entranhados laços de afeto e imaginou-lhes as relações mais íntimas, segundo os pensamentos escuros de que se alimentava.

Absteve-se de qualquer visita pessoal ao filósofo, mas, ciente de que o velho e a jovem se ausentavam de casa, uma noite por semana, com destino ignorado, acompanhou-os, sutilmente, certa feita, vindo a saber que ambos eram cristãos, freqüentando, discretamente, o culto detestado. Guardou segredo e entrou em regime de grande reserva e não menor isolamento, apenas comunicando a Taciano que trazia ordens de Vetúrio para viajar entre Lião e Roma, enquanto Helena estivesse no domicílio paterno, tantas vezes quantas se fizessem necessárias.

A vida prosseguia sem surpresa e sem saltos.

O filho de Varro, novamente feliz, não suspeitava que a dor lhe sitiava o destino, com dureza implacável.

III

Almas em sombra

Não longe das Termas de Trajano, em pleno coração de Roma antiga, vamos encontrar soberba vila em festa.

A matrona Júlia Cêmbria recebe os amigos na intimidade.

O ar ambiente está embalsamado de capitoso aroma.

Exímias dançarinas, ao som de músicas envolventes, executam no centro de caprichoso jardim bailados estranhos e eróticos que os convivas, ao longo de tufos verdes e floridos, acompanham com lascívia e encantamento.

A anfitriã era viúva de famoso chefe militar que, morrendo nas campanhas de Maximino, lhe havia legado muito dinheiro, muitos escravos e a vila apalacetada, onde o esposo falecido tinha o prazer de cultivar plantas e flores do Oriente. O recinto, por isso mesmo, obedecia ao mais fino bom-gosto. Entre largos canteiros bem traçados, sob a forma de "luas crescentes", arbustos, fontes e bancos marmóreos teciam quadros de régia beleza.

A viúva sem filhos parecia interessada em desforrar-se da Natureza que, impiedosa, começava a encorrear-lhe o rosto, e lutava por conservar a mocidade em prazeres bem pagos, rodeando-se de moços gozadores da vida, talvez para consolidar nos outros a impressão de sua vitória permanente de mulher inconformada, à frente da velhice.

Entre frases cochichadas e gargalhadas alegres, acendidas pelo vinho abundante e claro que era servido nos entreatos dos variados números artísticos, deparamos uma jovem de lindo porte, que em companhia de algumas amigas participa do brilhante sarau.

É Lucila, que experimenta o anseio de liberdade, na floração dos seus primeiros sonhos juvenis, intoxicada pela sede de aventuras na comunhão com a sociedade romana do seu tempo. Sabe que a genitora lhe destina a mão de mulher ao tio viciado que lhe não inspira amor, reconhece-se incapaz de fugir às determinações do avô que lhe reclama o sacrifício feminino a fim de preservar a própria fortuna e, em razão disso, desajuizada e fútil, entrega-se ao desregramento, qual se pudesse fugir a si mesma.

Encontrara, na véspera, o insinuante Marcelo Volusiano, que, por se referir às Gálias, lhe acordou, de imediato, a atenção. Desde o instante em que fora apresentada a ele por velha amiga no anfiteatro, despreocupara-se inteiramente do que se passava na arena. Toda a sua atenção se concentrara nele. E tão grande afinidade se estabeleceu entre ambos que a moça não vacilou em favorecer-lhe o ingresso à festa de Júlia, mobilizando, para isso, as próprias relações.

Marcelo, plenamente distraído dos laços que o prendiam à família distante, rendia-se à tentação de novas aventuras.

A voz adocicada e os gestos voluptuosos de Lucila, a palavra sonora em que predominava o sotaque dos romanos habituados ao mundo gaulês, lhe haviam cativado o coração.

Encantado, conseguira acesso à vila de Cêmbria e, ao lado da neta de Vetúrio, num banco cercado de romãzeiras da Síria, falava-lhe aos ouvidos inebriados:

– Realmente viajei através das mais expressivas paisagens do Ródano, entretanto, estava longe de adivinhar que encontraria aqui a mais bela flor da juventude latina. Doce Lucila, como arrojar-me a teus pés e adorar-te? Com que palavras exprimir-te a emoção e o contentamento que me possuem?

Enquanto a moça, embriagada de júbilo, se lhe rendia aos carinhos, fitando-o, languidamente, o arrojado conquistador continuava com fascinante inflexão de ternura:

– Que importa nos aproximemos, mais intimamente, um do outro, se nos sentimos, desde ontem, envolvidos na mesma onda de confiança e carinho? A vida é apenas o minuto de felicidade que respiramos entre as sombras do passado e as sombras do futuro... Tudo é sempre o "agora" maravilhoso!... Minha diva celeste, não ensurdeças ao milagroso apelo do amor!

Ante os olhos súplices do rapaz, a jovem balbuciou, entre a alegria e a inquietação:

– Compreendo-te os anseios que são iguais aos que povoam minhalma... Trazes para mim alguma coisa que tenho esperado ansiosamente! No entanto, Marcelo, não será justo consultar o tempo?

– Ah! o velho Cronos! – suspirou o moço, contrariado – minha paixão jamais saberia ouvi-lo!... Não te reportarias a ele, se houvesses descoberto em mim o deslumbramento com que a tua presença me envolve...

– Não te expresses assim! Recebo-te na qualidade de herói do meu primeiro amor, contudo, peço-te!... Tenhamos calma! Não nos perturbemos! Recorramos à inspiração dos deuses para que nos orientem os destinos!...

– Os deuses? – falou o aventureiro, depois de sorver nova taça de vinho – os deuses são os benfeitores naturais de nossa ventura... Apolo, o renovador da Natureza, abençoar-nos-á os sonhos! Haverá maior alegria para o olhar de Vênus que a de contemplar uma ninfa como tu, a rivalizá-la em beleza? Ama-me, divina! Aplaca a minha sede de afeto! Tenho peregrinado muito tempo, à procura de teu olhar, que me fala das estrelas distantes... Não cerres a porta da ternura que te enriquece o coração ao viajor que chega, fatigado, de tão longe!...

Enlaçou-a com venenosa carícia e Lucila estremeceu com o beijo que lhe buscava a boca inquieta e risonha.

Na noite seguinte e nas noites subseqüentes, passaram aos entendimentos ocultos, num ângulo isolado dos jardins de Vetúrio.

Decorridos quatro meses, em que a jovem se mostrava profundamente modificada, Anacleta, por solicitação de Helena, pôs-se em campo, descobrindo os encontros noturnos e identificando o rapaz.

Tomou informações acerca de Marcelo, vindo a saber que era ele afortunado jogador do circo, particular protegido de Cláudio Lício.

Em nome da senhora, de cujo lar fora sempre a governanta fiel, tentou avistar-se com o amigo lionês, para esclarecimentos, entretanto, Cláudio achava-se ausente, acompanhando familiares em excursão pela Espanha.

Alarmada, Helena certa noite esperou a filha, em seus aposentos particulares, e, registrando-lhe a chegada, horas mortas, interpelou-a, severa, exprobrando-lhe o procedimento incompreensível.

Estava prometida ao brio de Galba, conhecia as responsabilidades que lhe competiam no círculo familiar, não ignorava o objetivo daquela permanência longa em Roma e como descera ao nível escuro da mulher desclassificada? Como se confiava daquele modo a um estranho, cuja procedência poderia ser a taverna ou o cárcere?

A genitora esperava que a moça, ferida no caráter feminil, se justificasse revoltada, ajustando-se à emenda precisa, mas, com espanto, notou que a filha cambaleava, rojando-se-lhe aos pés.

Anacleta, atraída pela conversação em voz alta, penetrou igualmente a câmara, no evidente intuito de auxiliar.

– Mãe! querida mãe! – soluçou a jovem, consternada – socorre-me! estou doente... não me abandones!... Marcelo e eu nos amamos, pertencemo-nos um ao outro... não me condenes a um casamento que não posso tolerar! Os deuses sabem que não posso...

Helena e a velha amiga trocaram significativo olhar, como a se recordarem da mocidade distante.

– Não podes? – gritou a genitora, indignada. – Não permitirei qualquer interferência de tua vontade caprichosa nos planos de meu pai. Mandarei um emissário a Campânia para que teu tio retorne a casa, imediatamente. Realizaremos as núpcias e explicarei a Taciano que o teu consórcio deveria ser efetuado, à pressa, aqui mesmo!...

A moça abraçou-lhe a cintura, num gesto comovente, e segredou, angustiada:

– Não me acuses, se errei!... Perdoa-me por amor aos nossos antepassados! Mas, não estou mais sozinha... Serei mãe dentro em breve...

– Infeliz! – bradou a filha de Vetúrio, qual se estivesse possuída por um demônio de inconsciência e desespero.

E quando alçava o braço para espancar a jovem, Anacleta, aflita e conciliadora, deteve-lhe o gesto, exclamando:

– Acalma-te, querida! Somos mulheres e devemos compreender...

Fixou-a, com austeridade e doçura, como a impor-lhe benevolência para com a menina, e continuou:

– Em quantos lares romanos estão surgindo problemas iguais a este? Seremos as únicas pessoas a sofrer a presente infelicidade? Não acredito possamos solucionar qualquer questão grave sem o concurso da paz.

Helena abandonou-se aos braços da governanta, clamando em lágrimas convulsivas:

– Que será de nós? Sinto-me envergonhada, vencida... Tanto sacrifício para conduzir uma filha, tanta luta para sustentar a maternidade!... Tanto esforço para comprar tão escuro resultado!... Vingar-me-ei sem compaixão!...

Antes, porém, que a palavra dela se fizesse mais áspera, Anacleta rogou, afetuosa:

– Helena, controla-te.

E, alterando o tom de voz, como a pedir-lhe rememorasse o próprio passado, aconselhou:

– Quem de nós não terá tido perigosos desvios na vida? Calemo-nos, por agora. Não provoques a presença de teu pai, encanecido e doente, neste quarto! Frases duras não corrigem faltas cometidas. Se desejas amparar tua filha, não fujas à paciência. Ninguém auxilia por intermédio da irritação. Se não podes ajudar hoje a nossa Lucila, procura o silêncio, conversa contigo mesma e aguardemos a passagem das horas. É possível que o amanhã nos visite com o socorro desejado...

A senhora, em pranto, aceitou o conselho e retirou-se, moralmente esmagada, enquanto a velha servidora acomodava a moça abatida, no leito, mantendo-se junto dela, com devoção e bondade.

Anacleta parecia adivinhar.

No dia seguinte, pela manhã, Teódulo chegava à metrópole, procedente de Lião.

Helena experimentou imenso alívio.

Encontrara o confidente capaz de prestar-lhe apoio decidido.

Sem perda de tempo, mantiveram ambos, a sós, demorado colóquio num compartimento isolado. Mas, depois de chorar, em excesso, colocando o amigo no conhecimento da verdadeira situação em casa, a matrona, assombrada, ouviu dele a descrição do que ocorria na província.

O agente de Vetúrio, animando quanto possível a sua versão pessoal dos fatos, informou-a de que não alimentava qualquer dúvida sobre a infidelidade conjugal de Taciano, asseverando que ele e Lívia se amavam, perdidamente. Pintou a vila dominada por essa nova mulher que lhe conquistara, não somente o coração do marido, mas igualmente o da filha, porque Blandina vivia no lar como se lhe fora pupila subserviente. Contou que o velho filósofo devia ser algum conspirador disfarçado, explorando os dotes da moça, porquanto ele, Teódulo, estava convicto de que o inteligente ancião recebia largas somas da bolsa de Taciano, a fim de silenciar e concordar com a deplorável situação, acentuando ainda que pai e filha não passavam de embusteiros da seita dos nazarenos.

A interlocutora anotou as informações com a expressão de uma leoa ferida.

Ergueu os braços para o alto, invocando a maldição dos deuses sobre todos os que lhe perturbavam a tranqüilidade doméstica, mas, reajustada, de algum modo, pelos carinhos que o amigo lhe dispensava, suplicou ao intendente de Opílio lhe orientasse as decisões.

– Primeiramente – considerou ele, sagaz –, faz-se necessária uma completa inspeção no sedutor de Lucila. Será casado? Possuirá bens apreciáveis? Estará em condições de concorrer com o nosso Galba, no páreo do matrimônio? Sentindo a delicadeza do assunto, proponho-me observá-lo. Começarei a tarefa, ainda hoje. Tenho amigos no anfiteatro. Achá-lo em pessoa não será tão difícil. E, encontrando-o, tentarei conquistar-lhe a confiança, porque, depois da confiança, o vinho fará o resto... Naturalmente, biografar-se-á, como se faz necessário. Veremos, então, a conveniência de lhe aceitarmos a aliança...

– Mas, e se ele for um desclassificado como creio? Se for um celerado na capa de um homem distinto?

– Nessa hipótese, que desejarias fosse feito? – indagou Teódulo, com largo sorriso nos lábios.

Helena revirou nas órbitas os belos olhos felinos e respondeu, franca:

– Minha desforra é a destruição. A morte é o remédio das situações irremediáveis. Não hesitarei. Tenho bastante veneno para limpar o caminho...

Ambos passaram ao exame de vários pormenores do sombrio plano que lhes nascera da conversação e, com sinistras perspectivas, o amigo incondicional da matrona visitou o anfiteatro, a pretexto de assistir aos exercícios da escola de gladiadores.

Não encontrou dificuldade para rever companheiros antigos, dentre os quais Sétimo Sabino, velho jogador, que, levado com jeito, afirmou conhecer Marcelo e prometeu apresentá-lo mais tarde, naquele mesmo dia.

O moço estaria num sarau, em casa de Aprígia, dançarina famígera, que sabia congregar muitos homens de uma só vez, em torno da própria beleza.

Com efeito, à noite, Sabino e Teódulo conversavam, no salão iluminado da residência da singular mulher que se instalara ao pé do Tibre, quando Volusiano entrou, de semblante carregado.

Parecia triste e inquieto.

Sétimo, interessado em servir ao companheiro, não perdeu tempo. Atraindo-o com sorriso acolhedor, ofereceu-lhe um lugar à mesa.

Teódulo e o recém-chegado entraram em animada palestra sobre gladiadores e arenas e, verificando-lhes a intimidade que se fizera espontânea, Sabino retirou-se, justamente quando as primeiras taças começaram a aparecer, frescas e abundantes.

A sós com o rapaz, o enviado de Helena, adivinhando-lhe a mágoa, depois de bebericarem por alguns minutos, aparentou maior avidez pelo vinho e exclamou:

– Que seria do mundo se os deuses não nos dessem o que beber? Modificar nossa alma num copo, eis o segredo da felicidade! Sorvamos o vinho para que o vinho nos absorva!

Marcelo achou graça no rifão e mostrou forçado sorriso, acentuando:

– É a pura realidade. Numa noite negra como esta, beber é fugir, alhear-se, esquecer...

Mergulhou os lábios na taça transbordante e, ao ver-lhe os olhos esfogueados, Teódulo aventurou uma sondagem sutil:

– Procuro também desaparecer de mim próprio... Nada existe de mais doloroso que um amor infeliz...

– Um amor infeliz?! – considerou o interlocutor apanhado de surpresa – não pode ser mais infortunado que o meu... Vejo-me em escuro labirinto, a debater-me só, plenamente sozinho...

– Se algo posso fazer, dispõe de mim.

E, disfarçando a ansiedade que o dominava, o intendente de Vetúrio indagou:

– Moras em Roma, há muito tempo?

Longe de sentir-se examinado, Volusiano, talvez no incontido desejo de associar alguém aos problemas que o torturavam, desabafou:

– Sou romano, contudo, estive distanciado da capital, muito tempo. Cruzei o Mediterrâneo em várias direções e cheguei da Gália Narbonense há meses. Vinha no propósito de imprimir novo rumo à existência, entretanto, os imortais não me permitiram a transformação a que aspirava...

Marcelo tragou mais um gole e prosseguiu:

– Uma beldade irresistível fascinou-me. Não tive forças e amei-a, freneticamente... Minha diva, porém, mora tão alto, tão alto, que, ainda agora, por mais a esperasse, não conseguiu descer para aquecer-me os braços frios...

– Trata-se, então, de uma Vênus assim tão rara?

– Sim – suspirou o moço, caminhando para a embriaguez –, é uma beleza que me afoga a consciência e me consome o coração.

– Daqui mesmo?

– Oh! quem poderá conhecer a origem exata de uma deusa? É uma pomba tímida. Fala pouco de si mesma, provavelmente com receio de que nos destruam a felicidade. Sei apenas que reside em Lião, encontrando-se agora em prolongado repouso, junto do avô.

– Ah! – considerou Teódulo, manhoso – justamente de Lião? Moro lá também, achando-me na cidade a serviço...

Volusiano mostrou algum sobressalto no olhar em que ainda fulguravam réstias de lucidez, e falou, restringindo a espontaneidade:

– Quanta coincidência! por lá me demorei algumas horas, antes do meu regresso a Roma.

E como poderia estar na presença de alguém com a possibilidade de conhecer-lhe os passos na retaguarda, experimentou o desejo de preparar a própria defesa para qualquer eventualidade e comentou:

– Imagina que a má sorte é uma asa negra sobre os meus dias. Era noivo em Massília de uma jovem que subiu pelo Ródano acima, instalando-se em Lião, com o velho pai. Quando a saudade me apertou o coração, dirigi-me ao encontro dela, mas, com assombro, fui descobri-la enleada em compromissos novos. Um velhaco de nome Taciano dominou-a completamente.

Teódulo, que ignorava a experiência conjugal de Lívia, tomou as mentiras de Marcelo por verdades e, com a volúpia de um caçador diante da presa, disse num tom de admiração:

– Taciano? Conheço-o muito. E pelo que dizes julgo identificar tua noiva gaulesa na formosa Lívia que presentemente lhe distrai os ócios.

Sorriu com o aspecto de um amigo carinhoso e ajuntou:

– Pequeno mundo é o nosso! Em qualquer parte, vivemos agarrados uns aos outros.

O interlocutor, espantado, quis recuar na conversação, mas temendo as conseqüências de uma fuga inoportuna, confirmou, desapontado:

– É ele mesmo. Conheces, então, a espécie de mulher a quem devotei minha máxima confiança?

– Superficialmente. Apenas observei o par, em excursões e entendimentos infindáveis, ao passar pela porta do velho afinador.

Reconhecendo-se à frente de valiosa oportunidade para indagações, Teódulo inquiriu, de chofre:

– E aquele estranho filósofo, quase teu sogro? Será grego, egípcio, romano?...

– Sei lá! – respondeu o rapaz, mantendo-se em guarda – sei apenas que é um antigo liberto da casa de Jubélio Carpo, com quem permanece ainda empenhado em larga dívida. Certo dia, enfadou-me com uma autobiografia desinteressante e soporífica, da qual somente conservei esse pormenor.

Notando que Marcelo começava a ensimesmar-se, o companheiro baixou a pressão do inquérito e acentuou:

– Jovem amigo, esqueçamos o passado! Bebamos ao presente!... Se nossas vidas cruzaram no dia de ontem, quem sabe poderei auxiliar-te, de algum modo, no dia de hoje?

O moço pareceu diminuir a desconfiança que passara a assediá-lo e suspirou:

– Quem me dera! Tive o infortúnio de apaixonar-me pela neta do ricaço Vetúrio...

– Opílio Vetúrio? – atalhou o interlocutor, fingindo-se perplexo.

– Sim, sim...

Aparentando entusiástica alegria, Teódulo acentuou:

– Conheço-o também. Referes-te, naturalmente, à encantadora Lucila.

Maravilhado com o imprevisto, Marcelo desabafou em longa confidência, explicando que se habituara a encontrar diariamente a jovem, num pequeno caramanchão do jardim, entretanto, desconhecendo o motivo, Lucila não descera aos colóquios do costume, naquela noite.

Achava-se, por isso, desalentado, aflito.

Teódulo dirigiu-lhe frases reconfortantes e aconselhou-o a insistir na noite seguinte.

Não era ele amigo do velho Vetúrio, desde a infância? E demonstrando desfrutar a intimidade de Helena, prontificou-se a orientar alguma combinação suscetível de beneficiá-lo.

Prometeu entender-se, no dia imediato, com a família da menina e recomendou a Marcelo aguardasse no jardim, no horário de sempre, onde estaria em pessoa para dar-lhe as boas-novas.

Volusiano não cabia em si de júbilo.

Comovido, apertou as mãos do protetor, com efusiva satisfação, e contemplou-o, enlevado, qual se estivesse diante de um semideus.

Ambos, contentes, se abeiraram de algumas mulheres alegres, admirando-lhes os bailados exóticos.

Em seguida, despediram-se com cristalinas gargalhadas de velhos amigos.

De manhãzinha, Teódulo procurou Helena para informações.

A senhora escutou-lhe o relatório verbal, entre curiosa e indignada.

Ao término da minuciosa elucidação, falou enraivecida:

– Com que então era noivo da mulher que me invade a casa!... Triste par de criminosos natos! Ela me furta o esposo, ele me perverte a filha. Ainda bem que estou viva e sã para impedir vítimas novas!...

Esboçou irônico sorriso na máscara fisionômica e perguntou ao companheiro:

– Que sugeres?

– Helena, ontem mesmo o assunto poderia ter sido liquidado. Atravessamos juntos a corrente do Tibre. Ele, desorientado pela embriaguez, poderia ter caído nas águas, dormindo para sempre. Ninguém daria por isso. É um biltre, que não ajuda a ninguém. Todas as informações colhidas no anfiteatro coincidem quanto a ele. É vagabundo, preguiçoso e ladrão no jogo fácil. Ninguém sabe por que teria merecido o interesse de Cláudio Lício. Sem nome, sem dinheiro, sem procedência, de que modo concorreria com o nosso Galba num casamento de tal monta? Não desejava, porém, assumir qualquer responsabilidade sem ouvir-te. Procurei encorajar-lhe a vinda hoje para qualquer decisão. Naturalmente, agirei, segundo a tua vontade.

A senhora pensou, pensou, e, após longa pausa, considerou, resoluta:

– Fizeste bem. Regozija-me a segurança de tua fidelidade. Nasceu-me agora no cérebro um plano eficaz, em cuja execução Taciano será chamado a contas, com a eliminação de nossos inimigos. Um velho sórdido quanto esse Basílio de que me dás notícia não devia reclamar-nos tanta consideração, mas, para avançarmos sem aborrecimentos, procuraremos a família de Carpo, de modo a conhecer-lhe a verdadeira situação. Antes de mais nada, porém, é indispensável atingir o objetivo mais próximo. Volusiano morrerá hoje mesmo, no caramanchão. Tenho os recursos adequados para a taça, com que poderás cumprimentá-lo à chegada.

– E a menina? – indagou Teódulo, impressionado com a audácia do projeto.

– Ora, ora – esclareceu a matrona, sem rebuços –, o carro não escolhe o passageiro. Lucila, por enquanto, não passa de uma boneca ingênua. Olvidará a loucura praticada e aceitará a realidade, abençoando-nos, mais tarde, a interferência. O casamento, acima de tudo, é um negócio. Não admito venha ela preferir um vagabundo a um cavalheiro da estirpe de meu irmão. Casei-me em obediência a meu pai. Agora, creio haver chegado o instante em que devo ser obedecida.

Teódulo silenciou.

Seria inútil argumentar com aquela vontade férrea.

Enquanto Anacleta auxiliava a jovem enferma, Helena e o amigo atravessaram o dia refletindo no acontecimento traçado para a noite.

Marcelo não faltou à palavra.

Na hora justa, elegante e bem-posto, alcançou o jardim, encontrando o suposto benfeitor da véspera a esperá-lo no isolado recinto verde, onde ele e Lucila costumavam sonhar.

Abraçou-o Teódulo, imperturbável.

– Trago o coração pulando no peito – disse o rapaz, tremendo de ansiedade –; acaso, os deuses me favorecem?

– Como não? – respondeu, cordial, o intendente de Opílio – os imortais nunca desprezam a juventude...

– E Lucila? – atalhou o recém-chegado, impaciente.

– Ela e a mãezinha virão ter conosco. O avô deseja que o assunto do casamento seja carinhosamente examinado. Ninguém se oporá, desde que os pombinhos se entendam e sejam felizes.

Marcelo esfregou as mãos, contente, e comentou, espontâneo:

– Oh! a glória enfim!... O amor vitorioso, uma herança polpuda!...

– Sim, realmente – afirmou o amigo, com indefinível inflexão de voz –, receberás a herança que, naturalmente, será justo esperares da vida.

O moço fitou as janelas iluminadas do casarão magnífico e, voltando-se para o interlocutor, exclamou, encantado:

– Oh! como passa o tempo devagar!... Teódulo, serás recompensado. Dar-te-ei bons cavalos e bolsa farta! Conta comigo. Sou o homem mais ditoso da Terra!...

Enlaçado por Marcelo, que transbordava alegria, o companheiro concordou, muito calmo:

– Sim, graças aos deuses, vejo-te no lugar que te compete.

Solicitou ao rapaz aguardasse alguns instantes e demandou o interior doméstico, alegando a necessidade de comunicar-se com as senhoras.

Decorridos alguns minutos, Teódulo reapareceu com uma salva de prata, em que duas taças de primorosa beleza ladeavam gracioso recipiente de vinho, exclamando para Volusiano:

– Celebremos nosso triunfo! Mãe e filha não tardam. Em poucos momentos, as tochas brilharão.

O líquido espumou, convidativo, e o rapaz aceitou a taça que Teódulo lhe oferecia.

– Por Dioniso! o protetor do vinho, da Natureza e da felicidade! – saudou o aventureiro de Massília, embriagado de esperança.

– Por Dioniso! – repetiu o companheiro sem pestanejar.

Marcelo sorveu a bebida até à última gota, contudo, quando tentou repor o copo no lugar primitivo, sentiu que um fogo indefinível lhe queimava a garganta. Quis gritar, mas não conseguiu. Por alguns instantes, guardou a impressão de que a sua cabeça rodopiava inexplicavelmente sobre os ombros. Não mais se agüentou nas pernas e caiu desamparado no florido piso de mármore, ferindo a nuca.

Teódulo inclinou-se, auxiliando-o a situar-se em decúbito dorsal.

Rouquenhos gemidos escapavam-lhe do peito.

Cravou no envenenador os olhos injetados, a fuzilarem de ódio e amargura, em meio das sombras, e, tentando expulsar a baba sanguinolenta que lhe escorria da boca, indagou em voz sumida:

– Por que me matas... covarde?...

– Esperavas a proteção dos deuses – replicou Teódulo, cínico –, e a morte é a herança que os imortais reservam aos homens de tua laia.

– Malditos!... malditos!...

Foram essas as suas derradeiras palavras, porque, a breve tempo, inteiriçaram-se-lhe os membros e cadaverizou-se-lhe o semblante numa triste carantonha.

O assassino afastou-se, ligeiro, ao encontro de alguém que o observava, por trás de frondosa tília.

Era Helena, que sorriu satisfeita à informação de que tudo fora consumado.

Acompanhou o amigo, até ao minúsculo pavilhão que as trepadeiras abafavam, e, à claridade mortiça de uma tocha, contemplou o cadáver ainda quente.

– Era um belo homem! – comentou, insensível – poderia ter sido amado e feliz se soubesse conservar o pé no degrau em que nasceu.

Permutou inolvidável olhar com o agente de suas decisões, qual se estivessem selando, sem palavras, mais um escuro compromisso moral, e afastou-se.

Quando a noite se fez mais avançada, o próprio Teódulo, com o traje característico dos escravos da casa de Vetúrio, abandonou o jardim conduzindo um fardo, em grande carrinho de mão, comumente utilizado em serviços de higiene.

Afastou-se, cauteloso, evitando o contacto com os transeuntes retardatários, e atravessou, aparentemente tranqüilo, vasta extensão da via pública, até alcançar a margem do rio.

As brisas que sopravam do Tibre balsamizaram-lhe o cérebro atormentado.

Aí descansou, preocupado e cismático.

A Lua minguada parecia uma lanterna que se imobilizara no céu, a fim de espreitar-lhe a consciência culpada...

Refletiu maduramente, fitando, acabrunhado, o pequeno acervo de carne fria a que Volusiano se reduzira...

Os mistérios da vida e da morte fustigaram-lhe o espírito. Terminaria a existência no túmulo? Horas antes, vira Marcelo deslumbrado pela alegria de viver. Aquelas mãos, porém, que ele observara nervosas e quentes, estavam agora geladas e inertes. A boca palradora quedara-se hirta. Algumas gotas de veneno conseguiriam eliminar um homem para sempre?

Dolorosa inquietação aflorou-lhe nalma.

Haveria justiça no aniquilamento do próximo, sem maior investigação?

Estariam Helena e ele em condições de reprovar alguém?

Buscava o remorso corroer-lhe o pensamento, contudo, opôs-lhe resistência.

Procurando fugir de si mesmo, caminhou para o Tibre, centralizou a atenção no corpo das águas móveis e durante largos minutos esperou uma oportunidade para desfazer-se da carga.

Quando imensa mole de nuvens cobriu a Lua empobrecida, adensando as sombras em torno, ergueu-se, lesto, e, descobrindo o cadáver, arrojou-o à corrente líquida.

Em seguida, mais aliviado, tomou o caminho de volta à casa.

No dia imediato, a vítima foi encontrada. Todavia, no anfiteatro, em cujos bastidores deixara numerosos amigos, quem não se recordava de que Marcelo vivia dominado, entre o vinho e a aventura? A morte dele, por isso, foi interpretada por acidente sem maior importância, mesmo porque os despojos foram recolhidos a reduzida distância da casa de Aprígia, de cuja mocidade e atrativos se fizera fervoroso admirador.

A notícia espalhou-se, rápida, não tardando a penetrar o domicílio de Vetúrio, onde a jovem Lucila foi tomada de intraduzível angústia.

Helena, que contava com os efeitos do acontecimento, isolou-a num quarto particular, onde a moça, aflita e desarvorada, se rendeu a deplorável depressão orgânica.

Por três dias, amparada pela genitora e por Anacleta, demorou-se em absoluta inconsciência, abeirando-se da morte.

Pouco a pouco, no entanto, emergiu da prostração.

O vigor juvenil superara o abatimento íntimo.

Embora triste e desencantada, Lucila tornou a alimentar-se, recuperando as cores de saúde que lhe aformoseavam o rosto.

E, percebendo-lhe as melhoras positivas, a filha de Vetúrio pôs-se de novo em campo, na execução gradual do plano que lhe obscurecia a desalmada cabeça.

Pretextando a necessidade de atender a diversas solicitações de amigos gauleses, comunicou a Opílio a deliberação de realizar algumas visitas, pedindo-lhe informações sobre a família de Jubélio Carpo.

O velho mostrou-se desiludido.

Esclareceu tratar-se de antigo proprietário rural, cuja casa se erguia, sólida, havia muitos anos, na Via Pinciana.

Conhecera Jubélio na juventude, mas perdera-o de vista. Ignorava-lhe a sorte e acreditava que a filha devia desistir de semelhante procura.

Helena, porém, era demasiado decidida para desanimar. E tomando o carro, em companhia de Teódulo, buscou a residência, segundo a indicação.

Acolhidos atenciosamente, os visitantes foram conduzidos por um rapaz imberbe a enorme salão, onde o chefe da família lhes ofereceu agradável recepção.

O administrador de Vetúrio, com a palavra, expôs a finalidade que os levava até ali. Reportou-se à magnanimidade de Jubélio, que se transformara em benfeitor de um amigo, entremeando a apresentação com perguntas respeitosas.

O anfitrião, que exibia o rosto rubicundo de um homem amadurecido no uso e no abuso do vinho, ouviu, amavelmente, e explicou:

– Devo dizer-lhes, antes de tudo, que meus pais faleceram, faz mais de dez anos. Sou Saturnino, o primogênito, e atual responsável pelos negócios da família.

Diante de uma ligeira observação de Teódulo, exalçando a bondade dos genitores, falou, sarcástico:

– Meus pais realmente foram campeões da alforria indébita. Se fossem chamados a governar, teriam empobrecido o Império Romano. Aliás, várias vezes foram acusados de nazarenos, porque a benevolência neles era qualquer coisa semelhante à loucura.

Os recém-chegados compreenderam, de pronto, com que espécie de comerciante iriam entrar em contacto.

O empregado de Opílio aventurou uma pergunta sobre o velho afinador de Lião, ao que Saturnino ajuntou, apressado:

– Dos assentamentos em nosso poder, sei que Basílio, escravo de nossa casa, foi afastado das obrigações habituais, sob compromisso, como alguns outros servidores cujo paradeiro desconhecemos.

Estampou enigmático sorriso e acrescentou:

– Nossos interesses têm sido vilmente explorados. Há mais de dez anos venho procurando corrigir grandes erros e sustar clamorosas usurpações.

Imprimindo imensa doçura na voz, Helena ponderou, muito calma:

– Reconheço que não teremos qualquer dificuldade para um bom entendimento. Acontece que Basílio, hoje velhinho, é nosso valioso cooperador na Gália Lugdunense. Tamanhos serviços devemos a ele e tanto se aflige o nosso admirável colaborador com os débitos do passado, que prometemos providenciar a transferência da dívida para nós outros.

Os olhos de Saturnino iluminaram-se, de súbito.

Com inequívocos sinais de ambição e alegria, respondeu, entusiasmado:

– Por Júpiter! ainda existe honestidade na Terra! É a primeira vez que encontro um devedor preocupado em auxiliar-nos. Não oporemos qualquer embargo à transação. Basílio será definitivamente liberado.

Rogou licença para afastar-se alguns instantes e, logo após, trouxe consigo a documentação existente.

Os visitantes não regatearam.

Saturnino ajuntou à importância legal significativa quantia de juros, e Teódulo, a um sinal da companheira, pagou todo o montante, sem pestanejar.

Na posse de elementos comprobatórios do resgate, os dois se retiraram e, em caminho, Helena dirigiu-se ao companheiro, explicando:

– Agora, temos o velho patife em nossas mãos. Ele e a filha não nos escaparão. Meu plano está progredindo regularmente. Avancemos para os novos fatos. Combinarei com meu pai o teu regresso imediato à colônia. Serás o emissário de uma carta minha a Taciano, implorando-lhe a vinda urgente a Roma, em companhia de Blandina. Tomarei por pretexto a enfermidade de Lucila, que pintarás para a imaginação dele como estando em processo de morte gradativa. Estou convencida de que meu esposo atenderá. Calcularemos o tempo preciso para voltarmos a Lião, antes que ele possa cruzar as águas. Aportando aqui, não mais nos encontrará, de vez que instruirei meu pai a fim de justificar o nosso retorno precipitado, a conselho médico, numa tentativa suprema de salvar a doente. Achar-nos-emos, assim, em Lião, suficientemente desembaraçados para o trabalho punitivo. Conseguirei algumas cartas importantes para incentivar a perseguição aos nazarenos e poderemos apresentar o afinador como escravo fugido e revolucionário perigoso. Agitaremos as autoridades governamentais. Com a documentação que possuímos, o filósofo e a filha estão naturalmente liquidados.

Meditou, cabisbaixa, por alguns momentos, e concluiu:

– Assim, quando Taciano e Blandina estiverem de regresso a casa, serão surpreendidos pelo serviço já terminado.

O amigo, espantado, concordou, presto:

– Efetivamente, o projeto está perfeito.

Helena silenciara.

Teódulo deitou-lhe os olhos assombrados, sem saber se fora invadido pela admiração ou pelo medo.

A breves minutos, o carro estacou ante os jardins de Vetúrio.

Anoitecia...

O crepúsculo tisnava-se de espessa neblina, semelhante ao nevoeiro moral que envolvia aquelas almas em sombra.

IV

SACRIFÍCIO

Em Lião, mantinha-se a paz inalterável.

A ausência de Helena perdurava, por mais de doze meses, todavia, Taciano, com surpresa para ele próprio, sentia-se bem-disposto, feliz.

Acontecimentos expressivos haviam modificado a face do Império.

Décio morrera e o cetro imperial fora empunhado por Galo, que passou a governar o mundo romano com deploráveis espetáculos de inconsciência e devassidão. Orientadores e magistrados, guerreiros e políticos pareciam dominados pela decadência moral, a estender-se, arrasadora.

Terrível epidemia começara a lavrar em todas as províncias.

A peste surgira numa festa em Neocesaréia e por toda a parte clamava-se que a doença maligna era fruto da feitiçaria cristã.

Sacerdotes das divindades olímpicas, valendo-se do ensejo, procuravam firmar a superstição, espalhando a notícia de que os deuses flagelavam o povo, combatendo a mistificação nazarena, a alastrar-se, invariável.

Em razão disso, as preces coletivas eram alimentadas nos santuários, dia e noite. Templos numerosos descerravam-se à caridade, acolhendo os enfermos e os agonizantes.

Sacerdotes de Júpiter, de Cíbele e de Apolo reuniam-se em orações, implorando a assistência e o socorro de Esculápio, em cujos altares os galos e as serpentes se multiplicavam para os sacrifícios votivos.

Contudo, ao lado da unificação dos cultos e dos crentes, em torno do deus da Medicina, o ódio ao Cristianismo recrudescera.

Edifícios piedosos voltavam a sofrer lapidações e incêndios. Os seguidores de Jesus, com mais rigor, eram apedrejados, presos, banidos ou exterminados sem compaixão.

Taciano, que jamais se modificara espiritualmente, embora emudecesse quanto ao Evangelho, em homenagem à memória do pai, no íntimo considerava justo o novo movimento de repressão.

Ignorando deliberadamente o que ocorria fora dos muros domésticos, apesar de o filósofo e a filha ocultarem o coração sangrando de dor, dividia a alma entre a filhinha e os dois amigos, considerando-se o mais feliz dos mortais.

Sentindo-se reviver, parecia buscar no amor, plenamente vivido em espírito, abençoada fonte de energia e revigoramento.

Refletia sobre a conveniência de a esposa demorar-se, indefinidamente, em Roma, para a garantia da felicidade de ambos, quando Teódulo chegou da cidade imperial, com visíveis demonstrações de ansiedade, trazendo-lhe a carta em que a companheira lhe suplicava a presença imediata.

Helena parecia vazar todo o coração na longa missiva.

Notificava-lhe que, não obstante desejosa de voltar a casa, lutava com a ingrata moléstia da primogênita que os médicos acreditavam na vizinhança do túmulo. Lucila piorava, dia a dia. Implorava-lhe, por isso, lhe fosse ao encontro, levando Blandina. Descrevia, comovedoramente, os lances críticos de sua preocupação maternal. Desvelava-se, sozinha. Galba, o tio e noivo, permanecia na Campânia, atendendo a interesses particulares, e Anacleta padecia inevitável esgotamento. O próprio Vetúrio, exausto e abatido, rogava-lhe esquecer quaisquer dissabores do pretérito, de vez que o aguardava, não como sogro e sim como pai, de braços abertos.

Taciano sentia-se excessivamente distanciado de Helena e Vetúrio para chorar por eles, entretanto, a perspectiva de perder a filha enferma doía-lhe ao coração.

Lágrimas visitaram-lhe os olhos, enquanto meditava naquela primeira flor dos seus ideais de paternidade.

Que fizera ele, genitor responsável pela jovem prestes a morrer? Lucila crescera, absorvida pelos caprichos maternos. Efetivamente, nunca se dispusera ele a devotar-lhe maior atenção.

Não seria razoável compensá-la, agora, com algum carinho?

Todavia, repugnava-lhe a expectativa de qualquer reencontro com o sogro e a volta de Helena não lhe infundia o mínimo prazer.

Debalde, Teódulo lhe aguardou a palavra.

Depois de prolongada espera, observou, desapontado:

– Trago notícias pouco lisonjeiras da jovem Lucila e...

– Já sei – interrompeu Taciano, secamente.

O agente de Opílio rodou sobre os calcanhares e afastou-se, enquanto o interlocutor demandava o seu gabinete particular, aí meditando largos minutos, sem encontrar uma solução para o enigma que o atormentava.

Ao crepúsculo, em companhia da filhinha, buscou a casa do afinador para mais detido exame do assunto.

A carta foi lida carinhosamente.

Lívia empalideceu, mas procurou dominar-se contra qualquer emotividade menos construtiva.

A mensagem de Roma conturbara-lhe a alma.

Aquelas palavras da senhora distante lhe impunham a dolorosa convicção de que a afetividade de Taciano não lhe poderia pertencer. Inopinada amargura, qual se fora avisada de infortúnio próximo, lhe tomou o mundo íntimo. Quis chorar convulsivamente, contudo, a serenidade paterna e a segura polidez do homem amado lhe impunham equilíbrio.

Taciano comentava, por alto, as dificuldades que experimentava para reaproximar-se do sogro...

Além disso, desde a mocidade não revia a metrópole e gostaria de lá não voltar.

Não seria mais aconselhável desatender ao chamado?

Que adiantaria a presença dele, junto da filha enferma, se Opílio, fartamente endinheirado, poderia rodeá-la de médicos, enfermeiros e servidores?

Blandina escutava a exposição, sob evidente contrariedade, agarrada ao colo da preceptora entristecida.

O ancião, porém, assinalava-lhe a palavra, com paternal ternura.

Percebendo-lhe a incerteza e instado a pronunciar-se, aconselhou, calmo:

– Mas filho, existem obrigações centrais, no campo dos deveres comuns de nossa vida. Aquelas que se referem à paternidade são de aspecto essencial e inadiável. Não hesites. Se o velho sogro te ofendeu os brios de homem, desculpa e esquece. Aos mais moços cabe entender os mais velhos e ampará-los. Desejo ardentemente que o Céu nos favoreça com a cura de tua filhinha, mas se a morte a recolhe, sem o apoio de teu carinho pessoal e direto, não te julgues livre da sombra do remorso que te acompanhará por verdugo sutil.

O patrício não respondeu, mergulhado nas reflexões que lhe possuíam a alma indecisa.

Lívia, contudo, tentou fortalecer-lhe a desistência da viagem, opinando:

– Mas, papai, imaginemos que Taciano está inspirado por forças de ordem superior, suponhamos que, efetivamente, não deva ir... Não será mais justo confiá-lo à própria intuição? Se ele fosse surpreendido por algum desastre em viagem? Se adquirisse a peste sem necessidade?

O velho abanou a cabeça e ponderou:

– Filha, em matéria de bem-fazer, penso que nos compete seguir até ao fim. Ainda que o mal nos estraçalhe, ainda que a ignorância nos atraiçoe, admito que o dever nos reclama o esforço pessoal nas mínimas fases de nossa vida. Taciano tem uma filha doente que a própria mãezinha nos afirma avizinhar-se da morte. Ambas lhe suplicam assistência. Que direito lhe assiste para esquivar-se?

Dentro da experiência que os anos lhe haviam conferido ao coração, Basílio aduziu, depois de breve pausa:

– Se fosses tu a esposa atormentada pela aflição, desculpar-lhe-ias a ausência?

A moça desistiu de argumentar, mas Blandina, imprimindo bom humor à cena íntima, interferiu, perguntando:

– Papai, por que não levar vovô Basílio e Lívia conosco? Não poderíamos viajar os quatro, juntos?

O ancião afagou-lhe os cabelos aveludados e escuros e observou, alegre:

– Não, Blandina! Uma viagem longa não pode ser acontecimento para todos. Ficaremos à espera. Quando voltares, teremos novas músicas. É possível regresses trazendo uma harpa nova. Naturalmente, a mãezinha verá o teu progresso artístico e compensar-te-á o esforço com moderno instrumento... Quem sabe?

A menina sorriu, orgulhosa.

Doces melodias rendilharam os sonhos daquelas quatro almas afins, que jamais se separariam, obedecendo à vontade própria.

Taciano pediu a Lívia que cantasse o hino às estrelas que lhes havia ensejado o primeiro encontro e a moça atendeu-lhe ao desejo, repetindo a canção, com emotividade e beleza.

Pairava no ar uma sensação de encantamento, a misturar-se, porém, de infinita amargura...

Com exceção de Blandina, cujo riso fácil lhe denunciava a despreocupação infantil, os demais pareciam interessados em afivelar ao rosto a máscara de uma tranqüilidade em absoluto desacordo com os aflitivos presságios que lhes invadiam os corações.

O genro de Vetúrio nunca se mostrara tão sensível ao despedir-se.

Prometeu a Lívia o retorno, rápido.

Não se demoraria.

Já que a jornada se impunha, inadiável, partiria, no dia seguinte, com o propósito de satisfazer apenas às obrigações estritamente necessárias.

Que ela não temesse. Pretendia estudar com a esposa uma separação honrosa. Ainda que não pudessem desfrutar, Lívia e ele, da ventura nupcial, desejava consagrar-se ao bem-estar dela e de Basílio, a quem estimava como pai.

Um sítio aprazível nas vizinhanças era o ideal do momento.

Estava convencido de que Helena, tão logo se realizasse o consórcio de Lucila, caso a doente conseguisse recuperar-se, preferiria o mundo romano, em companhia de Teódulo, de vez que ele, Taciano achava-se decidido a modificar a própria situação em família.

Restituiria, então, a propriedade ao sogro e transferir-se-ia com Blandina para algum recanto em que pudessem viver todos juntos.

Sentia-se moço, robusto.

Podia trabalhar com mais intensidade.

Nunca perdera a brilhante forma física, em razão dos exercícios a que se devotava com escravos de sua casa, alguns deles excelentes gladiadores.

Por que recear o futuro, quando tudo lhe favorecia os desejos?

Enquanto Lívia lhe assinalava os planos, desalentada, Blandina seguia a conversação, de olhos fulgurantes, acreditando que nenhuma força conseguiria contrariar as afirmações paternas.

Abraços e votos afetuosos foram trocados.

Contudo, quando Lívia notou que o vulto de Taciano, enlaçado à filhinha, se perdia nas sombras do arvoredo próximo, deixou que lágrimas quentes e abundantes lhe inundassem os olhos... Incoercível angústia lhe asfixiava o coração, como se estivesse condenada a distanciar-se deles para sempre, de modo a não vê-los, nunca mais...

Dias passaram, entre saudades e esperanças, na florida casinha de Lião, quando, com imensa surpresa para a Vila Vetúrio, Helena chegou, em companhia da filha e do irmão, fazendo-se ainda acompanhar por Anacleta e por reduzido séqüito de servidores.

Lucila estava em plena convalescença. Galba, o noivo amadurecido, rodeava-a de atenções.

No lar de Basílio, o inesperado acontecimento foi acolhido com grande estranheza.

A senhora atingira a cidade, na comitiva de Otávio Egnácio Valeriano e de sua esposa Clímene Augusta, que se demorariam nas Gálias, em missão oficial.

Valeriano era um soldado valente e astucioso, que se havia distinguido na Mésia, onde perdera quatro dedos, em combate com os godos. Vinha, na condição de legado especial, com o fim de inspecionar a cidade e libertá-la de elementos subversivos.

O governo de Treboniano Galo espalhara enviados dessa natureza em muitas direções.

As localidades mais importantes das Gálias suportavam-lhes a presença.

Chegavam, cercados pela bajulice dos maiorais que lhes prodigalizavam dádivas particulares em troca de favores políticos, começando por festas espetaculares e acabando por deploráveis extorsões. Empreendiam longos inquéritos, a pretexto de joeirar o Império contra infiltrações revolucionárias, conservando, porém, o objetivo oculto de perseguir cristãos e despojá-los de suas pequenas ou grandes economias.

Os filhos do Evangelho eram, então, duramente provados na fé. Muitos que ainda se afeiçoavam aos próprios haveres abandonavam a Boa Nova, pagando elevadas quotas à salvação e transferindo-se de moradia, mas os menos favorecidos da sorte ou os que se reafirmavam na confiança em Jesus rendiam-se à morte ou ao cárcere, com a desistência de toda a propriedade particular.

Um embaixador dessa espécie, portanto, passava a ser admiravelmente quinhoado por largos recursos, locupletando-se com o dinheiro que recebia para acusar ou exilar, para condenar ou silenciar, fazendo-se, destarte, o centro natural do ódio e da intriga, da perversidade e da delação.

Galo elegera esse meio para ajudar, inescrupulosamente, os companheiros de campanha militar, considerando que em Roma os cofres exaustos não ofereciam quaisquer perspectivas de presa fácil.

A sociedade lugdunense percebia isso e, receando complicações com o imperador, acorria em massa, a fim de louvar-lhe o representante.

Vários dias de festa solenizaram-lhe a chegada, e Helena, que soubera atrair a intimidade de Clímene, durante a viagem, foi a primeira dama da cidade que ofereceu rico banquete ao ilustre casal.

Os salões da aristocrática residência abriram-se, luminosos, como no passado, assinalando imenso êxito.

Basílio, preocupado, não sabia como explicar a si mesmo as ocorrências em curso.

Por que motivo a esposa de Taciano escrevera uma carta que parecia desmentida pelos acontecimentos?

O ancião e a filha debalde pesquisaram a chave do enigma.

Relegados à margem, desde que Blandina e o pai se haviam ausentado, não fugiram ao culto da gentileza, e, terminadas as festividades do palácio, tentaram uma visita respeitosa e cordial à senhora, que recusou recebê-los.

Teódulo, um tanto desconcertado, apresentou excusas em nome de Helena, comunicando que procuraria pai e filha, no dia imediato, para entendimento particular.

O afinador e a moça regressaram, intrigados, sob inquietante decepção.

Que teriam praticado para merecer tamanho desapreço?

A genitora de Blandina sempre fora lembrada entre eles como pessoa digna da mais alta consideração. Nunca lhe haviam ferido o nome, nem mesmo em pensamento.

Por que razão lhes impunha tão incompreensível hostilidade?

Na manhã seguinte, porém, o filósofo e a filha foram ainda mais dolorosamente surpreendidos.

O intendente de Opílio veio ao encontro deles e exibiu a documentação da dívida comprada, alegando que os Carlos eram aparentados com a família Vetúrio e que Helena, ciente de que a pequena Blandina tomava lições em casa do afinador, não vacilara em pagar o enorme débito, atendendo a reclamações de familiares, exigindo, contudo, urgente reembolso.

Basílio empalideceu.

Aquilo era um convite à subserviência ou uma proclamação de cativeiro.

Em que lhe valiam, agora, as lutas de uma existência tão longa? Por que vivera tantos anos, julgando-se livre, até à suprema dedicação pela filha que o Céu lhe confiara, a fim de encontrar à beira do sepulcro o fantasma da escravidão?

Nevara-se-lhe a cabeça, buscando na consciência reta o melhor meio de equilibrar-se com o mundo e com a vida.

Sofrera inúmeras privações e dificuldades no percurso da extensa peregrinação terrena, mas nenhuma assim tão angustiosa como a daquela hora em que se presumia a cavaleiro de qualquer humilhação.

Compreendeu tudo.

A senhora devia odiar-lhes a presença.

Provavelmente, soubera em Roma que Taciano e a filhinha se lhes haviam afeiçoado ao lar humilde e considerava-se talvez furtada em seus afetos.

Levou a destra ao coração descompassado, enquanto as lágrimas lhe corriam em fio sobre as grossas rugas.

Lívia percebeu-lhe a aflição e correu a ampará-lo.

O velho abraçou-a, em silêncio, e, depois, com humildade, suplicou a Teódulo a concessão de algum tempo.

Desejava aguardar o regresso de Taciano para entender-se com ele, relativamente à questão.

O enviado de Helena, no entanto, mostrou-se inflexível.

O problema não poderia ser adiado além de uma semana. Determinado portador retomaria à metrópole imperial, conduzindo o dinheiro que Opílio Vetúrio desembolsara.

O ancião, confundido, insistiu para que a genitora de Blandina lhe concedesse a graça de uma audiência, mas o administrador dissipou-lhe a esperança.

Helena não desceria a qualquer entendimento com plebeus, servos ou devedores.

Sem saber o que fazer, Basílio declarou, por fim, que visitaria alguns amigos prestigiosos com o objetivo de estudar a inesperada exigência, prometendo uma solução tão apressada quanto lhe fosse possível.

A sós com a filha, examinou, angustiado, o problema que o destino lhe propunha.

Reconhecia-se extenuado.

Jamais obteria recursos compatíveis com a necessidade do resgate.

Por mais buscasse a moça consolá-lo com observações de carinho e encorajamento, não conseguia subtrair-se ao abatimento que o dominava.

Convicto de que os únicos benfeitores, capazes de auxiliá-lo na travessia do obstáculo, seriam os companheiros da atividade cristã, na noite do mesmo dia procurou a singela residência de Lucano Vestino, antigo presbítero refugiado num casebre onde se reuniria uma assembléia de oração.

Basílio e a jovem não imaginavam, sequer, que Teódulo os seguia, às ocultas. Localizando o pardieiro em que os cristãos se congregavam, o intendente tornou à herdade, arquitetando planos para iniciar a devassa.

A reunião evangélica, no domicílio de Vestino, caracterizava-se por indefiníveis apreensões.

Apenas vinte companheiros participavam do culto.

Muitas famílias, aparentemente devotadas ao Evangelho, haviam fugido, temendo a presença de Valeriano.

A igreja de Lião, tantas vezes amargamente provada, conhecia a extensão da violência romana.

Entre os prosélitos que não haviam desertado, começaram a surgir manifestações de apostasia.

Em razão disso, somente os espíritos bastante valorosos na fé animavam-se a enfrentar a nova perseguição que se esboçava, infalível.

Vestino, tomando a palavra, formulou sentida prece e leu, nos apontamentos sagrados, a excelsa recomendação do Senhor: – "Não se turbe o vosso coração. Credes em Deus, crede também em mim."[12]

Meditando o versículo, ergueu a voz e comentou, inflamado de confiança:

– Meus amigos, acreditamos que a hora é das mais significativas para a nossa família espiritual.

---

[12]Evangelho do Apóstolo João, 14:1. (*Nota do Autor espiritual.*)

Simpatizantes de nossa causa, funcionários do Governo, avisam-nos que a opressão romperá, cruel.

Nossa fé, tantas vezes selada com o sangue dos nossos antepassados, provavelmente nos reclamará o testemunho de sacrifício!

Olhemos para a vida de mais alto!

Quando o Mestre nos convidou à fortaleza, prevenia-nos quanto às atribulações que nos sitiariam no tempo.

Os filhos da ignorância e os devotos das divindades sanguinárias, que aceitam oferendas de carne viva, poderão desfrutar o domínio terrestre... Gozarão em carros de ouro e púrpura, embriagados de prazer, à maneira de loucos que se regozijassem, inconscientes, sobre cadáveres amontoados, para despertarem, mais tarde, sob o látego ardente da verdade, que os espreita na morte.

Mas nós os servidores convidados a lavrar, com o Senhor o empedrado solo da miséria humana, poderíamos, acaso, aguardar o descanso?

Desde o dia em que se levantou a cruz no Calvário para o Enviado Celeste, outro caminho de ressurreição não se reservará para nós mesmos.

Até o Cristo, os deuses bárbaros possuíram o mundo. Os templos eram casas de negócio com os gênios infernais. Um pombo sacrificado, um carneiro morto ou as vísceras quentes de um touro constituíam oblações, em troca de favores de ordem material.

Com Jesus, porém, somos chamados a construir o reino glorioso do espírito. O Céu desceu até nós, as algemas que nos encarceravam o raciocínio no círculo estreito da animalidade inferior foram rompidas e a dignidade da alma humana revelou-se, divina, descortinando-nos a sua beleza eterna!

Não admitamos que o Cristianismo esteja na véspera de terminar o apostolado entre as criaturas.

Cristo não encerra exclusividade.

Enquanto houver um gemido de criança desventurada na Terra, a obra do Senhor nos impelirá ao serviço e à renunciação!...

Por isso, enquanto os nossos irmãos mais fracos fogem ao depoimento da realidade e enquanto os menos convictos caem no logro infeliz da descrença e da dúvida, marchemos, destemerosos, na certeza de que o mundo espera por nosso concurso de suor e martírio, a fim de restaurar-se em seus alicerces sublimes...

Por mais de dois séculos, choramos e padecemos.

Nossos pioneiros foram arrancados à família a golpes de traição, calúnia, espancamento e morte.

Somos herdeiros da fé imorredoura de veneráveis apóstolos, que no-la transmitiram com o próprio sangue e com as próprias lágrimas! Por que desmerecer-lhes na confiança, supondo-nos abandonados?

"Não se turbe o vosso coração – disse-nos o Senhor –, credes em Deus, crede também em mim!"

Achamo-nos em paz, porque cremos! O medo não nos aborrece, porque cremos! A vitória espiritual será nossa, porque cremos!...

A inspirada palavra do velho pregador emudecera por longo intervalo.

A acanhada sala parecia repentinamente inflamada de luz e as paredes como se esboroavam aos olhos espirituais de Vestino.

As seis mulheres e os catorze homens presentes contemplaram-se uns aos outros, maravilhados e extáticos. Irmanados num destino comum, experimentavam uma felicidade somente atingível por aqueles que tudo conseguem superar e esquecer por amor a um ideal santificante.

Basílio apertava entre as mãos a pequena destra de Lívia, com o paternal enlevo das grandes afeições que desconhecem a morte.

Junto deles, a viúva Cesídia e as suas filhas Lucina e Prisca entreolharam-se, venturosas.

Hilarino e Marciana, Tibúrcio e Escribônia, dois casais de velhos, que tudo haviam cedido pela causa do Senhor, abraçaram-se, contentes.

Lívia, fitando os semblantes embevecidos que a rodeavam, perdeu o temor que a ameaçara, de princípio. Recordou Taciano e Blandina, os únicos amigos mais íntimos que lhe restavam, registrando soberana tranqüilidade no coração.

Como os amava profundamente!

Taciano possuía uma esposa e um lar e Blandina cresceria, naturalmente, para um formoso destino.

Que lhe competia senão resignar-se ante a Vontade de Deus? Não lhe cabia rejubilar-se pelo ensejo de consolar o abnegado pai que a recolhera amorosamente na vida? Não devia sentir-se infinitamente ditosa, por ver-se entre os fiéis seguidores do Cristo, honrada pela oportunidade de provar sua fé?

Fixou a atenção no rosto calmo de Basílio, cujos olhos faiscavam de alegria e esperança...

Nunca o pai adotivo lhe pareceu assim tão belo. Os cabelos brancos como que despediam raios de claridade azulínea.

Refletiu, pela primeira vez, nas aflições e nas lutas que o velho filósofo havia atravessado... imaginou as saudades que, de certo, o acompanhavam, desde a juventude distante, meditou no amor com que se lhe devotara, a ela que fora abandonada numa charneca ao nascer, e sentiu por aquele homem, curvado pela senectude, um afeto filial mais alto e mais puro, renovado e diferente...

Algo sublimara-se-lhe no espírito.

Instintivamente, retirou a destra das mãos enrugadas que a retinham e abraçou-o com um enternecimento que, até então, lhe era desconhecido.

Sentiu-lhe o pulsar do coração, no peito fatigado, e, beijando-lhe a face, com extrema ternura, falou, baixinho:

– Meu pai!...

Tocado de júbilo misterioso, Basílio deixou cair algumas lágrimas e balbuciou:

– Estás feliz, minha filha?

– Muito feliz...

Ele osculou-lhe os cabelos ondeados e escuros, que dourada rede envolvia, e afirmou, ciciante:

– Não se turbe o nosso coração!... os que se amam, em Cristo, moram acima da separação e da morte...

Nesse instante, porém, Vestino ergueu a fisionomia serena, inundada por traços de uma ventura ignorada na Terra, e continuou a falar:

– Nosso recinto permanece gloriosamente visitado pelos mártires que nos antecederam...

E, com a voz quase embargada pelo pranto, nascido da alegria em que se lhe desabotoava o coração, prosseguiu:

– Ofuscam-me o olhar com a bendita luz de que se vestem! À frente, entrou Ireneu, o nosso pastor inesquecível, trazendo nas mãos um rolo resplendente... Depois dele, outros amigos espirituais, glorificados no Reino, penetraram nossa porta, com sorrisos de amor!... Vejo-os a todos... Conheço-os, de minha primeira mocidade! São velhos companheiros nossos, trucidados ao tempo dos imperadores Séptimo Severo e Caracala!...[13] Aqui se encontram Ferréolo e Ferrúcio, com radiantes auréolas, a começarem da boca, lembrando o suplício da língua que lhes foi violentamente arrancada!... Andeolo, o valoroso subdiácono, traz sobre a fronte um diadema formado de quatro estrelas, recordando a flagelação da cabeça, partida em quatro partes pelos soldados... Félix, a quem subtraíram o coração vivo do peito, traz no tórax um astro irradiante! Valentiniana e Dinócrata, as virgens que suportaram pavorosos insultos dos legionários, envergam peplos alvinitentes!... Lourenço, Aurélio e Sofrônio, três rapazes com os quais brinquei em minha infância e que foram varados por espadas de pau, são portadores de palmas liriais!... Outros chegam e nos saúdam, vitoriosos... Ireneu aproxima-se de mim e destaca um dos fragmentos do rolo de luz... Recomenda-me a leitura em voz alta!...

Vestino faz breve pausa e exclama, admirado:

– Ah! é a segunda epístola do apóstolo Paulo aos coríntios!

---

[13] Refere-se a palavra de Vestino a vários mártires cristãos, da França, alguns dos quais estão inscritos na história dos santos. (*Nota do Autor espiritual.*)

Com voz entrecortada pela emoção, passou a ler:

– "Em tudo somos atribulados, mas não angustiados; perplexos, mas não desanimados; perseguidos, mas não desamparados; abatidos, mas não destruídos; trazendo sempre por toda a parte a mortificação do Senhor Jesus em nosso corpo, para que a sua gloriosa vida se manifeste igualmente em nós..."[14]

Em seguida a curto intervalo, anunciou:

– Comunica-nos o amado orientador que nossa hora de testemunho está próxima. Pede-nos calma, coragem, fidelidade e amor... Nenhum de nós será lançado ao abandono... Alguns terão a morte adiada, mas todos conheceremos o cálice do sacrifício...

Após ligeira pausa, notificou que os visitantes cantavam um hino de graças, em louvor ao Mestre Amantíssimo.

O pregador permaneceu em longo silêncio, como se pusesse a escutar a melodia inacessível à percepção dos companheiros.

Torrentes de lágrimas corriam-lhe pela face envelhecida.

Antes de encerrar a reunião memorável, Lucano convidou:

– Meus irmãos, somos pequeno rebanho confiante no Céu!... Muitos de nossos confrades que a fortuna protege retiraram-se da cidade sob o pagamento de valiosas contribuições ao enviado de César. Acredito que raros daqueles que vivem na abastança estarão habilitados à vitória sobre

---

[14] II Epístola aos Coríntios, 4:8 a 10. (*Nota do Autor espiritual.*)

a tormenta próxima... Achamo-nos divididos em grupos de fé, nos bairros pobres, à espera da Bondade Divina... Não possuímos recursos que nos inspirem qualquer convite à preocupação. O Senhor livrou-nos dos inquietantes compromissos com o ouro da Terra... Por que não nos reunirmos diariamente à noite, por algum tempo, em nosso santuário de confiança? Este casebre pode ser o nosso reduto de oração e a oração é a única arma que podemos manejar no trato com os nossos perseguidores...

Júbilo geral aplaudiu-lhe a idéia e prece comovedora marcou o término da reunião.

Entendimentos fraternos foram levados a efeito.

Os amigos concordaram entre si.

Regressariam cada noite para o serviço da fé.

Enquanto algumas frutas eram servidas com tigelas de vinho fraco, cada qual relacionava essa ou aquela experiência individual.

Chegada a vez de Basílio, o velho comentou o problema com que se defrontava. Era liberto sob pesado compromisso e devia resgatar, sem detença, a dívida que o afligia.

Entreolharam-se os irmãos, penalizados.

Ninguém ali possuía o dinheiro suficiente para ajudá-lo.

Consultado, Lucano informou que a caixa de socorro achava-se exausta.

As derradeiras disponibilidades haviam desaparecido na véspera com o amparo inadiável a três viúvas necessitadas de assistência.

Vestino, porém, convidou o filósofo e a filha a se demorarem com ele pelo tempo que desejassem.

Na casinha singela cabia muita gente.

O velho, com assentimento da jovem, aquiesceu.

Não confiava em Teódulo e receava algum assalto à dignidade do lar. Junto dos amigos, ainda que sofressem, teriam a vantagem da dor repartida. Lívia não se veria só. As companheiras do grupo fortalecer-lhe-iam o coração.

Prometeram voltar, no dia imediato, e, mais confortados, passaram a noite edificados na fé.

Na manhã seguinte, Basílio procurou Teódulo, a fim de penhorar o próprio domicílio.

Refletiu bastante e concluiu que essa seria a medida mais acertada. Se permanecessem retendo a casa, provavelmente seriam vitimados pela violência, de vez que não dispunham de recursos para o resgate, ao passo que, confiando a moradia ao administrador, talvez lhe sossegasse a exigência. Considerando, ainda, a hipótese de serem detidos, em razão do culto a que se devotavam, o lar humilde nada perderia em sua feição mais íntima, porque, em regressando da capital do Império, Taciano teria conhecimento da situação e, decerto, conservar-lhe-ia os manuscritos que lhe constituíam a única riqueza.

O intendente, impassível, ouviu o afinador que lhe falou com humildade.

Pretendia ausentar-se por alguns dias e rogava permissão para deixar, intacta, a residência, como garantia parcial da importância por ele devida a Opílio Vetúrio.

Não olvidaria o compromisso.

Diante da inopinada solicitação, Teódulo, intrigado, pediu ao filósofo alguns momentos de espera.

Não poderia responder sem uma consulta à senhora.

A simplicidade do ancião desarmava-o.

Seria justo desconfiar dele – pensava o astucioso capataz –, mas para onde seguiria Basílio, sem prestígio e sem dinheiro, a não ser para o miserável tugúrio de Lucano Vestino? A petição era formulada sem qualquer intenção oculta, porque o velho não poderia ignorar que ele, Teódulo, possuía elementos para segui-lo à socapa, de modo a descobrir-lhe o paradeiro novo.

Com semelhantes reflexões, procurou Helena, que lhe escutou a notícia, encantada. Não parecia guardar as mesmas apreensões. Mostrava-se, aliás, satisfeita e tranqüila.

Ante a perplexidade do amigo, observou, contente e maliciosa:

– Tudo corre, segundo a encomenda. Não te aborreças. O assunto da dívida é o fator de aflição de que necessitávamos para deslocar os intrusos. Se pudermos apanhá-los, como aves desprevenidas, na ilegalidade, tanto melhor. Presos e executados como cristãos, desaparecem do caminho de Taciano e de Blandina, sem qualquer preocupação de vulto para nós. Meu esposo odeia os nazarenos. Informado de que os amigos se retiraram, constrangidos pelo expurgo, ainda que sofra, saberá reprimir-se.

Teódulo sorridente indagou, admirado:

– E a casa? Recebê-la-emos, então?

– Sem dúvida – respondeu a senhora, resolutamente –, é o próprio Basílio quem no-la oferece. Será razão sólida para conquistarmos a simpatia de Taciano para os nossos esclarecimentos. Diremos que o velho, estribado na afeição de nossa casa, veio solicitar-nos apoio moral, colocando a residência sob a nossa guarda, que tudo fizemos, em vão, por salvá-lo, e, por fim, conservaremos o domicílio sem qualquer alteração para que os nossos ausentes o encontrem nas mesmas disposições em que o deixaram... Isso constituirá nossa demonstração de sinceridade, impondo a Taciano a justa resignação ante os fatos consumados.

– Magnífico! – comentou o administrador, sob a impressão de haver encontrado feliz solução para o delicado problema.

Bem-humorado, voltou a Basílio e notificou que a decisão fora bem recebida, que a senhora concordava com o alvitre e que a residência seria atenciosamente tratada até à sua volta.

O liberto de Carpo sorriu, aliviado.

A aprovação significava liberdade.

Poderia, agora, demandar a casa de Lucano, junto da filha, sem sobressalto ou constrangimento.

O filósofo e Lívia azafamaram-se para colocar em ordem velhos arquivos e objetos de arte, partindo no mesmo dia, ao crepúsculo...

Abraçados um ao outro, comentavam a beleza do céu, no qual corriam nuvens solitárias, tingidas pelo poente afogueado, e referiram-se ao perfume ativo de algumas flores, para não se concentrarem no sofrimento moral da despedida.

Enternecidos, fitaram a paisagem, cada qual enovelando no próprio íntimo as reminiscências mais doces do coração. Com o propósito de não se atormentarem mutuamente, com palavras de queixa, fingiam distração e serenidade, à frente da Natureza, ignorando que Teódulo lhes espreitava os passos, infatigavelmente...

Informada quanto ao local em que o afinador se refugiara, Helena, no dia seguinte, solicitou uma audiência a Egnácio Valeriano, alegando a necessidade urgente de entender-se com o enviado de Augusto.

O alto dignitário recebeu-a sem reservas.

A sós com o legado, expôs a questão sem preâmbulos.

As famílias mais altamente colocadas na cidade – disse, com inflexão de orgulho ferido na voz – lutavam com insuperáveis obstáculos na sustentação da ordem doméstica. O Cristianismo, pregando impraticável fraternidade, perturbava as melhores cabeças, pervertendo escravos e servidores. Generalizara-se a indisciplina. Fomentava-se a discórdia. Homens válidos e mulheres fortes fugiam ao trabalho, depois do contacto mental com os ensinos do profeta crucificado que, no fundo, se fizera temível adversário do Império. As tradições eram desrespeitadas e o lar romano desarvorava-se nos mais legítimos fundamentos.

O legado ouviu, atencioso, e, com reverência, indagou:

– Mas, poderíamos, acaso, receber sugestões para a obra corretiva? A devassa realiza-se, metódica, desde minha chegada. Já conseguimos advertir a muitos prosélitos de importância, que se prontificaram a retirar-se.

E, dando idéia da extorsão efetuada, acentuou:

– Tenho tido a máxima paciência, compreendendo que um homem representativo não pode esquecer, sem dano, a responsabilidade de que se investe. Assim considerando, determinei que todos os simpatizantes da causa detestada fossem ouvidos... Tive o prazer de registrar-lhes a reafirmação de fidelidade aos deuses e a César e, de quase todos, recebi generosas ofertas, destinadas ao nosso magnânimo imperador. A medida surtiu favoráveis resultados, coroando-nos o inquérito de pleno triunfo. Agora, admito seja possível joeirar as classes mais baixas de nossa estrutura social. A justiça não se fará tardia.

– Estamos ansiosos! – asseverou Helena, satisfeita – nunca presenciamos tantas manifestações de revolta! Jamais assistimos a tamanhos espetáculos de rebeldia e degradação! Há quem saiba da existência de variados núcleos de conspiradores contra a legalidade, nos bairros pobres. Nosso administrador, por exemplo, conhece um dos pontos em que pessoas desprezíveis articulam os golpes que nos ameaçam. Nossa própria casa tem um escravo fujão, com a filha, nesse couto de morcegos humanos. Tramam, nas sombras, contra a vida dos patrícios e contra os senhores de terras. Não será de espantar uma rebelião de sangue e morte, a qualquer instante próximo...

Antes que o interlocutor pudesse formular qualquer nova interrogação, acrescentou, de maneira significativa:

– Tenho comigo a documentação probatória.

Valeriano coçou a cabeça, intrigado, e ponderou:

– A denúncia é realmente grave. O administrador da Vila Vetúrio pode colaborar com as autoridades?

– Perfeitamente.

– Começaremos o expurgo sem demora. Posso esperar o concurso dele, hoje à noite?

– Teódulo comparecerá – concordou a senhora, resoluta.

Efetivamente, ao anoitecer, o intendente de Opílio visitou a caserna, sendo aí apresentado a Liberato Numício, chefe de coorte, designado pela Propretura, sob a inspiração de Valeriano, para iniciar o movimento punitivo.

Viram-se e de imediato simpatizaram um com outro através dos sentimentos que lhes eram afins.

Teódulo comunicou ao novo amigo que indicaria a casa de Vestino, sem comprometer-se. Alegou que a rebelião dos nazarenos se processava em diversos grupos de ação conjugada e, conhecendo outros centros da conspirata, poderia ser valioso colaborador na repressão, se permanecesse oculto no serviço de inteligência.

Liberato concordou, loquaz, e depois de beberica-rem, alegremente, tragando várias taças de vinho, puseram-se em atividade.

Comandando pequena expedição de soldados e beleguins atrevidaços, Numício, sob a orientação do empregado de Vetúrio, cercou o casebre dos seguidores do Evangelho, quando o dono da casa proferia as últimas palavras da oração ensinada pelo Mestre:

– ...não nos deixes cair em tentação e livra-nos do mal, porque teu é o reino, o poder e a glória para sempre, assim seja!...

Lucano descerrou os olhos, e tão grande era a serenidade que neles se estampava, que mais parecia ter despertado de alguma visão celestial. Neste instante, o emissário da perseguição, quase ébrio, se postou diante da assembléia cristã, bradando para os esbirros, afoitos:

– Entremos! É aqui mesmo. A malta de raposas está no covil!...

Ninguém respondeu.

Os agentes armados penetraram ruidosamente o recinto.

Sarcástico, Numício observou:

– Já visitei agrupamentos como este. Nunca vi uma raça tão acovardada como a dos aprendizes do Judeu Crucificado. Tomam bofetadas, entregam mulheres, sofrem o cárcere e morrem debaixo de insultos, sem qualquer reação! Asquerosos morcegos!...

Cuspinhou algumas pragas e, relanceando o olhar pelos circunstantes, interrogou com estardalhaço:

– Quem é o chefe do bando?

Vendo que ninguém respondia, reajustou a frase e renovou a pergunta:

– Quem é aqui o chefe da casa?

Lucano ergueu-se, digno, e apresentou-se:

– O chefe da casa é Jesus e eu sou o responsável.

– Jesus? Ora, ora... – gritou Numício, gargalhando – sempre os mesmos loucos!...

Parou o olhar irônico em Vestino e continuou:

– Velho detestável, vejamos a tua noção de responsabilidade. Se tens miolo na cabeça abjura a bruxaria! Rende culto aos deuses e afirma a tua fidelidade aos nossos imperadores. Provavelmente, assim, o quadro desta noite poderá modificar-se.

– Não posso! – informou o apóstolo, sereno – sou cristão. Não tenho outro Deus que não seja Nosso Pai

Celestial, cuja grandeza e cujo amor se manifestaram na Terra por Nosso Senhor Jesus-Cristo.

– Renega os teus sortilégios, feiticeiro! – clamou Liberato, de faces congestas – abjura ou sentirás o peso de minha decisão!...

– Não posso alterar minha fé – tornou Lucano, com simplicidade e calma.

O punho cerrado do cruel interlocutor desceu sobre o rosto venerável.

Vestino cambaleou, mas, amparado por dois irmãos que se apressaram a socorrê-lo, recompôs a fisionomia, enxugando um filete de sangue que a pancada lhe provocara num dos cantos da boca.

Lívia, Lucina e Prisca, as mulheres mais jovens do recinto, prorromperam em pranto, contudo, o ancião, retomando a palavra, confortou-as, exclamando:

– Filhas, não choremos por nós! Choremos pelos nossos perseguidores, orando por eles... Haverá maior desventura que a de confiar-se alguém ao engano do poder para acordar nos braços terríveis da morte?

Fitou o olhar compadecido no verdugo e esclareceu:

– O homem que nos espanca é Liberato Numício, chefe de uma coorte romana. Já lhe vi as mãos, por duas vezes, flagelando os tutelados do Evangelho... Pobre irmão nosso! Acredita ser senhor da vida, quando os prazeres criminosos lhe possuem o coração! Debalde procura debater-se contra os golpes da enfermidade e os achaques da velhice, que presentemente lhe rondam o corpo... Amanhã, precipitado ao vale fundo da meditação pelo desfavor político, talvez se incline para Jesus, procurando justiça e amparo moral!

Os companheiros de Numício ouviam estupefatos.

O agente de Valeriano em vão tentou reagir. Forças intangíveis imobilizavam-lhe a garganta.

Lucano, de semblante iluminado pela fé, prosseguiu, em voz firme:

– É possível que os perseguidores nos imponham a morte. Talvez sejamos conduzidos, de imediato, aos mais aflitivos testemunhos!

Fez breve pausa e continuou, voltando-se para os amigos:

– Não temamos, porém, a visitação do martírio! Todos fomos chamados a seguir Nosso Senhor, de cruz pesada aos ombros doloridos. O Calvário está erguido, o madeiro jaz levantado, a flagelação continua... Ufanemo-nos da nossa condição de cireneus do Eterno Amigo! É uma honra morrer pelo bem num mundo em que o mal ainda reina vitorioso... Envergonhar-nos-íamos da felicidade, ao lado de tantos corações sepultados na miséria, na escravidão e no sofrimento!... Tudo passa! Os imperadores que nos humilharam, ensoberbecidos com as pompas do triunfo, nunca refletiram nos pesadelos que os aguardavam no sepulcro!... Hoje, nossos adversários nos reduzem a carne a lodo sangrento, mas o Espírito do Senhor, renovando o mundo para a felicidade eterna, espalhar-nos-á as cinzas sobre o campo em que eles, desorientados e desditosos, se guerreiam inutilmente!... Agora, são dominadores empinados ao trono da ilusão que os subjuga, todavia, depois, esmolarão a paz, carregando as úlceras da mendicância em plena casa de Deus!... Infelizes! para eles, a luta na Terra ainda significa o mergulho em lama dourada... Atropelam-se uns aos outros, disputando o túmulo em que os seus sonhos de grandeza se reduzem a punhados de pó; matam-se mutuamente, na aquisição do ódio em que se anulam; despedaçam-se em concursos de sangue para incorporarem a ruína aos seus dias escuros!... Choremos, assim, por eles! Deploremo-los! quanto tempo gastarão para conseguirem aquecer a própria alma, ao sol da fé?!...

Em seguida, porque o silêncio pesasse, Vestino afrontou o olhar acovardado de Numício e exclamou:

– Dá trabalho aos teus cooperadores! Se tens a missão de abrir-nos a porta da masmorra, não te detenhas! O espírito do Evangelho brilha acima do cárcere.

Vendo que Lucano lhe estendia, valoroso, as mãos engelhadas, Liberato avançou, pronunciando algumas palavras do cerimonial, em nome do Estado, e atou-lhe os pulsos.

Os colaboradores seguiram-lhe os movimentos, algemando os demais. Alguns membros da expedição oficiosa deitaram olhares lascivos às moças trêmulas, mas a presença de Vestino, cujas palavras lhes haviam lançado tantas verdades ao rosto, como que lhes impunha forçado respeito.

O trajeto fez-se em silêncio.

Os cristãos, à maneira de animais pacientes, não reagiram, sustentando-se em preces fervorosas, mas, quando penetraram o pátio da prisão, entreolharam-se, angustiados.

Algo aconteceu correspondendo-lhes à expectativa.

A voz seca de Numício determinou parada breve e Lívia, Lucina e Prisca foram rudemente separadas do grupo.

Existia antiga lei que vedava o sacrifício de virgens nos espetáculos e, sob esse pretexto, era costume apartar dos recém-detidos as mulheres mais moças, a fim de que a crueldade dos verdugos lhes subtraísse a pureza corpórea, antes de qualquer interrogatório mais rigoroso.

O velho afinador abraçou Lívia, cujos olhos se mantinham velados de pranto que não chegava a cair, e falou emocionado:

– Adeus, minha filha! Creio não mais nos veremos nesta vida mortal. Esperar-te-ei, porém, na eternidade... Se te demorares na Terra, não te sintas a distância de meus passos. Permaneceremos juntos, em espírito... Somente a carne mora à sombra do túmulo... Se fores ultrajada, perdoa... O progresso do mundo é feito com o suor dos que padecem, e a justiça, entre os homens, é um santuário levantado pela dor dos vencidos... Não te consternes, nem te suponhas abandonada!...

Ergueu os olhos para o Alto, como quem indicava no Céu a última pátria que lhes restava, e concluiu:

– Um dia, reunir-nos-emos, de novo, no lar sem lágrimas e sem morte!...

Sorriso amargo assomou-lhe ao rosto.

A moça enlaçou-o, carinhosamente, e osculou-lhe a face pálida sem articular palavra alguma. Incoercível emoção constringia-lhe o peito.

Liberato gritou contra a demora, enquanto dois legionários insistiam com as jovens, que por fim se deixaram levar sem resistência.

Ao se retirarem, caminhavam as três, aflitas e hesitantes, mas Cesídia, viúva e mãe, clamou para elas, em tom comovedor:

– Filhas do meu coração! não nos rendamos ao mal... Procuremos, com valor, a vontade do Cristo! Deus nos assiste, e a verdade nos guia... Mais vale a morte com liberdade que a vida com escravidão! Avancemos resolutas! as feras do anfiteatro são nossas benfeitoras!... Adeus! Adeus!...

Prisca e Lucina, com os rostos lavados em pranto sem desespero, demandaram a senda imunda que lhes era apontada, atirando beijos aos amigos que ficavam atrás.

Os prisioneiros retomaram a marcha.

Um pouco adiante, as matronas foram igualmente arrebatadas a celas diferentes, enquanto os catorze homens, amargurados mas firmes na fé, se viram conduzidos a extenso salão escuro e úmido.

Algumas tochas passaram a brilhar.

Um legionário de aspecto repelente aproximou-se do chefe e perguntou, em voz baixa, pelo cubículo onde as três jovens se achavam internadas.

Numício gargalhou irônico e observou, irreverente:

– Não te atrevas! Estamos certos de que todas são virgens e, assim, o legado tem direito à primeira escolha. Valeriano vê-las-á amanhã. Depois dele, então...

E, despreocupado e desrespeitoso, acrescentou:

– Jogaremos a sorte.

Risinhos abafados estenderam-se entre os servidores da justiça imperial.

Transcorridos alguns momentos, Egnácio Valeriano penetrou solenemente o recinto.

O mensageiro de Galo propunha-se imprimir a maior importância ao trabalho iniciado. Comentava-se, por toda a parte, a probabilidade de uma rebelião das classes inferiores e temia-se uma rápida junção dos grupos insurrectos.

Vivia, por isso, cercado de insidiosas reclamações.

As casas abastadas pediam-lhe drásticos preventivos e os denunciados de Teódulo eram os primeiros detidos da grande rede de coação que pretendia desdobrar.

Seguido por vários assessores, dirigiu-se aos presos humildes, em tom altivo e arrogante:

– Plebeus! – notificou áspero – tenho praticado, com largueza, nesta cidade, a retidão e a tolerância, em obediência às tradições dos nossos antepassados, entretanto, queixam-se os patrícios probos e respeitáveis de que a vossa atitude, nos últimos tempos, constitui grave ameaça à tranqüilidade dos cidadãos. Sois acusados, não somente de cultivar a magia nefanda dos nazarenos, mas também de conspirar contra o Estado, com o objetivo de usurpar a posição e o patrimônio dos eleitos de Augusto que vos dirigem. Não posso, pois, adiar a reprimenda exigida por nossa comunidade. O expurgo é indispensável.

O mensageiro romano interrompeu-se, vagueou os olhos coruscantes pela assembléia humilhada e indagou:

– Quem de vós cooperará conosco, indicando os centros da indisciplina? Nossa magnanimidade responderá com a libertação de todos os que colaborarem na empresa benemérita em que nos empenhamos.

Os cristãos permaneceram emudecidos.

Exasperado com o silêncio reinante, que tomou por desconsideração à sua autoridade, Valeriano dirigiu-se a Vestino e a Basílio, os mais velhos, e exclamou:

– Em Roma, supomos encontrar nos anciães a palavra credenciada pela experiência, que nos compete ouvir em primeiro lugar.

Concentrou a atenção em Vestino e perguntou a ele, diretamente:

– Que informais do movimento subversivo em preparação?

Lucano, todavia, respondeu sem vacilar:

– Venerável embaixador de César, nós não somos delatores.

O delegado imperial esboçou uma carranca de descontentamento e, fixando Basílio, inquiriu:

– E vós? Que dizeis?

O liberto encanecido sustentou-lhe o olhar penetrante e replicou, sereno:

– Ilustre legado, estamos a serviço do Cristo, que nos recomenda a abstenção de qualquer julgamento leviano, para que não sejamos levianamente julgados. O Evangelho não abona a revolução.

– Que insolência! – gritou o ex-guerreiro da Mésia, ofendido – estes velhos parecem zombar!... Obrigados a responder com clareza, valem-se da ocasião para se jactarem de virtuosos, efetuando, ao mesmo tempo, a propaganda do agitador judeu! Enganam-se, porém!...

E, ordenando a Liberato a abertura de espaçoso compartimento anexo, recomendou:

– Aos cavaletes!

Com a passividade que lhes era característica, os seguidores do Crucificado penetraram o lúgubre aposento.

Vários instrumentos de martírio ali se enfileiravam.

Obedecendo às ordens recebidas, auxiliares de Numício ataram ambos os velhinhos a dois grandes cavalos de madeira, amarrando-lhes os membros com ásperas cordas de couro, capazes de lhes esticarem o corpo até à disjunção dos ossos.

Afrontando a secura do ambiente, Vestino rogou aos companheiros com humildade:

– Irmãos, não vos inquieteis por nós! A aflição e o desespero não constam do programa de trabalho que o Mestre nos traçou. Em nossa idade, a morte por Jesus ser-nos-á honrosa mercê. Ademais, ele nos recomendou não temer os que matam o corpo, mas que não podem matar a alma. Auxiliai-nos com a prece! Os ouvidos do Senhor permanecem vigilantes em toda a parte.

Egnácio, contudo, determinou silêncio.

E, quando os dois velhos foram ligados pelos braços, cabeça e pés sobre os grandes potros de flagelação, recomendou que os soldados se mantivessem a postos para a movimentação das polés, de modo a intensificar-se gradativamente o suplício, caso fosse necessário.

Lucano e Basílio entreolharam-se, ansiosos.

Compreendiam que o corpo extenuado não resistiria ao tremendo suplício.

Indubitavelmente, era o fim...

Refugiavam-se na oração, deprecando o socorro divino, quando Valeriano bradou, estentórico:

– Miseráveis! confessem agora! Onde se acoitam os cristãos insubmissos?

– Cristianismo e insubmissão não se conhecem! – redargüiu Vestino, com calma.

– Nada temos a dizer – ajuntou Basílio, resignado.

– Horda de corvos! – trovejou Egnácio, possesso. – Por todas as divindades infernais! Desenrolem a língua ou pagarão muito caro o atrevimento!...

Fez um sinal imperativo e as cordas retesaram-se.

Os dois apóstolos atormentados sentiram que o tórax e a cabeça se desligavam, que os braços se separavam do tronco.

Gemeram semi-asfixiados, mas não se lhes arrefeceu o bom ânimo.

– Confessem! confessem! – repetia o alto dignitário romano, de espírito conturbado pela cólera.

Mas, porque a revelação tardasse, indefinidamente, mandou que as cordas se esticassem, mais e mais.

O peito dos supliciados arfava, dolorosamente.

Ambos cravavam o olhar no teto, qual se buscassem, debalde, a contemplação do Céu.

Pastoso suor escorria-lhes do corpo a estalar-se.

Em determinado momento, Basílio desferiu um grito inesquecível.

– Jesus!...

A imprecação escapara-se-lhe do imo dalma, num misto inexprimível de dor, amargura, aflição e fé.

Os olhos do velho afinador arregalaram-se nas órbitas, enquanto Vestino apresentava análogos fenômenos de angústia.

Rompida a base do crânio e rebentadas várias veias entre os ossos quebrados e a carne em dilaceração, o sangue, em golfadas sucessivas, lhes borbotou da boca entreaberta.

A morte fora rápida.

Estranha placidez estampou-se nas duas fisionomias dantes torturadas.

Chocaram-se, então, na sala, a perplexidade dos ímpios e o mudo heroísmo dos filhos do Evangelho.

O mais moço dos cristãos presentes, Lúcio Aurélio, de rosto imberbe, quase menino, avançou para os cavaletes empapados de sangue e, enfrentando a estupefação dos algozes, orou em voz alta:

– Senhor, digna-te receber com amor os teus servos e nossos inolvidáveis amigos! Ampara-os na glória de teu Reino! Foram eles nossa orientação na dificuldade, nossa coragem nos dias tristes, nossa luz no meio das sombras! Ó Mestre, permite possamos imitar-lhes o exemplo de virtude e coragem com o mesmo denodo na fé! Vestino! Basílio! admiráveis benfeitores! De onde estiverdes, não nos abandoneis! Ensinai-nos, ainda, que só pelo sacrifício conseguiremos construir com Jesus o mundo melhor!...

Calou-se Aurélio.

A rogativa apagara-se-lhe na garganta, afogada pelas ardentes lágrimas a lhe pungirem o coração.

Quebrando a quietude que se fizera pesada, Valeriano bradou, enraivecido:

– À prisão! conduzam estes homens à prisão! Não quero sortilégios nazarenos. Prossigamos na caça! É imprescindível a detenção de todos os implicados... Mobilizemos os recursos de que possamos dispor! Esgotou-se-me a paciência, tenho esperado por demais!...

Os seguidores da Boa Nova lançaram derradeiro olhar aos despojos sangrentos e demandaram as celas imundas a que eram destinados.

A perseguição continuou, implacável.

Durante a noite, outros grupos foram aprisionados.

Movimentada a guarda, que se constituía, em maior parte, de elementos inferiores, a crueldade e a selvageria passaram a dominar.

No dia imediato, muito cedo, o representante de Galo veio à inspeção.

Emitiu ordens numerosas, traçou planos, arquitetou relatórios que lhe cabia enviar à cidade imperial, de modo a confirmar-se na condição de legítimo defensor do Estado e de companheiro fiel do imperador. Para isso, Egnácio visitou as dezenas de encarcerados, preparando interrogatórios hábeis.

Por última atividade da manhã, desceu, a pedido de Liberato, até à câmara em que as moças se comprimiam.

Dez jovens abatidas identificaram-lhe a presença, atribuladas e assustadiças.

Valeriano fitou-as com a malignidade dum lobo senhor do redil e, detendo-se na contemplação de Lívia, indagou do assessor:

– Donde procede aquela beldade singular?

Liberato informou, sussurrante:

– É filha de um dos nossos velhos supliciados de ontem.

– Oh! Oh!... por que não soube antes? – falou Egnácio coçando a cabeça, intrigado – ela vale muitos velhos juntos.

Concentrou a atenção na moça, que se viu incomodada por semelhante privilégio, e determinou fosse ela transferida para uma cela mais confortável, não longe do seu gabinete particular de audiências.

Decorridas algumas horas, a filha adotiva do afinador, inquieta e desalentada, viu-se em extensa câmara, agradavelmente mobilada, onde o representante de Galo veio, à noite, vê-la de perto.

Lívia recebeu-lhe a visita, em sobressalto.

– Bela gaulesa – começou ele, estranhamente afetivo –, sabes que um dignitário imperial dispensa solicitações. Entretanto, apraz-me esquecer os títulos de que me encontro investido, para apresentar-me diante de ti como simples homem.

A moça ergueu para ele os olhos súplices, que as lágrimas velavam, prestes a cair.

Valeriano assinalou um sentimento novo no próprio íntimo... Notou que inesperada compaixão lhe esbatia a máscula crueldade. Surpreendido, recorria, em vão, à memória, para recordar onde teria conhecido aquela jovem mulher.

Em que sítio tê-la-ia visto alguma vez? Reconhecia-se tocado por reminiscências que não conseguia precisar.

– Teu nome? – perguntou com uma inflexão de voz que se avizinhava da ternura.

– Lívia, senhor.

– Lívia – prosseguiu ele, em tom quase familiar –, conheceste-me em alguma parte?

– Não me lembro, senhor.

– Poderás, contudo, entender a súbita paixão de um homem? Sabes, acaso, a espécie de sentimento que me inspiras? Estarias disposta a concordar com as minhas propostas de felicidade e carinho?

– Senhor, eu sou casada...

Egnácio experimentou grande mal-estar e considerou:

– O matrimônio pode ser um freio aos nossos desregramentos, mas nunca um entrave insuperável ao verdadeiro amor.

Caminhou, nervosamente, de um lado para outro da sala, e inquiriu:

– Onde se encontra o felizardo que te possui?

– Meu esposo acha-se ausente...

– Tanto melhor – acentuou o legado, novamente tranqüilo –, nossa afeição poderá ser, desde hoje, se quiseres, um formoso romance... Saberás compreender-me o convite?

– Senhor, além de casada, eu sou também cristã...

– Oh! o Cristianismo é a loucura de Jerusalém que pretende asfixiar a saúde e a alegria de Roma. És suficientemente menina para renunciar a essa praga! Tenho recursos para sustentar-te. Um palácio cercado de jardins e povoado de escravos será naturalmente a rica e merecida moldura com que te realçarei a beleza.

Reparando que a promessa brilhante não alterava a expressão fisionômica da prisioneira, acrescentou, mordaz:

– Já pensaste numa jovem morta no anfiteatro? As vestes rasgadas, o corpo desventrado, os seios convertidos em fossas sangrentas, os cabelos arrastados na arena, os dentes partidos, o rosto pisado pelas feras!... e, acima de tudo, as mãos brutais de gladiadores bêbados a recolher--lhe os restos!... Francamente, não posso atinar com as noções de pudor das famílias nazarenas. Esquivam-se da gloriosa exaltação da carne, como se a Natureza estivesse amaldiçoada, alegam imperativos de pureza e pregam a regeneração dos costumes, mas não se envergonham da nudez no anfiteatro!... Nunca refletiste em semelhante contradição?

– Senhor, creio que devemos aceitar esses espetáculos como sacrifícios que a ignorância do mundo nos impõe...

– Parece-me, porém – aventou Egnácio, irônico –, que as mulheres "galiléias", fugindo às delícias do amor bem vivido, a pretexto de se conservarem na virtude, guardam consigo a volúpia de se desnudarem na praça pública. Vejo nisso tão-somente inqualificável desordem mental!...

– Senhor – ponderou Lívia receosa, mas serena –, não será mais digno expor-se a mulher diante de animais que lhe devoram o corpo que ofertar-se, em banquetes desonrosos, à criminalidade dos homens? Em Massília, vi matronas e jovens da cidade imperial em exibições deprimentes e, nem de longe, lhes pressenti qualquer ideal de elevação... Peço vênia, pois, para discordar do seu ponto de vista. Admito que, em se entregando ao suplício por Jesus, o coração feminino coopera na edificação da nova Humanidade...

Valeriano sentiu o vigor do argumento com que se via contestado, mas não se deu por vencido.

Gargalhou com aparente bom humor e exclamou, sorrindo:

– Que calamidade! um encanto de mulher, padecendo a mania dos filósofos! Minerva não é a conselheira indicada para a tua idade. Ouve a inspiração de Vênus e compreender-me-ás a palavra com mais clareza.

O legado meditou alguns instantes e observou:

– Teu pai devia ser um louco bem-acabado.

Ansiosa por informar-se de algum modo quanto ao destino paterno, a moça ajuntou, com interesse:

– Meu pai está igualmente aqui.

Valeriano sentiu-se incomodado, ante a expressão de confiança com que aquelas palavras eram pronunciadas e, temendo as dificuldades que deveria contornar para explicar-se, julgou prudente despedir-se para voltar no dia seguinte.

Noite a noite, Egnácio tornou à câmara que Sinésia, servidora de sua confiança, zelava caprichosamente.

Dolorosos sucessos enlutaram as atividades cristãs na cidade. Espetáculos de gala eram assinalados por terríveis flagelações. Interrogatórios cruéis terminavam com revoltantes execuções, incentivadas por longos aplausos públicos.

Lívia, contudo, isolada de todos, fora poupada.

Os comentários referentes à mulher, por mais de duas semanas detida pelo mensageiro do imperador, acabaram por atingir-lhe o templo doméstico.

Clímene, enciumada, certa noite veio ao gabinete do esposo, à cata de impressões, e, com o auxílio da serva, postou-se à escuta, por trás de cerradas cortinas.

– Não me recuses! – dizia Valeriano, apaixonado – não desejo obrigar-te à submissão. O amor espontâneo da mulher que adoramos é qual se fora suave néctar colhido na milagrosa concha dos sonhos! Ama-me, Lívia! Sejamos felizes! Sentes-te enferma, por não cederes ao apelo da vida. Não serei tão mau quanto imaginas. Sou casado, sim, mas minha mulher não me partilha os negócios. Sou livre... Dar-te-ei domicílio régio onde desejares. Uma vila em Arelate[15], um palácio em Roma, uma chácara na Campânia, uma casa de repouso na Sicília!... Escolhe! Viveremos juntos, tanto quanto possível. Minha escravidão ao Estado é transitória. Espero desfrutar, em breve, longo descanso!... Se tivermos filhos, garantir-lhes-ei o futuro. Olvidarás a mística perigosa dos judeus, adereçar-te-ás como as mais lindas filhas das sete colinas[16], receberás uma existência digna de tua formosura e de teus dotes intelectuais... Não me observas, porventura, humilhado aos teus pés?!...

O pranto convulsivo da moça podia ser ouvido à pequena distância.

– Por que choras? Nada te falta. Dize uma palavra e sairás daqui na condição de soberana da minha felicidade. Não te negues, por mais tempo, ao chamamento do meu carinho! Ergue-te e vem! Que pretendes para construir a tua ventura?

---

[15] Arles, França. (*Nota do Autor espiritual.*)

[16] Alusão a Roma. (*Nota do Autor espiritual.*)

– Senhor – soluçou a moça, desanimada –, pela conversação de Sinésia com servidores desta casa, sei que os meus companheiros de fé estão marchando, todos os dias, para o sacrifício... Provavelmente, meu pai já terá dado o grande testemunho!... Para que eu lhe abençoe a generosidade, com o meu eterno reconhecimento, conceda-me a graça de morrer junto dos meus...

– Nunca! – trovejou a voz de Egnácio, irritado – não partirás daqui sem abjurar a crença ignominiosa! Não descansarei, enquanto não puder mergulhar os meus olhos nos teus, à maneira do sedento que se afoga no manancial de água pura! Amo-te os olhos misteriosos, que em mim despertam algo oculto, estranhos e profundos sentimentos que não consigo explicar. Serás minha, bem minha!... Modificar-te-ei as convicções, dobrarei esse teu incompreensível orgulho!...

Os ouvidos de Clímene não puderam suportar por mais tempo.

Sufocando as lágrimas que lhe rebentavam do peito, a matrona afastou-se, rápida.

Em casa, porém, não obstante perceber o regresso do esposo ao tálamo conjugal, não conseguiu atrair o sono.

Imagens numerosas de revolta e desespero cruzavam-lhe o cérebro atormentado.

Irritadiça e descontrolada, recordou-se de Helena, afigurando-se-lhe encontrar nela a única amiga, a cuja experiência deveria confiar-se.

Com efeito, tão logo surgiu o dia novo, buscou a vila Vetúrio, onde, em pranto, desfez-se em minuciosas confidências, diante da companheira.

A esposa de Taciano ouviu, atenciosa, e observou, por fim:

– Essa mulher é uma intrusa. Conheço-a de nome. Deu-nos imensa preocupação, há tempos. Tem a mania de farejar os maridos apreciáveis. Suponho seja nosso dever afastá-la, em definitivo. Não poderíamos incluí-la em alguma remessa de escravas, destinadas à arena?

– Não, isso não! – objetou Clímene, assustada. – Valeriano não me perdoaria. Semelhante medida seria perdê-lo para sempre. Não lhe desconheço o temperamento vingativo. Percebi-lhe a desvairada paixão pela detestável plebéia. Declarava-se fascinado pelos olhos dela, e pretendia até mesmo elevá-la a posição de verdadeira rainha!

– Ah! ele destacou-lhe os olhos? – indagou Helena, com malícia.

– Sim, sim, asseverava que ela é o único amor de sua vida, não se vexou de reduzir-me a odiosa subalternidade!...

A filha de Vetúrio, de olhos felinos a reluzirem cruéis, comentou, sorridente:

– Possuíamos em Roma desvelada amiga em Sabiniana Pórcia, dedicada à nossa família desde a infância de meu pai. Sabiniana desposou Belisário Dório, que nunca se resignou a possuir uma só mulher. Certa feita, em casa, o trêfego marido exaltou para a esposa a beleza dos dentes de Eulice, uma escrava grega, a cujos dotes físicos se afeiçoara ele, perdidamente. Nossa amiga ouviu, com calma, as inflamadas referências e, na refeição do dia seguinte, apareceu uma salva prateada com a bela dentadura. Se os dentes eram o motivo da paixão, refletiu Sabiniana com sabedoria, poderia servi-los ao companheiro, sem mais nem menos.

Ruidosa gargalhada, desferida por ela própria, concluiu-lhe a narrativa.

Ante a amiga espantada, passou a destra pela cabeleira adornada com tenuíssima rede de ouro e declarou:

– A lembrança de Pórcia propiciou-me excelentes idéias.

Pensou... pensou... e disse:

– Chamemos Teódulo ao nosso conselho. É a única pessoa capaz de ajudar-nos com a eficiência devida.

O administrador compareceu, submisso.

Escutou o drama de Clímene, nas palavras comovedoras de Helena, e considerou:

– Estou pronto a colaborar. Há mulheres de fatal influência em homens dignos. Essa moça é uma delas. Tem o condão de fazer a infelicidade dos outros.

Helena reteve o comando da conversação e explicou-se em voz baixa. Possuía em casa uma substância cáustica suscetível de provocar a cegueira irremediável. Egnácio Valeriano apaixonara-se pelos olhos da filha de Basílio. Seria importante, por isso, aniquilar-lhe os órgãos da visão. Para esse fim, Clímene compraria a cumplicidade de Sinésia, que faria a moça dormir em poucos minutos à custa de um narcótico. Logo após, a criada aplicaria uma compressa com a substância corrosiva sobre os olhos de Lívia. A moça despertaria cega, aflita... Sinésia assumiria o papel de benfeitora, reconfortando-a com panacéias adequadas. À noitinha, a própria Clímene visitaria a prisão, conduzindo vestes habituais dela mesma, de modo a disfarçar-se o aspecto da jovem. Demorar-se-ia Clímene, no gabinete do marido, enquanto Sinésia trocasse a roupa da prisioneira, conduzindo-a discretamente para fora. Os guardas, naturalmente, tomá-la-iam como sendo a própria Clímene abraçada à governanta do cárcere e Teódulo esperaria Lívia, à pequena distância, retirando-a para longe de Lião... Desceria com ela para Massília, com a promessa de reencontro com o velho pai e com Taciano, desterrando-a, por fim, na costa gaulesa.

A esposa de Valeriano e o empregado de Opílio ouviam-na, assombrados, admirando a fertilidade daquele cérebro, surpreendente na urdidura do mal.

– O projeto é notável – adiantou Clímene, algo aliviada –, entretanto, a praia não é assim tão longe...

Helena designou o companheiro que as ouvia, enigmático, e acentuou:

– Teódulo poderá conduzi-la para a outra banda do mar...

E piscando os olhos vivos para ele:

– Da África, por exemplo, qualquer mulher cega encontraria muita dificuldade para o retorno.

E sentenciou, sorridente:

– Não temos tempo a perder. Se essa mulher domina os homens pelos olhos, é justo que os perca.

– Receio algum deslize na execução do plano – suspirou Clímene, hesitante –; se Valeriano descobre, pagarei muito caro.

– Não vaciles! – determinou a companheira, autoritária – a dúvida numa realização que nos interessa é sempre um golpe contra nós mesmos.

A esposa de Egnácio concordou e obedeceu às ordens que lhe eram ditadas.

Helena acompanhou-a a casa dela.

Trazida Sinésia ao lar do representante de Augusto, aceitou de bom grado todas as providências que lhe eram sugeridas, tornando à prisão de posse das instruções e das drogas indicadas.

Ministrando a Lívia o hipnótico, em água pura, viu-a adormecer facilmente e, enquanto dormia, a moça recebeu a compressa fatal.

Quando despertou, trazia os olhos injetados de sangue.

Apalpava o leito, ansiosa por recuperar a visão, mas debalde...

– Sinésia! Sinésia!... – gritou, aterrada.

Escutando a voz da governanta que lhe respondia, cortês, indagou aflita:

– Anoiteceu assim tão de repente?

– Sim – respondeu a interlocutora, com intenção –, já é noite...

– Onde estava eu, contudo? Estarei desvairada?

– A menina teve um desmaio – informou a serva, fingindo preocupação.

– Tenho meus olhos em fogo. Acende uma tocha, sinto-me intranqüila.

Embora compadecendo-se da vítima, Sinésia ajoelhou-se, junto dela, e, conforme as sugestões recebidas de Helena, falou-lhe aos ouvidos:

– Lívia, tenha calma, coragem, paciência!... Seu pai morreu nos cavaletes de suplício!...

A moça emitiu um grito abafado, seguido de convulsivos soluços.

– Os espetáculos com execuções têm sido freqüentes. Acredito que seus amigos cristãos não terão tido ensèjo de fugir. Há, porém, uma notícia agradável. O patrício Taciano interessa-se por sua sorte. Não sei bem onde se encontra, mas estou informada de que enviou mensagem ao senhor Teódulo, recomendando-lhe acompanhá-la na viagem que a menina deve fazer para se reaproximarem... Há quem diga que a pequena Blandina está doente, reclamando cuidados...

Intraduzível expressão estampou-se na fisionomia da jovem, cujos olhos mergulhavam agora em espessa noite.

– Precisamos subtraí-la à crueldade de Valeriano que se propõe escravizá-la e possuí-la, a qualquer preço – continuou Sinésia, astuta –; em cada noite parece mais louco e, provavelmente, violentar-lhe-á o sentimento feminino, de vez que vive a embriagar-se antes de vir para o seu quarto. Dói-me o coração vê-la assim exposta aos ataques de um homem despudorado. Combinei, pois, com o senhor Teódulo a sua retirada... Dentro de algumas horas, espero receber a vestimenta própria para a sua saída sem percalços. Lá fora, o administrador da vila aguardar-nos-á, a fim de acompanhá-la até ao seu novo destino...

Notando que o silêncio pesava entre ambas, Sinésia indagou:

– A menina não se encontra, porventura, feliz? Não lhe sorriem ao coração as promessas de vida nova?

Lívia, porém, que se afundara em amargas reflexões, respondeu, triste:

– Não fosse a morte de meu pai e sentir-me-ia contente... Além disso, vejo-me enferma e aniquilada...

– Mas, o senhor Teódulo é de parecer que o antigo patrão da vila Vetúrio e a filhinha dele, Blandina, são seus amigos.

– Sim, bem sei, mas a esposa de Taciano parece detestar-nos. O senhor Teódulo sabe disso...

Estendeu as mãos para a frente, como se vagueasse nas sombras, e acrescentou:

– Por que não fazermos alguma luz?

– Necessitamos da escuridão para libertá-la.

A doente aquietou-se, mas, passando a destra pelos olhos empapuçados, exclamou em dolorido desabafo:

– Ah! Sinésia, és a única pessoa com quem posso conviver nesta reclusão!... Sou cristã, enquanto ainda te prendes ao culto das antigas divindades... mas, no fundo, ambas somos mulheres, com problemas comuns! A morte de meu pai abre-me um vácuo que coisa alguma na Terra conseguirá preencher! Estou só no mundo! sozinha! Cedo habituei-me ao caminho de aflição! Nunca me revoltei contra os desígnios do Céu, mas, agora, sinto-me desorientada e infeliz!... Que pecado cometi para que Deus me poupasse? Compadece-te de minha sorte! Tenho medo de tudo!...

A inflexão com que aquelas palavras eram pronunciadas tocou a sensibilidade da servidora nas mais recônditas fibras.

Profundo remorso feriu-a, de chofre...

O pranto rompeu-lhe a crosta consciencial. Desejou salvar a moça, recambiá-la para o mundo livre e descerrar-lhe as portas do cárcere para abençoado destino, mas era tarde. Lívia estava cega. Jamais conseguiria alterar-lhe a situação. Entre o grupo de Valeriano e os amigos de

Clímene permaneceria algemada a perigo iminente. Limitou-se, por isso, a chorar conturbada.

A jovem escutou-lhe os soluços e confortou-se. Supôs que a governanta sofria por ela e essa idéia abrandou-lhe a tortura íntima. Não se achava tão-só. Alguém lhe entendia os padecimentos morais e partilhava-lhe o fel.

À noitinha, Clímene apareceu.

Entregou à Sinésia a roupa de seu uso particular.

A governanta gaulesa, não obstante o pesado remorso que a espicaçava, reanimou a jovem e ocupou-se em vesti-la com esmero.

Daí a instantes, ambas saíram sem qualquer aborrecimento.

Envergando um dos peplos habituais de Clímene e apresentando altura semelhante à dela, Lívia foi tida pelos guardas de serviço como sendo a esposa de Valeriano em passeio.

Não longe, alcançaram Teódulo que as esperava.

Sinésia, emocionada, despediu-se, alegando a necessidade de tornar ao posto. Antes, porém, que a moça se externasse em considerações amargas, à face do adeus da companheira, o intendente de Opílio, muito cortês, tratou de dissipar qualquer dúvida que lhe afligisse o ânimo.

– Apraz-me trazer-lhe as boas novas de que já teve ciência – comentou ele, maneiroso –; o nosso amigo Taciano, impossibilitado de tornar a Lião, tão depressa quanto desejava, em razão de insidiosa moléstia na pessoa da filha, pede-lhe a presença confortadora...

E, loquaz, observou todas as instruções de Helena, esclarecendo que fariam uma viagem marítima.

Taciano – repetia mendaz –, ao regressar da metrópole, vira Blandina adoecer repentinamente, sem ninguém que os amparasse, de vez que Helena fora chamada novamente a Roma, a fim de prestar assistência ao pai enfermo. Aconselhado por um médico de bordo, o genro de Vetúrio desembarcara a meio do caminho, de onde enviara mensagem, rogando a ela e a Basílio lhe fossem ao encontro. Solicitava, com empenho, ao velho afinador acompanhasse a filha, entretanto, naturalmente ignorava que o filósofo havia sido morto. Por isso mesmo, ele, Teódulo, prontificava-se a segui-la de perto...

Lívia ouviu as informações, apertando o coração com a destra trêmula.

Refletiu alguns instantes, tateou os próprios olhos, agora terrivelmente inflamados, e falou, triste:

– Senhor Teódulo, estou profundamente agradecida à sua bondade. Desvanece-me a lembrança de Taciano, buscando-me o concurso tão pobre, entretanto, reconheço-me incapaz de realizar a viagem... Algo sucedeu com os meus olhos... De algumas horas para cá, observo que a minha visão desapareceu... Ouço-lhe a voz, mas não o vejo. Dores quase insuportáveis me percorrem a cabeça. Estou inutilizada... Em que poderia ser útil aos nossos amigos que me aguardam? não será mais justo permanecer aqui mesmo e aceitar, conformada, as circunstâncias? Taciano escreveu pedindo a meu pai me conduzisse. Meu pai, contudo, está morto... Quanto a mim, doente e só, que poderia fazer? Ser-lhe-ia pesado fardo em jornada tão longa... Não será mais aconselhável que o senhor se desinteresse de minha sorte?!...

– Nada disso! – ajuntou o interlocutor, com manifesta hipocrisia – não me cabe abandoná-la, de modo algum. Para as doenças, temos sempre bons médicos. Sua saúde receberá a necessária assistência. A enfermidade, longe de ser um empecilho, é forte razão para maiores cuidados por parte daqueles que são nossos reais amigos. Além disso...

E a voz de Teódulo se fez mais baixa, como se quisesse despertar o medo da companheira:

– O legado é inconseqüente. A cidade inteira, segundo creio, não ignora que ele a separou das jovens nazarenas, em regime de privilégio. Sinésia deu-me a conhecer as suas tremendas provas na câmara de detenção. Agora, que seu pai não existe, admito seja maior o meu dever de prestar-lhe ajuda. Se o seu sacrifício representasse uma compensação ao seu ideal, compreender-lhe-ia o temerário gesto de ficar, mas permanecer em Lião para satisfazer à bestialidade de um homem constituiria, a meu ver, rematada loucura...

O argumento convenceu-a.

A moça não mais vacilou.

Aceitou-lhe o braço e asilaram-se em singela hospedaria do subúrbio, de onde partiram, no rumo de novo destino, ao amanhecer.

Em Viena, Teódulo socorreu-se da colaboração de um médico, que receitou complicados ungüentos para as feridas oculares.

Dias amargos desdobraram-se em torno de Lívia, desalentada...

Teódulo, a seu turno, em lhe reparando o aniquilamento físico, recordava a sugestão de Helena que lhe pedira favorecer a morte da moça, através de algum prato convenientemente preparado ou de algum mergulho nas águas... A piedade, porém, penetrou-lhe o espírito.

A resignação com que Lívia acolhia o infortúnio comovia-o, fundamente.

Ansiava por desfazer-se dela, como alguém que se desvencilha de um fardo, entretanto, repugnava-lhe agora a idéia do assassínio.

No porto de Massília, encontraram a única embarcação suscetível de conduzi-los ao exterior, uma formosa galera romana que demandaria Siracusa, aproveitando os ventos favoráveis.

O representante de Helena não hesitou.

Depois de examinar as possibilidades de tempo de que dispunha, informou à jovem que, segundo as notícias recebidas, Taciano estaria na Sicília, à espera deles, e ambos, desse modo, fizeram-se ao mar.

Paciente com a cegueira que a martirizava, mas sem perder as esperanças de cura, a doente não encontrou qualquer distração na viagem. Ensimesmada, limitando-se a conversar com Teódulo quando o administrador de Vetúrio a procurava, circunscrevia-se a um só pensamento – reaproximar-se dos amigos e descansar.

Por isso, em soberba manhã, plena de luz, quando o companheiro de excursão lhe anunciou a chegada a Drépano[17], onde estabelecera ele a suposta permanência do filho de Varro, agitou-se-lhe o coração, tomado de alegria.

---

[17] Hoje Trápani. (*Nota do Autor espiritual.*)

Desembarcaram aparentemente tranqüilos.

Teódulo, que asseverava conhecer a localidade, inflamou-lhe o peito de esperança. De certo, comentava ele fingidamente, em breves instantes estaria abraçada à pequena Blandina, rememorando os dias venturosos da vila. Taciano, sem dúvida, providenciaria tratamento adequado, a fim de restaurar-lhe os olhos enfermos e, em pouco tempo, achar-se-ia integralmente curada, contente, feliz...

A moça, caminhando pelo braço dele, sorria, enlevada...

Sim, que outros amigos lhe restavam no mundo?

O burgo, cheio de vinhedos e acariciado pela doce viração que soprava do mar, respirava a paz festiva e balsâmica da Natureza.

Aqui e ali, vozes argentinas cruzavam os ares.

Vendedores de frutas e legumes apregoavam produtos nas praças. Risos de jovens e gritos de crianças alcançavam os ouvidos da cega que tudo daria para mergulhar a visão na paisagem ambiente que imaginava encantadora.

Num dos pontos mais movimentados do vilarejo, no pórtico de pequeno santuário consagrado a Minerva, Teódulo, com voz tranqüilizante, ajudou-a a sentar-se em estreito banco de pedra e pediu-lhe aguardá-lo, por alguns minutos.

Iria ao encontro de um amigo para certificar-se, com exatidão, quanto ao endereço de Taciano.

Voltaria, dentro em pouco.

Lívia, satisfeita, colocou-o à vontade, mas, tão logo se viu de movimentos livres, o empregado de Vetúrio desapareceu...

A princípio, a enferma esperou, confiante e paciente, contudo, à medida que as horas avançavam, sentia aumentada a angústia que lhe asfixiava devagarinho o coração...

Não admitiu fosse Teódulo capaz de relegá-la a abandono assim tão completo. O companheiro de viagem poderia ter adoecido gravemente. Algum obstáculo teria surgido...

Depois do meio-dia, sentiu que a fome e a sede a incomodavam, mas receou locomover-se.

O administrador da vila poderia aparecer de momento para outro.

Vencendo grandes vacilações, interpelou transeuntes vários, rogando informes acerca de Taciano, mas ninguém lhe ofereceu o mais leve sinal. De Teódulo, igualmente, não conseguiu recolher a mais ligeira notícia.

Horas e horas permaneceu exposta na via pública, batida de sol e vento.

À noitinha, quando perdeu a esperança de reencontro com o administrador da vila Vetúrio, caiu em profundo desalento.

Percebeu que o Sol se despedia, que as virações da tarde se mostravam mais frias e lembrou que o destino a enjeitara pela segunda vez...

Ouvia, de quando em quando, impropérios de homens descaridosos, a lhe dirigirem frases torpes, e, aflita, perguntava a si mesma como proceder.

Achava-se tão-só na Sicília, como fora encontrada ao nascer, na charneca de Cipro...

Por que viera ao mundo com semelhante destino? – refletia, atormentada. Teria ainda mãe no mundo? A que família se filiava? Que tragédia passional lhe havia precedido o nascimento? Recém-nata, não poderia registrar qualquer sensação de abandono, mas agora... Mulher consciente, com tantos sonhos desfeitos, assinalava superlativo sofrimento moral.

Para onde iria?

Se, ao menos, pudesse trabalhar...

Reconhecia-se, porém, inútil e cega.

Como se lhe desdobraria o futuro?

Rendeu graças a Deus porque conseguia chorar livremente... Nunca recordou, com tanta intensidade, a ternura paterna, desde a separação de Basílio, como naquela hora.

O velho filósofo ensinara-lhe que a morte não existe, que as almas vivem além da Terra, em esferas compatíveis com o aprimoramento moral de que são portadoras. Nunca lhe pusera em dúvida as menores lições. Certamente, o carinhoso protetor prosseguia vivendo, em algum lugar... Mas, poderia, acaso, acompanhar-lhe a dor?

Lembrou as reuniões evangélicas da casa de Vestino e procurou arrimar-se à fé.

Indubitavelmente, os amigos que lhe haviam tomado a vanguarda na morte não a olvidariam relegada à solidão.

Deixou que as lágrimas lhe rolassem pela face que a ventania do crepúsculo açoitava, impiedosa, e rogou em pensamento:

– Pai amado, não me abandones!... De onde estiveres, volve o generoso olhar sobre mim... Lembra-te do dia em que me acolheste no matagal deserto e asila-me, de novo, em teu carinho! Estou enjeitada outra vez... Não sei porque contrário destino me pesa sobre a alma, embora creia, como me ensinaste, que Jesus vela por nós do Céu! Agora que me sinto aniquilada e cega, não me deixes perder a luz íntima da esperança e ajuda-me na restauração do bom ânimo!... Muitas vezes me disseste que o sofrimento nos purifica e eleva para Deus! Faze-me compreender esta realidade com mais força para que a dor não me arroje aos precipícios da inconformação!... Falavas-me sempre que a nossa vida não se extingue com a morte, que a alma se ergue aos cimos da eternidade, onde reina a paz! Acreditavas que os mortos são mais vivos que os homens amortalhados na carne e admitias, com segurança, que os nossos entes amados, além do sepulcro, podem auxiliar-nos e proteger-nos!... Como, pois, esquecer-me de ti, que foste em todos os dias o amigo e benfeitor contínuo!? Como seria feliz, acompanhando-te os passos! Não pude, entretanto, desfrutar o privilégio de morrer por Jesus nos tormentos da arena! Ó meu pai, por que não me foi concedida a graça de partir, junto dos nossos?! Por que me separou o destino das companheiras que se fizeram venturosas pelo martírio? Tem compaixão de mim! Explica--me a vida como noutro tempo!... Orienta-me no labirinto! Lembra-te de que ainda não passo de uma criança às escuras no matagal humano e faze-te meu protetor, novamente! Trouxeram-me até aqui com a promessa de reencontrar nossos amigos, cujo paradeiro ignoro! Provavelmente, não mais lhes apertarei as mãos neste mundo... Na Terra, a separação é sempre mais fria pelos obstáculos que distanciam a nossa visão das pessoas amadas, mas, na vida espiritual, o coração deve possuir recursos diferentes para fortalecer o amor e socorrê-lo!

Lívia desejava gritar as palavras que a mente compunha, na suposição de que o vento as levaria, clamantes, para o Céu, todavia, a movimentação dos pedestres compelia-lhe o espírito à prudência...

Continuava, pois, a chorar em prece, quando, como num sonho miraculoso, viu desenhar-se luminoso caminho nas trevas que lhe entenebreciam os olhos e, através desse trilho fulgurante, reconheceu Basílio, que avançava ao seu encontro.

Extasiada, tentou nomeá-lo em voz alta, ébria de júbilo, mas a inesperada alegria como que lhe paralisara as cordas vocais.

O velho amigo, envolvido em claridade inexprimível que o fazia mais jovem, aproximou-se, pôs a destra nos ombros dela, como antigamente, e falou, conselheiral:

– Minha filha, os aprendizes de Jesus, tanto quanto ele mesmo, conhecem a solidão, jamais o desamparo! Não te lamentes no nevoeiro em que o Céu te prova a confiança!... Nas noites mais escuras, há mais fulgor nas estrelas... Nossas esperanças brilham com maior intensidade no inverno dos grandes padecimentos. Reanima-te e crê no poder excelso de Nosso Pai.

O Espírito de Basílio fez ligeira pausa, acariciou-lhe a cabeleira castigada pelos sopros do vento e continuou:

– Realmente, nós te precedemos na inevitável viagem do túmulo!... Para nós, a luta na carne foi provisoriamente interrompida e, com acerto, disseste que fomos quinhoados com a prerrogativa de algo sofrer pela extensão do Evangelho no mundo... Mas não te creias excluída do testemunho e da flagelação. O tormento dos olhos é o sinal de que não foste esquecida... Naturalmente, aqueles que nos guiam de planos mais altos confiaram-te à fidelidade algum serviço no mundo, acima do nosso!... O Senhor não entrega responsabilidades de certa natureza a corações ainda frágeis, assim como não dependura o fruto alimentício no ramo tenro do vegetal nascente... Tem coragem! Às vezes, é necessário nos mergulhemos na sombra para auxiliar os que jazem nas trevas!... Reunir-te-ás a nós, brevemente! Arrima-te ao bordão da fé e não desfaleças!... Seguir-te-emos o trabalho, passo a passo... Quando o sacrifício te parecer mais doloroso e mais áspero, agradece a Jesus a oportunidade do precioso combate! Se algo existe no mundo que possa expressar nosso serviço com Deus, é a plena realização da tarefa enobrecedora que a vida nos assinala. E, porque o esforço da renúncia não é acessível a todos ao mesmo tempo, recebe a gradativa imolação de ti mesma como bênção do Alto. Não perguntes pelas razões que te impuseram a cegueira física! Não te sintas injustiçada!... A vida é sempre um milagroso tecido da Divina Sabedoria. Às vezes, a aflição é véspera da felicidade, tanto quanto o prazer, freqüentemente, é produção de angústia... Nunca te esqueças do Enviado que nos recomendou o perdão setenta vezes sete para cada ofensa, que nos inclinou ao amor pelos inimigos e à prece pelos perseguidores... Curta é a passagem de nosso Espírito pelo lamaçal da vida terrestre... A dor é o lado avesso da alegria, assim como a sombra é o reverso da luz... Mas, na economia das verdades eternas, só a alegria e a luz nunca morrem. Treva e sofrimento são estados de nossa posição imperfeita, à frente do Altíssimo... Entrega-te, pois, à boa luta, com serenidade e destemor. Permaneceremos junto de ti, orientando-te no escabroso caminho!...

Basílio imprimiu longo intervalo às considerações que emitia, enlaçando com ternura a filha jubilosa.

Lívia respondeu-lhe o gesto de carinho, como se quisesse retê-lo no próprio coração. Todavia, embora encorajada e ditosa, refletia no imediatismo do mundo.

Que seria dela quando se visse novamente só?

Caíra a noite... Onde abrigar-se?

Estaria sentenciada a enregelar-se na via pública?

O benfeitor espiritual percebeu-lhe os pensamentos e logo a eles respondeu:

– Não temas! O Pai que nutre os passarinhos, cada manhã, jamais nos esqueceria. O socorro não tarda... Não cerres o coração à bondade e à confiança para que o Senhor não encontre dificuldades em ajudar-te. A cegueira dos olhos não é inutilidade da alma... Recorda a nossa pobreza laboriosa. Não encontrávamos ambos, na música, a nossa razão de viver?

Nesse instante, Lívia escutou, não longe, uma voz de criança que cantava, comovente, acompanhada por um alaúde mal tangido:

Somos pobres, pobrezinhos...
Vivemos de déu em déu,
Mas somos afortunados
Da graça que vem do Céu...

Minha mãezinha doente,
Cansada de tanta dor,
Em minha voz de menino
Pede uma esmola de amor...

Um pequeno de sete anos, robusto mas pobremente vestido, parara junto dela, seguido por esquelética tuberculosa.

Evidentemente, eram pedintes.

O artista miúdo que tocava e cantava, ao mesmo tempo, era familiar do público, porque várias pessoas lhe chamavam pelo nome, exclamando:

– Celso, cante mais!

– Celso, toque mais um pouco!...

O menino atendia, satisfeito, recolhendo moedinhas esparsas, entregando-as à enferma.

Lívia não mais viu a figura paterna, talvez diluída nas emoções novas a lhe penetrarem a mente, mas ainda escutou a palavra de Basílio, que lhe falava, branda:

– Descerra o coração, minha filha!... Repara! Uma criança humilde recorre à bondade nas ruas... Ajuda para que te ajudem, revela-te aos outros para que outros se revelem a ti...

A moça notou que uma força nova irrompera-lhe nalma.

O petiz terminara uma das cantigas regionais que aprendera, e, instintivamente, ela também se associou ao público, chamando:

– Celso! Celso, deixa-me tocar o instrumento.

O pequeno aquiesceu, de pronto.

De posse do alaúde, a cega tornou, em pensamento, ao antigo lar.

Esqueceu-se de que se achava na posição de estrangeira numa terra que desconhecia e cantou com toda a alma, qual se estivesse numa de suas horas mais felizes, à frente do velho pai.

Grande silêncio acompanhou-lhe as belas canções romanas.

Os transeuntes adensavam-se agora no pequeno átrio de Minerva, e a criança, ao fim de cada número, recebia as contribuições de senhoras e cavalheiros comovidos, repletando a surrada bolsa.

O quadro vivo de uma cega a exibir-se, de uma tuberculosa ao relento e de um pequerrucho esfarrapado passou a arrancar as lágrimas de muitos.

Depois de vasto repertório, em que tivera o cuidado de selecionar as melodias para não ferir as suscetibilidades do público, então dividido no culto a Jesus e no culto às antigas divindades, Lívia calou-se.

Muitas damas emocionadas cumprimentaram-na às despedidas.

Esvaziou-se o recinto, pouco a pouco.

Celso, entretanto, conchegou-se-lhe ao colo, ternamente.

– Como te chamas? – indagou ele, com simplicidade e candura.

– Lívia. E tu, meu inteligente cantor?

– Quinto Celso.

– Estás sozinho?

– Minha mãe está comigo.

Feita a apresentação, abraçaram-se ambas.

Hortênsia Vipsânia, a genitora de Celso, biografou-se em frases rápidas.

Era viúva de Tércio Avelino, um miliciano que morrera sem honras, deixando-lhe o filhinho único nos braços. O marido falecera em Siracusa, onde residiam desde a transferência de Roma; todavia, tão angustiosa se lhe tornara a vida, na grande cidade, que, enfraquecida e derrotada, resolvera experimentar a permanência em Drépano, onde conseguia manter-se com menos dificuldade. Lutara intensivamente, fabricando guloseimas para vender, no entanto, adquirira a pertinaz enfermidade que a minava devagarinho... Sitiada pela miséria, ensinara o filho a tanger imperfeitamente o alaúde, de modo a recorrerem à caridade pública.

Sentia-se, porém, exausta. Receava morrer, de momento para outro. Por duas vezes, sofrera hemoptises inquietantes e vivia alarmada...

Lívia tentou reconfortá-la com palavras fraternas, afagando a cabeça do menino que a enlaçara docemente. E, quando interpelada sobre a própria história, relacionou a difícil experiência que atravessava. Perdera o pai na Gália Lugdunense e, cega, fora trazida à Trinácria[18] por um condutor, em busca de velhos amigos que não conseguira reencontrar. Estranha ao meio, desconhecia o próprio destino e, sem ninguém, não sabia de que maneira movimentar-se...

O pequeno, que parecia sumamente interessado na conversação, interferiu, perguntando:

– Mamãe, Lívia não poderia ser nossa?

E talvez entusiasmado pelas canções que ouvira, ajuntou, com espontaneidade:

---

[18] Também antigo nome da Sicília. (*Nota do Autor espiritual.*)

– Sairemos juntos e a senhora descansará.

A mãezinha pobre sorriu em desconsolo e observou:

– A lembrança de Celso é igualmente minha. Contudo, minha filha, moramos num cubículo que mal nos cabe. Se te apraz, vem conosco...

A moça, num ímpeto de jubiloso reconhecimento, pediu-lhe a destra e osculou-a em lágrimas.

Considerava o oferecimento uma bênção do Céu.

Não perdia a esperança de reunir-se a Taciano e Blandina e, enquanto estivesse à procura deles, aceitaria aquele amparo.

Ali mesmo, traçaram planos.

Celso ser-lhe-ia o orientador na via pública, mas cooperaria em favor dele, ministrando-lhe rudimentos de educação e arte, na preparação do futuro.

O asilo de Hortênsia era um minúsculo telheiro que lhe fora cedido pela caridade de nobre família. Aí, a infortunada viúva cozinhava e dormia, simultaneamente.

Naquela noite, porém, o tugúrio estava em festa.

Dos recursos arrecadados, a doente retirou grande parte e mandou o filhinho à procura de alimento.

Pães e bolos de carne, além de regular provisão de leite de cabra foram trazidos pelos braços pequenos, preocupados em servir...

E os três, agradecendo, em silêncio, ao Céu, a alegria que lhes vibrava na alma, partilharam a refeição singela, sentindo-se mais felizes que os áulicos afortunados da casa dos reis terrestres.

Hortênsia, desejando preservar a saúde do menino, isolara-o ao canto do quarto, numa cama de palhas, e foi junto do pequenino que Lívia se acolheu.

Antes de dormir, com a sinceridade cristalina da criança, Celso, feliz, dirigiu-se à genitora interrogativamente:

– Mãezinha, e a nossa prece? Não pediremos hoje a bênção de Jesus?

Lívia compreendeu o constrangimento da benfeitora, que talvez estivesse silenciando por respeito a convicções diferentes que ela pudesse esposar, e ofereceu-se, de imediato:

– Farei a oração desta noite. Graças a Deus, eu também sou cristã.

E, ante às expressões de ternura que mãe e filho externaram, orou, sentidamente:

– Senhor Jesus, abençoa-nos a fé com que esperamos por ti!... Agradecemos-te a felicidade de nosso encontro e o tesouro da amizade com que nos teces a união. Louvores te rendemos pelo auxílio dos nossos companheiros e pelas lições dos nossos inimigos! Ensina-nos a descobrir a tua vontade no escuro caminho de nossas provas... Dá-nos a conformação ante a dor e a certeza de que as trevas nos conduzirão à verdadeira luz! Senhor, concede-nos a humildade de teu exemplo e a ressurreição de tua cruz! Assim seja!...

Hortênsia e o filhinho, tomados de inexprimível esperança, com a presença daquela jovem mulher que, sozinha e cega, encontrava elementos em si mesma a fim de encorajá-los, repetiram "assim seja" e dormiram tranqüilos.

Nova existência surgiu para o grupo, no dia imediato.

Extremamente confortada naquele santuário doméstico, esforçou-se Lívia em contribuir com segurança para a tranqüilidade dos três, incumbindo-se de pequeninos afazeres e alegrando o ambiente com as abençoadas lições que trazia do convívio paternal. Embora cega, colaborou de boa vontade na limpeza da casa e, à noitinha, deixando Hortênsia em repouso, caminhou com o menino para a via pública, onde, ao preço de música, angariaram recursos novos.

Menos preocupada com o filhinho, a desventurada viúva pareceu, porém, mais concentrada na própria moléstia, com inquietantes alterações. Assinalava com maior desagrado as variações de temperatura e acusava sofrimentos mais positivos. À noite, era visitada por dispnéias sufocantes e, durante o dia, longos e aflitivos acessos de tosse exauriam suas forças.

Com admirável intuição infantil, Quinto Celso percebeu que a mãezinha tivera agravados todos os velhos padecimentos e redobrava carinhos por vê-la reanimada e contente. Associando-se a Lívia, como quem nela encontrava uma nova mãe, cercava a enferma de inexcedível ternura.

Aumentada a renda diária, a filha de Basílio visitou os donos do pardieiro, em companhia de Celso, rogando orientação para se transferirem de residência.

A viúva necessitava de espaço e ar mais puro e podiam, agora, pagar aluguéis por uma casinha modesta.

O proprietário concordou e auxiliou a realização. Ele mesmo dispunha de humilde pouso que cederia por retribuição irrisória.

A breve tempo, instalaram-se os três em singela residência de quatro peças, não longe de árvores benfeitoras, junto das quais a doente conseguiu prolongar a demora no corpo.

Ali, passaram a receber a visita de Exupério Grato, encanecido evangelizador cristão que, a pedido da enferma, vinha, quando possível, ler os sagrados textos e formular orações.

A intimidade entre Lívia e a criança fêz-se mais intensa e mais doce. Dia-a-dia, noite a noite, conversavam, estudavam, trabalhavam e previam o futuro.

Certa madrugada, contudo, Hortênsia despertou de olhos arregalados, como que fixados em visões distanciadas da Terra...

Hemoptise mais forte abatera-a, consideravelmente.

Acesa a candeia, rogou à companheira abrisse a janela, por onde o ar puro e perfumado pelas laranjeiras penetrou, balsamizante.

Lívia, apesar de receosa, não conseguia surpreender-lhe a modificação, mas o menino, inteligente e observador, espantou-se em lhe notando a fisionomia transtornada. A enferma dava a idéia de haver colado fina máscara de cera ao rosto encovado. Os órgãos da visão mostravam-se quase fora das órbitas, mas angélica expressão de alegria lhe tomara o semblante.

Celso, aflito, indagou, ansioso:

– Mãezinha, que aconteceu?

A pobre senhora acariciou-lhe a cabeça minúscula e falou, com esforço:

– Meu filho, esta é a última noite que passamos juntos na Terra!... Não te deixo, porém, a sós... Jesus trouxe

Lívia à nossa casa... Recebe-a por tua nova mãe!... Tem sido para mim valiosa irmã nestes dias em que devo ir-me embora...

A moça compreendeu o tom daquela voz de adeus e ajoelhou-se em pranto.

– Não, mãezinha! fica conosco! – soluçou o menino desesperado – trabalharemos para vê-la feliz! Vou crescer depressa! Serei um homem, teremos uma casa grande só para nós! Não te vás!...

Lágrimas incontidas deslizaram dos olhos da agonizante. Hortênsia alisou os cabelos despenteados do filhinho e acentuou:

– Não chores!... onde puseste a fé, meu filho?

– Eu tenho fé, mamãe! Tive fé quando o cão do vizinho nos rondou a porta, tive fé naquela noite em que o temporal nos encontrou na rua, mas hoje tenho medo... a senhora não pode deixar-me assim...

– Acalma-te!... – rogou a genitora, preocupada – disponho de pouco tempo... Entrego-te à nossa Lívia, em nome de Jesus... Não me prendas aqui... Incapaz de raciocinares como gente grande, não percebes a extensão do sentimento com que me dirijo à tua alma... Entretanto, filho meu, guarda bem este minuto!... Mais tarde, quando o mundo reclamar-te a lutas maiores, não olvides nossa pobreza laboriosa!... Sê bom e trabalhador!... Se fores induzido ao mal por alguém, recorda o nosso quadro desta hora... Tua mãe, morrendo, confiante, segura de teu valor... Cresce para Jesus, para o ideal da bondade que Ele, nosso Divino Mestre, nos ensinou...

E, pousando os olhos imensamente lúcidos na companheira cega, pediu com humildade:

– Lívia, Quinto Celso será o meu próprio coração, pulsando ao teu lado!... Se reencontrares os amigos que procuras, tem compaixão de meu filho e não o abandones...

A interlocutora enxugou as próprias lágrimas e rogou, aflita:

– Minha irmã, não te apoquentes! Dorme de novo!... Sinto-te fatigada...

Hortênsia sorriu, triste, e acrescentou:

– Não, minha amiga!... Não te enganes... Vejo Tércio conosco... Está robusto como em seus mais belos dias... Diz-me que estaremos juntos... ainda hoje... Reunir-nos-emos no Grande Lar... Por que haveria de persistir, algemada ao corpo, quando Celso encontrou arrimo seguro em tua dedicação?... Sinto-me feliz, feliz...

Hortênsia, no entanto, emudeceu, de súbito.

Entregue a profundo esgotamento pelo fluxo de sangue que lhe assomava à boca, demorou-se, ofegante, por algumas horas, até que, reaquecida pelos primeiros raios de sol da manhã, cobrou energias para dormir o grande sono...

Lívia e Celso reconheceram-se, então, sozinhos. Mãos piedosas dos irmãos na fé auxiliaram-nos a prestar as derradeiras homenagens à sofredora morta.

Quando Exupério acabou de orar, junto à sepultura singela, ante o crepúsculo que se fechava em rubros esplendores, Celso abraçou-se à Lívia e chorou, copiosamente.

– Deixa em paz tua mãe, meu filho! – recomendou a companheira, emocionada – os mortos prendem-se às nossas lágrimas! Não perturbes aquela a quem tanto devemos!... Não estarás sozinho!... De hoje em diante, sou também tua mãe...

E a moça cumpriu quanto prometia.

Examinou, acuradamente, a própria situação e compreendeu que as exibições artísticas em praça pública já não mais lhes convinham.

Celso deveria desenvolver-se com seguras noções de responsabilidade. Reclamava instrução e preparo, à frente da vida. Não obstante cega, propunha-se trabalhar, de modo a cooperar na formação do caráter dele para o futuro.

Procurou Exupério, o único amigo que poderia aconse-lhá-la, e expôs-lhe o plano que lhe acudia ao pensamento.

Não seria possível encontrar atividade remuneradora em Drépano, a fim de amparar o menino?

O provecto ancião ouviu-a, satisfeito, e rogou-lhe tempo. O projeto era razoável, mas a localidade era demasiado pobre para que vingasse, de pronto.

Esperaria, no entanto, a visita de companheiros cristãos de outras terras.

Estava convicto de que o projeto encontraria excelente oportunidade noutra região.

Retirou-se Lívia, esperançada, de coração nutrido por vigorosa fé.

Algumas semanas transcorreram sem novidade, quando o venerando leitor dos Evangelhos veio trazer-lhe importante notícia.

Achava-se, de passagem, na vila, conhecido amigo de Neápolis[19], o panificador Lúcio Agripa, que se dispunha a ouvi-la e auxiliá-la, no que lhe fosse possível.

---

[19] Na Campânia (Itália). Hoje Nápoles. (*Nota do Autor espiritual.*)

Guiada por Exupério, Lívia compareceu à frente do benfeitor, cujo semblante exteriorizava a beleza moral dos grandes cristãos da antigüidade. Olhos plácidos a fulgurarem na face rugosa, a que os cabelos encanecidos emprestavam prateada moldura, Agripa, depois de escutá-la, falou sem afetação:

– Minha filha, julgo razoável esclarecer-te quanto à nossa posição em casa. Noutro tempo, retínhamos numerosos escravos, e não éramos felizes, mas, depois que Domícia e eu aceitamos Jesus por Mestre, nossos hábitos foram renovados. Os cativos foram libertados e nossos costumes simplificados. A fortuna em dinheiro fugiu de nossa casa, todavia, a tranqüilidade passou a morar conosco como um talento celestial. Somos hoje tão pobres como aqueles que nos auxiliam em nossa fábrica de pão. Se aceitas a nossa vida frugal, poderemos receber-te com a criança. Sei que desejas trabalhar e não ficarás inativa. Poderás partilhar com Ponciana, nossa velha colaboradora cega, os serviços diários do moinho. A ausência dos olhos confere maior atenção para os serviços dessa natureza, de vez que a nossa pedra de moer é adequada ao concurso humano. Afirmo-te, porém, que não podemos oferecer senão um salário irrisório, apenas o bastante para pagamento da instrução necessária ao pequenino.

E, com um largo sorriso, o generoso forasteiro concluiu:

– Estarás, porém, conosco, na intimidade do templo doméstico. Temos nossas preces particulares, em paz e alegria. Neápolis, graças a Deus, não conhece a perseguição.

Lívia não sabia expressar o próprio contentamento.

– Ah! senhor, isso é tudo quanto desejo! – exclamou jubilosa – servirei, de bom grado, em vossa casa. Lá, desfrutarei a tranqüilidade de que necessito e Celso obterá a necessária disciplina para crescer honrosamente.

O panificador, homem simples e prestimoso, conversou sobre música e regozijou-se ao saber que conduziria para a casa não somente uma colaboradora exclusiva das tarefas braçais, mas também primorosa harpista.

E, depois de alguns dias, Lívia e Celso puseram-se ao mar, no rumo da cidade nova.

À chegada, o menino, em deslumbramento, gritava a felicidade que o possuía.

O golfo esplêndido, o casario praiano e o constante espetáculo do Vesúvio, com o penacho de fumo a perder-se no firmamento, constituíam motivos de longas e minuciosas indagações.

Lívia, apesar da cegueira física, não cabia em si de esperança.

Domícia, a esposa do benfeitor, recebeu-a, de coração aberto, e, após uma semana de recuperação das forças, entrou em boa forma no trabalho.

A propriedade erguia-se em rua movimentada e arborizada, sendo objeto de grande interesse público.

Qual acontecia em quase todas as antigas cidades, o trigo entrava puro no estabelecimento e aí era convenientemente transformado em farinha para a manufatura do pão.

Ao lado de Ponciana, a filha de Basílio incumbia-se da mó. A princípio, o trabalho se lhe figurou excessivamente pesado, mas Lívia, rendendo graças a Jesus por haver encontrado algo com que ocupar a mente atribulada, procurou adaptar-se, cantando, ao novo gênero de obrigações.

Na primeira noite, recolheu-se, fatigada, ao quarto singelo que Domícia reservara para ela e o pequeno, e Celso, que se sentia realmente como seu filhinho, contrariado ao vê-la abatida, comentou o novo tipo de luta, perguntando:

– Mãezinha, por que tanto trabalho? Não seria melhor tomar o nosso alaúde e ganhar dinheiro das pessoas que passam nas ruas?

– Não, meu filho. O serviço é o único meio através do qual podemos extravasar as riquezas do coração, no engrandecimento da vida. Amas a Jesus e desejas servi-lo?

– Sim, sim.

– Então, é indispensável saibamos cooperar com ele, disputando para nós a satisfação de fazer o mais difícil. Se todos procurarmos a alegria de colher, quem se incumbirá do sacrifício de plantar?

Revelando, porém, o cérebro infantil distanciado das questões filosóficas, Celso continuava, indagando:

– Onde está Jesus, mãezinha?

– Segue-nos, passo a passo, meu filho. Sabe quando nos esforçamos por imitá-lo e conhece-nos as faltas e fraquezas. Assim como o Sol nos envia do céu a sua luz, fazendo-se presente, de maneira constante, em nossa estrada, também o Senhor é o divino Sol de nossas almas, a iluminar-nos por dentro, despertando-nos para o bem e guiando-nos à vida imortal.

– Minha mãezinha Hortênsia dizia que ele era o maior amigo das crianças.

– Era e é, ainda e sempre – acrescentou Lívia, carinhosa –; Jesus confia nas crianças, esperando que elas cresçam para a glória da bondade e da paz, a fim de que o mundo se transforme em Reino de Deus.

Quinto Celso abraçou a mãezinha espiritual, com mais ternura, sentou-se e recitou pequena oração de louvor e reconhecimento ao Divino Mestre e, logo após, segurando a destra de Lívia, adormeceu com a despreocupação de um pássaro feliz.

A filha de Basílio, depois de tatear, agasalhando o menino, prosseguiu velando, pela noite a dentro.

Por que insondáveis desígnios fora parar naquela casa com uma criança que lhe não pertencia pelos laços consangüíneos? Por que misteriosas determinações do Senhor fora trazida à Sicília e da Sicília a Neápolis, onde a vida lhe surgia inteiramente nova? Onde estariam Taciano e Blandina que supunha nunca mais encontrar?

Lívia recordou, um a um, os dias difíceis que vinha atravessando, desde a separação do velho pai, e rendeu graças a Jesus por haver encontrado aquele pouso de reconforto e paz.

Acariciou o pequeno que ressonava, placidamente, e rogou a bênção do Céu para ambos, sentindo-se quase feliz, mas ignorando que o convívio de Hortênsia lhe havia transmitido as sementes de nova dor, com que ela, devagar, caminharia para a morte.

V

EXPIAÇÃO

O regresso de Taciano e da filha a Lião verificou-se em manhã radiosa de luz.

Informado pelo sogro, cuja presença suportara com dificuldade, de que os médicos haviam recomendado o retorno de Lucila, com urgência, ao clima provinciano, resolveu retomar, sem detença, o caminho do lar.

A volta, contudo, fora morosa, em razão dos ventos contrários que lambiam o Mediterrâneo.

Os nossos viajantes entristeciam-se com a demora, ansiosos que estavam pela recuperação da paz no campo.

O patrício sentia-se mais tranqüilo, acerca da filha doente. Se a esposa deliberara efetuar a viagem, a conselho dos facultativos, semelhante medida era bem o sinal de que a enferma não estaria em condições tão precárias quanto se supunha.

Certo, Lucila restabelecer-se-ia, calmamente, na Vila Vetúrio. A família não sofreria golpes de maior importância.

Por esse motivo, deixava-se levar por um desejo único: rever o velho filósofo e a filha, cujas afeições eram abençoado estímulo a levantar-lhe as forças para viver.

Ele e Blandina gastavam longas horas, conversando sobre música ou projetando excursões campestres, na expectativa do longo e venturoso abraço da volta...

No entanto, dolorosa decepção aguardava-os.

Realmente, encontraram Lucila forte e restaurada, na entusiástica preparação do casamento com o tio, mas, estarrecidos, pai e filha receberam as infaustas notícias da cidade.

O afinador e a filha haviam sofrido a perseguição considerada legal.

O enviado imperial promovera minuciosas devassas e os nazarenos haviam experimentado os rigores da lei. Muitos se mantinham fugidos, outros haviam sido mortos.

Taciano, abatido, ouvia os apressados informes dos domésticos...

Algumas horas depois da chegada à vila, Helena provocou um encontro mais íntimo com o esposo, crivando-o de perguntas acerca da saúde paterna e explicando as razões que a fizeram ausentar-se, precipitadamente, de Roma.

Esperava-o, ansiosa, quando o médico de confiança lhe aconselhara o retorno imediato ao clima gaulês. Lucila, frágil, parecia uma flor a extinguir-se. Não vacilara, assim, em voltar sem delonga.

O marido escutava, absorto, mostrando-se mentalmente em outra parte.

A filha de Vetúrio conhecia os motivos de semelhante distração. Deixara Blandina, nos aposentos particulares, inconformada e lacrimosa, e, pela atitude da filha, não podia ignorar que o esposo, por dentro, naquele instante, era um homem espiritualmente transtornado.

Fixou-o, com mais atenção, e falou, num tom de voz em que se misturavam as vibrações de mágoa e de atrevimento:

– Taciano, não posso calar a revolta justa que me assoma ao espírito, à frente do desencanto a que nos constranges em casa. Esperava, sinceramente, o teu regresso, não apenas na condição de mulher que aguarda o companheiro, mas também na posição de mãe, aflita pelo reencontro da filhinha distante... Contudo, a ausência de cristãos desclassificados, que sofreram simplesmente o ajuste necessário com as leis, compele-te a terrível máscara de surpresa e de dor, com o agravante de haveres permitido a fascinação de Blandina pelos sortilégios desses feiticeiros. Temos nossa filha doente e prejudicada por desleixo de tua parte. De nada me valeu tão longo sacrifício pela primogênita, quando relegaste nossa filhinha mais nova a superstições e desvarios, porque não creio esteja Blandina isenta da loucura galiléia. Ainda se estivéssemos à frente de pessoas respeitáveis...

– Helena! – atalhou o companheiro, visivelmente contrariado – guarda cautela com as tuas referências! Basílio e a filha eram nossos amigos diletos. Se adotavam o Cristianismo por norma de fé, jamais se reportavam a isso em nossas conversações. Nossa comunhão foi sempre a mais digna.

– Não me parece – considerou a esposa, irônica –; a tua reação diz bem dos teus sentimentos. Ao regressar, fui bem informada de que a filha do liberto de Carpo guardava a intenção de substituir-me. Dominado por semelhante mulher, qualquer homem desavisado, naturalmente, nada vê...

– É uma calúnia! – clamou Taciano, principiando a exasperar-se. – Lívia era casada e não seria capaz de descer do compromisso assumido.

O patrício quis atirar-lhe em rosto quanto sabia, de experiência própria, do procedimento dela mesma, na estreita ligação com Teódulo, contudo, julgou prudente calar-se.

Finda curta pausa, continuou:

– Ainda agora, em Roma, num ligeiro entendimento com Cláudio Lício, a cuja amizade recomendei-lhe o marido, vim a saber de sua viuvez... Não te doerá ao coração feminino a desventura de uma pobre e indefesa mulher?

– Ah! era então casada?

– Sim, cheguei a abraçar-lhe o esposo, Marcelo Volusiano, que desejava tentar a vida em Roma, onde apareceu morto nas águas do Tibre. Esperava rever nossa amiga para transmitir-lhe a notícia, entretanto...

Helena empalideceu, de súbito, compreendendo que o sedutor de Lucila havia mentido até ao fim.

Começou a refletir na trama escura dos destinos do seu grupo familiar, mas, interessada na recuperação da própria tranqüilidade, tratou de esquecer tudo, adoçou a expressão da bela máscara fisionômica e, fingindo dignidade ferida, exclamou:

– Querido, conversemos sem irritação. De certo, não me cabia ver nossa casa invadida por estranha influência, sem reagir, de algum modo, todavia, tudo fiz para não desmerecer de tua confiança, em se tratando de amigos do teu círculo pessoal. O velho afinador e a filha foram presos em movimentado conventículo do culto proibido, na casa miserável de um ancião reconhecidamente louco, que respondia pelo nome de Lucano Vestino. Egnácio Valeriano e a esposa, agora ausentes, são romanos de excelente linhagem. Viajaram para cá, em minha companhia. Tecemos por isso fortes laços afetivos. Compreendendo a perigosa situação dos detidos e sem esquecer-me de que a moça exercera o mister de preceptora de nossa filha, de conformidade com as recomendações de Teódulo impetrei o indulto das autoridades para ambos... O legado de Augusto, entretanto, esclareceu à nossa casa que Basílio foi tão singularmente audacioso no insulto às nossas tradições e às nossas leis que, muito a contragosto, se viu obrigado a levá-lo aos cavaletes de suplício, nos quais, segundo supomos, morreu de forte susto, de vez que não chegou a ser supliciado. Continuei a trabalhar pela libertação da jovem, mas vi frustrados todos os meu intentos, porque o representante de César, de acordo com a voz pública, apaixonou-se por ela, separando-a das demais mulheres encarceradas. Lívia, pelas informações que obtive, passou a viver num gabinete isolado, onde Valeriano ia vê-la diariamente. Enciumada, Clímene, a esposa de Egnácio, ao que nos consta, mandou aplicar-lhe um cáustico aos olhos, por intermédio de uma criada, de nome Sinésia; todavia, a prisioneira, não se sabe como e auxiliada não se sabe por quem, conseguiu evadir-se pouco depois, valendo-se das sombras da noite. Não pude saber se a pobrezinha ausentou-se ilesa ou se os olhos dela foram vítimas da perversidade de Clímene. Procurei a única pessoa capaz de aclarar-nos com segurança, a servidora Sinésia; contudo, Egnácio Valeriano, quando tomou conhecimento da fuga, foi acometido de estranha demência. Gritava pela mulher amada, em voz estentórica, e, depois de barbaramente espancar a criada, tentando arrancar-lhe alguma confissão, determinou fosse ela algemada para interrogatório no dia seguinte, mas, ao amanhecer, o cadáver da infeliz foi encontrado na prisão, rígido e frio. Sinésia foi assassinada por alguém que soube ocultar-se nas teias de impenetrável mistério.

– Como tudo isso é doloroso! – deplorou Taciano, de olhar nublado.

Helena percebeu a diferença que se operara nele e prosseguiu, com maior inflexão de carinho:

– Sabendo por antecipação como te afligiriam os deploráveis sucessos, determinei providências para que a casinha de Basílio fosse guardada a cavaleiro de qualquer irreverência das autoridades. Espero possas encontrar a residência humilde nas mesmas condições em que o velho a deixou. Tudo sem mudança...

E, à frente do companheiro prostrado pela dor, completou a mentirosa versão dos fatos, ajuntando:

– Todavia, não me preocupei tão-somente com esse aspecto da situação. Convicta de que chegarias, de momento para outro, encarreguei Teódulo de visitar o porto de Massília, na esperança de colher qualquer informe sobre um possível embarque da jovem para algum lugar.

Taciano, angustiado, pronunciou breves palavras de reconhecimento. A suposta benemerência da esposa, de alguma sorte, redimia-a aos seus olhos.

Ao entardecer, encaminhou-se para o domicílio singelo.

A sós, na peça estreita, deu curso à emoção que lhe fluía da alma...

Contemplou a harpa, agora muda, sentou-se na poltrona que lhe era familiar e, a distância dos olhos alheios, cedeu ao pranto convulsivo.

Recordava-se de Basílio, encanecido e confiante, revia Lívia em pensamento, recapitulando a noite das despedidas, e não sabia se chorava de amor ou de compaixão.

Cambaleante, abeirou-se do pequeno gabinete em que o velho se entregava a estudos habituais e, após compulsar alguns trechos de leitura, encontrou anotações evangélicas do afinador, que lhe denunciavam as predileções religiosas.

Algumas notas autobiográficas enfileiravam-se, esclarecedoras.

Basílio não era cristão de muito.

Em Cipro, devotava-se ao culto de Serápis curador.

Somente em Massília, meses antes da transferência para Lião, é que conhecera o Evangelho, afeiçoando-se a Jesus.

Receitas e instruções aos enfermos, do tempo em que venerava o antigo deus egípcio, então transformado em companheiro de Esculápio, misturavam-se a preciosas anotações alusivas ao Novo Testamento. Poesias de louvor às antigas divindades e apontamentos apostólicos do Cristianismo nascente jaziam colecionados, revelando-lhe a caminhada espiritual.

Por último, deteve-se Taciano, admirando curioso trabalho de Basílio, intitulado "De Serápis a Cristo", que lhe marcava a definitiva transição.

O genro de Vetúrio examinou a documentação com um respeito que jamais consagrara a qualquer assunto ligado à personalidade do Messias Galileu.

Em seguida, abismou-se em pesadas cismas...

Por que se via, assim, perseguido pelo Cristo em toda a parte?

Lembrou o primeiro contacto com o pai, arrebatado pelo martírio, em supremo testemunho de fé.

Recordou a longínqua festa da Vila Vetúrio em que o pequenino Silvano perdera a vida...

Rememorou o sacrifício de Rufo, o escravo decidido e fiel ao próprio ideal, e em lágrimas refletiu nos derradeiros dias de sua mãe, insulada no ambiente doméstico.

As reminiscências do enforcamento de Súbrio passaram, nítidas, por sua imaginação...

Entretanto, continuava odiando os princípios nazarenos.

Não podia conceber uma Terra em que os senhores se nivelassem com os escravos, recusava a teoria do perdão irrestrito, jamais concordaria com a solidariedade entre patrícios e plebeus...

Os deuses antigos, as epopéias romanas, as conquistas dos imperadores e a palavra dos filósofos que haviam construído o Direito, na República e no Império, dominavam-lhe o coração com demasiado vigor para que pudesse desprender-se, facilmente, do mundo moral em que alicerçara a própria razão de ser, desde a meninice distante...

Fora consagrado a Cíbele e trazia no peito o selo ardente da fé que orientara os seus antepassados e, nessa confiança, pretendia morrer.

De que modo confrontar Apolo, o benfeitor triunfante da Natureza, com Jesus, triste homem judeu, crucificado entre malfeitores? Por que separar-se do culto da alegria e da fartura para submeter-se aos sinistros banquetes de sangue nos circos? Por que razão Basílio e Lívia haviam aderido ao movimento que se lhe afigurava detestável ideologia de espíritos infernais?

Contudo, amava-os, ainda, não obstante cristãos.

No antigo liberto encontrara a vida emocional da alma paterna e na jovem pudera surpreender um coração afim, capaz de fazer-lhe a felicidade, na condição de companheira ou irmã.

Acariciado pelo vento frio do crepúsculo, demorou-se o patrício, numa das janelas, meditando... meditando...

Quase noite fechada, quando se dispunha ao regresso, eis que Blandina lhe surge ao encalço.

A trêfega criaturinha procurava-o, aflita, por todos os cantos da herdade, e ao abraçá-lo foi acometida de longo acesso de choro.

O genitor, taciturno, tornou ao lar, reconduzindo-a em pranto...

No dia imediato entrou em entendimento com o proprietário do casebre, que o afinador alugara por tempo indefinido.

Taciano propunha-se conservá-lo para o culto das próprias recordações.

Reencontraria Lívia?

Pensara em avistar-se com o legado de Augusto, mas Egnácio Valeriano, depois de ligeira permanência na Aquitânia, tornara à sede do Império.

Após adquirir o ninho singelo onde Basílio estacionara por tempo tão curto, diariamente passava lá o tempo que lhe sobrava das tarefas costumeiras, quase sempre seguido de Blandina, que não olvidava os ausentes.

As mãos infantis, minúsculas e frágeis, dedilhavam o instrumento, buscando imitar a amiga que partira, demandando rumo incerto, aplaudida pelo pai, que se distraía, em lhe reparando a diligência. Por mais lhe proibisse a mãezinha tais passeios, mais se empenhava em burlar a vigilância dos servos, a fim de reunir-se ao genitor em suas isoladas reflexões.

A amizade pelo filósofo e pela preceptora desterrada era cada vez mais intensa e mais viva em sua imaginação de criança.

Muitas vezes perguntava ao pai se Lívia tinha sido furtada nalgum assalto de Plutão e, noutras ocasiões, afirmava, cerrando os olhos, que o vovô Basílio se achava, sorridente, ao seu lado, abraçando-a.

Certa noite em que Taciano se demorara na choupana, além do hábito que lhe era próprio, Blandina, à porta, contemplava o firmamento constelado, quando, inesperadamente, desferiu uma exclamação de alegria, bradando, espantada:

– Vovô! Vovô Basílio, papai! Veja! está chegando!...

Fixou o gesto de quem abraçava algum ente querido e acrescentou, entusiástica:

– Paizinho, vovô está ao seu lado! ao seu lado!...

Taciano nada via, mas a expressão felicíssima da filha ecoava-lhe fundo ao coração.

Rememorou antigas histórias em que os mortos tornavam à convivência com os vivos e, emocionando-se com as palavras da filhinha, admitiu que a sombra do amigo ali pairasse, realmente.

Teve a impressão de que o amado companheiro ali se mantinha invisível, como se lhe recebesse o hálito quente sobre o rosto.

De olhos brilhantes, animados pela chama de inexprimíveis sentimentos, recomendou à miúda interlocutora:

– Blandina, se vês realmente o vovô, por que não sabermos dele quando reencontraremos Lívia?

A pequena obedeceu e, com a naturalidade de quem se dirigia ao ancião ressuscitado, inquiriu:

– Vovô, o senhor não está ouvindo a pergunta de papai?

Segundos de pesada expectação rolaram no acanhado recinto.

– Que respondeu ele, minha filha?

Blandina fitou no genitor o olhar terno e confiante e informou:

– Vovô respondeu que estaremos todos juntos, quando escutarmos o Hino às Estrelas, outra vez...

Taciano sentiu que indefinível angústia lhe absorvia a voz e o coração. Calado, tomou a destra da pequenina para voltarem a casa, onde, ilhado em seu gabinete particular, engolfou-se em obcecantes e aflitivos pensamentos...

A existência em Lião prosseguiu expectante, rotineira, monótona...

Na primavera de 256, entretanto, a Vila Vetúrio engalanara-se para o casamento de Galba e Lucila, com a imponência característica das famílias abastadas da época.

O noivo, não obstante prematuramente envelhecido, e a jovem companheira, bela e fútil, pareciam irradiar otimismo e ventura.

Opílio, embora trôpego e fatigado, retribuindo a visita do genro, acompanhara o filho para a cerimônia dos esponsais.

O retorno dele, depois de tantos anos, trouxera grande interesse na capital da Gália Lugdunense. O suntuoso palácio rural convertera-se, de novo, em centro importante de intrigas políticas, através de noitadas fulgurantes e alegres.

Cada vez mais próspero nos negócios materiais, o velhinho instituíra vultosas dádivas à pobreza, em homenagem ao consórcio da primeira neta. Festas expressivas foram organizadas, por vários dias, destacando-se a grande naumaquia, nos jardins da herdade, levada a efeito com inexcedível esplendor.

O encanecido sogro desdobrava-se em gentilezas por fazer-se amável com o enteado, mas ao contrário do que sucedia com Helena, imperturbável e feliz com a realização do sonho que lhe atormentava a ambição materna, Taciano não sabia como esconder a preocupação e a tristeza que lhe amarfanhavam o espírito.

É que Blandina definhava sem motivo justificado.

Possuída de incompreensível melancolia, a menina, por vezes, passava horas e horas, na câmara de repouso, a pensar e pensar...

Não valiam conselhos, nem pareceres médicos.

Pálida, estiolada, dava a idéia de viver, mentalmente, a enorme distância de si mesma.

Compareceu às solenidades dos esponsais, agarrada ao braço paterno, apesar da desaprovação de Helena que, diante do rostinho ossudo e descolorido, não tinha coragem para forçar determinações.

Percebendo-lhe a debilidade orgânica e talvez para ser agradável aos filhos, o avô Vetúrio, assim que os nubentes se ausentaram em direitura à capital do Império, propôs a mudança temporária da família para Baias[20], no golfo maravilhoso de Neápolis, onde possuía confortável residência de recreio.

O sul da Itália operava milagres e a amenidade do clima restauraria as forças da doentinha. As excursões pelas praias próximas e as visitas periódicas que poderiam efetuar à ilha de Cápri, certo lhe renovariam as cores.

Deixariam a vila sob a responsabilidade de Teódulo, de vez que ele também seguiria o genro e a filha. Sentia-se entediado do turbilhão citadino. Tinha sede da Natureza... Entusiasmado, pediu que a viagem não sofresse delongas. Estava convicto de que a saúde da netinha reclamava providências imediatas.

Em razão disso, nada surgiu que adiasse a realização.

Garbosa galera em breve tempo conduzia a família para a estação indicada, na época um dos mais concorridos centros termais da Itália.

A viagem corria calma.

Taciano e a filhinha rejubilavam-se, por toda a parte, com os painéis sublimes da Natureza, mas Helena, invariavelmente pródiga em complicações e inutilidades, rodeava-se de todo um séqüito de camareiras, costureiras, cantores e bailarinos que lhe afugentassem os ócios.

Asseverava que a beleza da costa neapolitana outra coisa não era senão enfadonha quietude e, forrando-se ao sacrifício para satisfazer os caprichos do pai e as necessidades da filha, projetava festividades e aventuras, com que se desvencilhasse do tempo.

---

20 Hoje, Baia. (*Nota do Autor espiritual.*)

Embalde Anacleta, agora de cabelos brancos e visivelmente fatigada, buscava induzi-la ao descanso. A matrona, cujos encantos juvenis foram sempre conservados com elixires e ungüentos, gargalhava, zombeteira. Acreditava que os deuses mantinham, inalteráveis, a saúde e a alegria de quantos se dispusessem a cultivar o otimismo e a dominação.

A vida – repetia, comumente – era propriedade dos mais fortes. A felicidade consagrava aqueles que calcassem os fracos e os ignorantes sob os pés.

Os viajantes e a comitiva atingiram o golfo esplêndido, sem novidades dignas de menção.

O domicílio de Vetúrio, em Baias, admiravelmente cuidado por mãos amigas, era um palacete em miniatura, que trepadeiras floridas ocultavam à frente do mar.

Ali, a alma e o corpo obteriam surpreendentes recursos de recuperação. O espetáculo das águas azuis, asilando inúmeros barcos de pescadores em melodiosas cantilenas, que o vento sussurrante e doce espalhava pelas redondezas, era milagroso refrigério.

Enquanto Taciano providenciava o reajuste de duas pequenas e confortáveis embarcações para o contacto mais íntimo com a Natureza, Helena determinava medidas para que as viaturas da residência fossem devidamente renovadas, a fim de entregar-se aos velhos hábitos de vida social intensiva.

Para o genro de Opílio e para Blandina transformaram-se as excursões numa cadeia de encantamentos. Na ilha de Cápri, demoravam-se horas a fio, junto ao soberbo e impressionante Palácio de Tibério (*Villa Jovis*), que o tempo estragava, impiedoso, multiplicando adoráveis passeios pelas grutas, pelos cimos de Anacápri ou pelas outras belas vilas construídas ao tempo do famoso imperador.

Enlevados, visitaram todas as povoações que marginavam o golfo, conhecendo-lhes os costumes e associando-se-lhes à vida singela.

De outras vezes, contornando o cabo Miseno, deambulavam pela costa, admirando os revérberos do Sol poente no seio safirino das águas ou as cintilações prateadas do luar nas praias bafejadas pelas rendas ondulantes de espuma.

Certa feita, contrariados pelo vento forte, abordaram praia diferente.

O casario de Neápolis erguia-se diante deles.

Embora o firmamento se mostrasse calmo e sem nuvens, Taciano julgou prudente desembarcar.

O crepúsculo não tardaria.

Ele e Blandina poderiam exercitar resistência em caminhada mais longa.

O servo que os acompanhava incumbiu-se de restituir a embarcação ao recanto que lhes era familiar, logo que a ventania amainasse, e, pai e filha, contentes, passaram a visitar empórios e praças, monumentos e jardins.

A satisfação a cada instante lhes retardava o passo.

Alugariam, por isso, um carro para a volta.

Parando aqui e acolá, quando o Sol já havia mergulhado no poente, num dilúvio de raios de ouro, defrontaram-se com a padaria de Agripa.

O odor agradável que vinha do forno colhera-os na passagem, e, solicitado por Blandina, Taciano concordou em entrar no estabelecimento.

Guloseimas variadas enfileiravam-se à farta.

E, enquanto Agripa atendia, cortês, os dois excursionistas, estes ouviram uma doce voz de criança que, não longe, cortava o silêncio vespertino cantando ao som de uma harpa irrepreensível:

Estrelas – ninhos da vida,
Entre os espaços profundos,
Novos lares, novos mundos,
Velados por tênue véu...
Louvores à vossa glória,
Nascida na eternidade,
Sois jardins da imensidade,
Suspensos no azul do céu.

Dizei-nos que tudo é belo,
Dizei-nos que tudo é santo,
Inda mesmo quando há pranto
No sonho que nos conduz.
Proclamai à terra estranha,
Dominada de tristeza,
Que em tudo reina a beleza
Vestida de amor e luz.

Quando a noite for mais fria
Pela dor que nos procura,
Rompei a cadeia escura
Que nos prenda o coração,
Acendendo a madrugada
No campo de Novo Dia,
Onde a ventura irradia
Eterna ressurreição.

Dai consolo ao peregrino
Que segue à mercê da sorte,
Sem teto, sem paz, sem norte,
Torturado, sofredor...
Templos do Sol Infinito,
Descerrai à Humanidade
A bênção da Divindade
Nas bênçãos do vosso amor.

Estrelas – ninhos da vida,
Entre os espaços profundos,
Novos lares, novos mundos,
Velados por tênue véu...
Louvores à vossa glória,
Nascida na eternidade,
Sois jardins da imensidade,
Suspensos no azul do céu.

Taciano e a menina trocaram mudo olhar de intraduzível assombro.

O hino sofrera modificações, mas era o mesmo...

Extáticos, recordaram o crepúsculo inolvidável sobre o Ródano, quando penetraram a casa de Basílio pela primeira vez.

De quem é aquela voz?

Quando o cântico terminou, o patrício, muito pálido, dirigiu-se a Lúcio Agripa, interrogando:

– Amigo, por obséquio, podereis algo informar-me sobre a música que ouvimos em vossa propriedade?

O interpelado sorriu, bondoso, e esclareceu:

– Ilustre senhor, a voz é de um menino que canta para uma pobre mãe que agoniza.

– Quem é essa mulher? – indagou Taciano, com ansiedade.

– É uma servidora cega que permanece em nossa casa, há três anos, e que, faz meses, acamou-se, absorvida pela peste de longa duração. Agora, está no fim...

De semblante marmóreo, o patrício tomou a pequena mão da filha e pediu acesso ao local em que a doente se demorava.

Ante aquele olhar suplicante e sincero, Agripa não vacilou.

Tomando a frente, guiou os visitantes, entre curtas aléias de arvoredo, até pequenino e arejado quarto nos fundos.

A janela aberta deixava escapar as notas harmoniosas de instrumento bem afinado.

Taciano atravessou a porta com o coração precípite...

Num quadro que jamais olvidaria, contemplou Lívia, semicadaverizada, a ouvir, ofegante, um menino simpático e humilde, que cantava com veludosa ternura.

– Lívia! – gritou, atônito.

– Lívia! Lívia! – repetiu Blandina, ardentemente.

A enferma esboçou inexprimível sorriso no semblante calmo e estendeu as mãos, murmurando entre lágrimas:

– Enfim!... enfim!...

O patrício fixou, consternado, os restos ainda vivos da mulher que ele amara e a cuja afeição se dedicara com fraternal ternura. Os olhos apagados imprimiam amarga vaguidade ao rosto triste, que mais se assemelhava, agora, a delicada máscara de marfim, emoldurada pelos bastos fios negros da cabeleira que não se modificara.

Enquanto Blandina se inclinava, carinhosa, para o leito, ele quis clamar a revolta que lhe lanceava o coração, mas pesada nuvem de dor constringia-lhe a garganta.

Lívia adivinhou-lhe a angústia e, tendo assinalado a presença de Agripa, ensaiou uma apresentação que pudesse aliviar a tensão do momento.

– Senhor Lúcio – exclamou –, eis os amigos que esperei tanto tempo... Deus não permitiu que eu morresse sem abraçá-los pela última vez... Quinto Celso terá, doravante, nova família...

O dono da casa saudou Taciano e Blandina e, percebendo que o grupo desejava maior intimidade, retirou-se, cortês, prometendo regressar com Domícia, em breve tempo.

Foi então que o filho de Varro começou a gemer, estranhamente, como se trouxesse uma fera oculta no tórax, a soltar medonhos rugidos... E porque Lívia o concitasse à conformação e à serenidade, explodiu em voz gritante e plangente:

– Por que reencontrar-te, assim, no terrível instante do adeus? Ai de mim!... Sou um réprobo sob a férrea mão dos gênios infernais! Sou como a tempestade que passa, uivando entre ruínas... Tudo me falhou. Por que me prendi, deste modo, aos deuses sinistros? Da felicidade só encontrei fumegantes restos... Tentei caminhar no mundo com o desassombro dos meus antepassados e agir sempre segundo o que as tradições me ensinaram de mais puro, mas todas as provações me aguardavam, ludibriando os meus anseios... Sou um fantasma de mim mesmo! Desconheço-me!... A morte rondou-me todos os passos... Sou um vencido que a vida constrange a marchar entre os próprios ídolos quebrados!...

Interrompeu-se o genro de Vetúrio sufocado nas lágrimas copiosas que lhe corriam pela face.

Valendo-se do intervalo, a doente interferiu com inflexão comovedora:

– Taciano, por que alimentar a tormenta do coração, ante a serenidade da vida?... Queixas-te do mundo... Não seria, porém, mais acertado lamentar a nós mesmos?... Como te renderes à blasfêmia, se possuis um corpo robusto? Por que a revolta, quando as atividades de cada dia podem contar com os teus braços livres?... Aprendi com Jesus que a luta é tão importante para a nossa alma, quanto o cinzel é precioso ao aperfeiçoamento da estátua!...

Antigamente, nossos escrúpulos em família compeliam-nos a guardar a fé a distância de nossas conversações mais íntimas... Meu pai recomendava-me não te ofender as convicções... Hoje, no entanto, não sou mais a mulher que o mundo poderia fazer feliz... Sou apenas a irmã que se despede... Alguns meses antes de nosso encontro às margens do Ródano, encontráramos Jesus em Massília... Nossa mente modificou-se... Com ele, aprendemos que o divino amor preside à vida humana... Somos simples forasteiros na Terra!... Nosso verdadeiro Lar brilha mais além... É necessário superar com valor os percalços da existência... Em verdade, estou cega e não ignoro que a morte se avizinha, entretanto, há uma luz a clarear-me por dentro do coração... Cristo...

O interlocutor, porém, cortou-lhe a frase hesitante e bradou:

– Sempre a sombra desse Cristo a atravessar-me a estrada... Jovem ainda, quando descobri o amor de meu pai foi para verificar-lhe a integral rendição ao profeta judeu! Quando busquei recuperar minha mãe para o equilíbrio da inteligência, ela não se reportava a outra pessoa e morreu suspirando pela influência desse intruso... Quando procurei por Basílio, ao voltar de Roma, lembrando-lhe a afeição que me impelia ao culto da memória paternal, o companheiro a quem amei tanto imolara-se por ele... Ponho-me ao teu encalço, gasto as minhas melhores forças na reivindicação de teu carinho, mas, em te revendo, observo-te igualmente nas mãos invisíveis desse estranho Salvador que não consigo compreender... Ó deuses infernais, que fizeste de mim?!...

Lívia fizera-se mais pálida.

Blandina tomou-lhe as mãos e ia dirigir-lhe a palavra, contudo, a enferma, com a serenidade de quem encontrara a paz, dentro de si mesma, reergueu a voz e falou, triste:

– É inútil a tua injustificável reação! Neste leito que me serve de cruz libertadora, tornei à convivência de muitas afeições que me precederam na morte!... Meus olhos de carne foram crestados para sempre, mas uma visão nova me enriquece a vida íntima...Vejo meu pai ao nosso lado... Abraça-me com o amor de todos os dias... E pede-te silêncio, diante das verdades que ainda não possas perceber... Afirma carinhosamente que aperfeiçoaste o cérebro na viagem dos séculos... entretanto, o teu coração, embora generoso, é uma pérola encarcerada numa caixa de bronze... O excesso de inteligência eclipsou-te a visão... Sofres, mas à maneira de um homem dementado, recusando o remédio libertador... As tuas lágrimas de rebelião espiritual acumulam densas nuvens de aflição sobre a tua própria cabeça!... Estás preso voluntariamente a ilusões que te ferem a alma... Meu pai roga-te calma e reflexão... Assevera que todos nos achamos encadeados, através de existências sucessivas... Somos verdugos e benfeitores uns dos outros... Somente as lições do Cristo bem vividas por nós conseguirão resgatar-nos, eliminando os elos escuros de ódio e vaidade, egoísmo e desesperação a que nos acorrentamos... Compadece-te de todos... dos superiores e dos inferiores, dos que te auxiliam e dos que te escarnecem, dos vivos e dos mortos... Não retribuas mal por mal... Perdoa sempre... Só assim farás luz em ti mesmo para que possas discernir a verdade... Meu pai anuncia-me a partida próxima... Demorava-me apenas à tua espera, a fim de transferir às tuas mãos o último dever que a Terra me reservou... Hoje, semelhante missão estará cumprida... Sinto-me feliz com a graça de tua presença, junto de Blandina, ao meu lado... Agora, é o fim da tarefa...

Ante a pausa que se fizera natural, Quinto Celso, com os olhos arrasados de lágrimas, abandonou a harpa, esqueceu as visitas e abraçou-se à agonizante.

Aquelas frases de adeus traziam-lhe à memória o quadro final da mãezinha que se fora.

Amedrontado, começou a soluçar a sua dor.

Enquanto a enferma acalentava-o, com palavras de ternura, Taciano concluiu de si para consigo que Lívia talvez houvesse enlouquecido pelo sofrimento.

Não lhe competia armar, naquele instante, uma discussão religiosa que redundaria em prejuízo geral.

Qualquer altercação, acerca do Cristo, não restituiria a mínima parcela de equilíbrio orgânico à criatura amada que o destino estrangulara.

Reconheceu-se em erro.

Afagou-lhe a fronte inundada de pastoso suor e rogou-lhe perdão.

Lívia, sorridente, perguntou pelo progresso artístico de Blandina, pedindo a esta tocasse uma das velhas músicas da casinha de Lião.

A menina atendeu-a prontamente.

A melodia irradiou-se por abençoado calmante no quarto estreito.

Lágrimas tranqüilas rolaram pelas faces macilentas da doente que, em seguida à música evocativa, tateou o rosto molhado de Celso, entregando-o ao amigo, com humildade e confiança:

– Taciano, este é o filho do meu coração que lego aos teus cuidados! Chama-se Quinto Celso... foi meu salvador na Trinácria... Por lá cantamos juntos na via pública... É um bravo... Se a vida me houvesse confiado um filhinho, estimaria fosse assim como Celso, amigo, devotado, trabalhador... Estou certa de que será um filho valioso em teu caminho, tanto quanto será para Blandina um abnegado irmão...

O rapazinho olhou para Taciano de estranha maneira, e o patrício, magnetizado, esforçou-se por lembrar onde vira aqueles olhos no calidoscópio de suas recordações.

Não era aquele o olhar paterno que o fitava noutro tempo? De onde provinha aquela criança que, além de tudo, ainda trazia consigo o nome do apóstolo que lhe dera o ser?

O menino, a seu turno, qual se fora intimamente movido por automático impulso, desprendeu-se de Lívia e atirou-se-lhe aos braços.

Taciano, surpreendido, recebeu contente aquele gesto de espontânea ternura.

Celso afigurava-se-lhe um passarinho a esbarrar-lhe no peito. Chegava a escutar-lhe o coração, batendo assustadiço.

A criança, porém, não se contentara com o amplexo de amor. Beijou-lhe a cabeça, onde os fios grisalhos começavam a surgir e acariciou-lhe a fronte, alisando-lhe os cabelos.

O filho de Quinto Varro experimentou inexplicável emotividade constringindo-lhe as fibras mais íntimas. Tentou conversar com o menino, entretanto, não sabia senão afagá-lo sem palavras.

Foi então que Lívia, em frases entrecortadas, descreveu para Taciano e Blandina a luta que lhes desmoronara a paz doméstica. Helena nunca pudera recebê-los, em casa, apesar da insistência de Basílio, e a cobrança da dívida dos Carpos, através da família Vetúrio, desorientara-lhe o pai adotivo. Transferiram-se para a residência de Lucano Vestino, por imperiosa necessidade e, depois de relacionar os lances amargos das perseguições, reportou-se às dificuldades do cárcere, à repentina cegueira, e, por último, à fuga, seguida da viagem para a Sicília, em companhia de Teódulo, cujas promessas não se haviam cumprido.

O amigo escutou-a com indizível espanto e revolta.

Os dolorosos sofrimentos da moça em Lião e na Trinácria dilaceravam-lhe o cerne da alma.

Vislumbrou a escura trama em que se lhe erigia o sacrifício.

Afirmou-lhe ignorar o que se passara.

Nunca estivera na ilha. Efetuara regular viagem a Roma, consoante o programa estabelecido, e voltara sem alteração.

Helena, contudo, devia conhecer os acontecimentos.

Mandaria buscá-la.

Extremamente perturbado, veio à rua e, embora a noite houvesse caído integralmente, expediu um portador à vila distante, rogando à esposa e à governanta viessem ter com ele e Blandina, em casa de Agripa, alegando urgentes motivos de saúde.

Exigiria o pronunciamento da mulher, à frente da pobre criatura que jazia semimorta.

Transcorrido algum tempo, Helena e Anacleta chegavam em carro ligeiro e garrido.

Recebidas por Taciano, este falou, nervosamente, depois das perguntas que lhe foram desfechadas:

– Entremos! é um caso de morte próxima.

– Blandina? – interrogou a matrona, aflita.

– Não, não. Sigamos!

Em breves instantes, o grupo ingressava no estreito recinto.

Taciano indicou a agonizante, cujos olhos mortos vagueavam sem expressão dentro das órbitas, e interpelou-a, emocionado:

– Helena, reconheces a enferma?

A senhora estremeceu e, porque esboçasse um gesto silencioso de negativa, o marido acentuou:

– Esta é Lívia, a infortunada filha de Basílio.

Nesse instante, Lúcio Agripa e a mulher, que se mantinham atenciosos e desvelados no quarto, demandaram o interior doméstico, recolhendo as crianças para o necessário repouso.

Somente aquelas quatro almas, presas ao tremendo destino que lhes era comum, permaneceram, frente a frente, como se estivessem convocadas por forças invisíveis a supremas decisões.

Helena e Anacleta pareciam galvanizadas na contemplação daquele semblante animado por intensa vida interior.

A harpista cega, nas vizinhanças da morte, mostrava as linhas fisionômicas de Emiliano Secundino, o amor que o tempo não apagara no coração da filha de Vetúrio.

– Lívia – falou Taciano, compadecidamente –, apresento-te minha esposa e nossa amiga Anacleta.

O rosto da infeliz iluminou-se de profunda alegria.

– Agradeço a Deus esta hora... – exclamou em voz ciciante, com humildade – eu sempre desejei pedir às senhoras me desculpassem a má impressão que lhes causava... Muitas vezes... desejei aproximar-me para dizer-lhes do meu respeito e amizade... entretanto... as circunstâncias não me favoreceram...

Aquela voz ecoava no espírito de Helena com estranha ressonância... Por que não se interessara por um conhecimento mais íntimo daquela mulher?

Alterou-se-lhe inexplicavelmente o modo de ser... Reminiscências de obscura quadra de sua vida emergiam-lhe, em cores vivas, dos recônditos da memória. Teve a impressão de que Emiliano ali se achava, em espírito, acordando-a para a realidade terrível... Olvidou a presença de Taciano, despreocupou-se de qualquer conveniência de ordem pessoal e, de fisionomia ansiada, perguntou:

– Onde nasceste?

– Em Cipro, senhora.

– Quem te foi mãe no mundo?

A agonizante sorriu com esforço e esclareceu:

– Não tive a felicidade de conhecer minha mãe... Fui recolhida por meu velho pai adotivo numa charneca...

– E desculparias aquela que te deu a vida se algum dia a encontrasses?

– Como não?... Sempre rendi carinhoso culto ao coração materno... em minhas preces de cada dia...

A matrona, pálida, trêmula de terror, perante a face nua da verdade, continuou indagando:

– E se tua mãe te roubasse o esposo, o pai e a própria saúde, impondo-te o escárnio público?

– Ainda assim... – confirmou Lívia, sem vacilar – não seria para mim diferente... Quem de nós, neste mundo, poderá julgar com segurança?... Minha mãe... embora me quisesse com todo o amor... talvez fosse obrigada a ferir-me... em meu próprio bem... Creio que... em tudo... devemos render graças a Deus...

Ante a espantada mudez de Helena, Anacleta avançou para a agonizante com fervoroso interesse.

– A genitora não te deixou qualquer recordação? – inquiriu a governanta com ansiosa expectativa.

Lívia refletiu alguns momentos, como quem buscava forças para conversar, e falou, confirmando:

– Penso que minha mãe... tinha a intenção de encontrar-me... porque me deixou nas rendas do berço um camafeu que meu pai me ensinou a trazer sobre o coração...

Anacleta, à frente de Taciano estupefato, revistou-lhe o tórax e tirou-lhe a jóia de marfim, em que brilhava a imagem de Cíbele primorosamente insculpida, e da qual Helena jamais se separava nos passeios com Secundino.

Na filha de Vetúrio mais se acentuara a palidez.

Descobrira a própria filha, sobre quem fizera pesar a clava de sua frenética perseguição. Aquela era a flor ressequida dos seus primeiros sonhos... Ouviu, de novo, na milagrosa acústica da memória, as palavras que o homem inolvidável de seus ideais femininos lhe falara pela primeira vez... Haviam, ele e ela, projetado para o rebento de suas esperanças o mais belo destino.

Por que se tinha metamorfoseado em inferno o paraíso imaginado?

Imobilizada pelo pavor, olhos estatelados, notou que as reminiscências lhe materializavam o pretérito no âmago da própria alma.

As paredes do quarto desapareceram aos seus olhos.

Viu-se novamente menina, no turbilhão de banalidades em que o amor de Emiliano lhe despertara o coração...

Obscurecera-se-lhe o cérebro.

Onde estava?

Reparou que, em meio das sombras que a cercavam, um homem caminhava ao seu encontro... Era ele, Secundino, como na antiga visão de Orósio e como no sonho que a visitara na ilha de Cipro, envolvido ainda nas suas vestes militares e com a destra sobre o peito ensangüentado, a chamá-la, gritante:

– Helena! Helena!... que fizeste da filha que te dei?

Torturavam-lhe a alma estas palavras, infinitamente repetidas pelos monstros do remorso em profundo abismo a escancarar-se sob os seus pés...

Lembrou que a filha abandonada ali se encontrava ao alcance de suas mãos, entretanto, por mais estendesse os braços, não conseguia encontrá-la nas trevas a se adensarem ao redor...

Somente o rosto de Emiliano crescia, descomunal, ante a sua visão espavorida e só a inquietante interrogação dele lhe alcançava os ouvidos:

– Helena! Helena!... que fizeste da filha que te dei?

Diante de Taciano e Anacleta, fulminados de assombro, a matrona, com o esgazeado olhar dos loucos, desferiu horrível gargalhada, rodou sobre os calcanhares e correu para a via pública. Tomou as rédeas do veículo que a trouxera e partiu, em disparada, de regresso à vila distante...

O marido de Helena solicitou a assistência de Agripa, em favor da enferma, e isolando-se com a governanta, num trecho do jardim, dela ouviu, por mais de duas horas, sombrias confidências, em torno do passado e do presente.

Taciano, transtornado, parecia ébrio de ira.

Quando Anacleta terminou as amargas revelações, o interlocutor, compenetrado assim de toda a cruel verdade, cerrou os punhos e bradou em voz estentórica:

– Helena é indigna de respirar entre os mortais. Será estrangulada por minhas próprias mãos... Descerá, ainda hoje, para as horrendas regiões tartáreas, onde curtirá bem merecidas penas!...

– Taciano! Taciano! – soluçava a velha amiga, entravando-lhe os movimentos – espera! espera! o tempo ajuda a reflexão!...

O patrício procurava desvencilhar-se, quando Lúcio Agripa, com expressão fatigada, abeirou-se deles e notificou:

– Meus amigos, nossa doente descansou por fim.

Alanceado duplamente no coração, o pai de Blandina correu ao quarto simples e contemplou o rosto de Lívia, macerado e lívido, sob o halo da morte.

Angelical serenidade estampara-se na face dela. Um sorriso misterioso, que ninguém saberia definir como sendo de alegria ou de conformação, fixara-se-lhe nos lábios por derradeira mensagem de sua vida curta aos que ficavam.

O companheiro que tanto a amara inclinou-se sobre o cadáver, pranteando por alguns momentos; no entanto, como se fosse subitamente erguido por força estranha, começou a bramir de dor selvagem e a imprecar.

Convenientemente amparado por Lúcio, a este rogou auxílio. Precisava de urgente acesso ao lar.

Em minutos breves, uma carreta de serviço transportava-o, de retorno a casa, em companhia de Anacleta.

Em todo o percurso não haviam trocado palavra.

Clarões matutinos principiavam a surgir em formoso dilúculo...

Seguido pela governanta, preocupada em evitar qualquer atitude de violência, o patrício chamou pela mulher com a voz clamante de um alienado mental.

Helena, porém, não se achava como de costume em sua câmara de repouso.

Após alguns instantes de ansiosa busca, foi afinal surpreendida numa poça de sangue, nos banhos da casa.

A desventurada matrona, transtornada pelos quadros terrificantes da culposa consciência, abrira os pulsos com as próprias mãos.

Anacleta prorrompeu em ruidosas exclamações.

Todos os servos acorreram pressurosos para o socorro que não mais tinha razão de ser.

Foi então que o velho Opílio, trêmulo e aflito, aproximou-se e, deparando com a filha que sempre lhe dominara o coração, cadaverizada, quis gritar mas não conseguiu. O peito afigurou-se-lhe comprimido e o cérebro estalou, à maneira de uma harpa cujas cordas se rebentassem, e o ancião caiu desamparado, no piso de mármore, gemendo angustiosamente.

A noite trágica passou qual furacão desapiedado e ululante.

Opílio Vetúrio, o potentado que Roma admirara por tantos anos, em razão do choque, acamara-se abatido e hemiplégico.

Extinguira-se-lhe o dom da palavra.

Não obstante o imenso esforço para recuperá-lo, não conseguia senão emitir sons guturais, com simiesca expressão.

Dias desdobraram-se sobre dias...

E, enquanto uma soberba trirreme o conduzia, sob os cuidados de Anacleta, a caminho de Óstia, Taciano e Blandina, acompanhados de Quinto Celso, regressavam à Gália Lugdunense, chagados de saudade e de dor...

O orgulhoso filho de Quinto Varro, que desde a juventude desdenhava a plebe e que apenas se humilhava superficialmente no culto aos deuses das vitórias imperiais, começava a dobrar a cabeça. Abraçado às duas crianças que lhe constituiriam doravante a razão de viver, com rugas profundas a lhe desfigurarem o rosto, emoldurado já nos cabelos brancos a se multiplicarem celeremente, não sabia agora senão inquirir em silêncio o horizonte distante, demorando-se, mudo, a refletir e chorar...

VI

Solidão e reajuste

O outono de 256 começava entre lutas e expectativas.

No Império, então governado por Públio Aurélio Licínio Valeriano, elevado à púrpura do poder pelos seus brilhantes feitos militares, a decadência continuava...

Não obstante as vitórias sobre os godos, o Imperador não conseguia sustar a desagregação moral a desenvolver-se em toda a parte.

Em Roma, a dignidade sofria esquecimento e subversão.

Nas linhas provinciais crescia a irresponsabilidade e a indisciplina.

Taciano, contudo, acelerara demasido a renovação interior para deter-se no mundo externo.

Arredado das questões políticas e filosóficas que o apoquentavam, sentia-se convocado pela vida ao reajuste de todas as suas conquistas e valores de ordem pessoal.

Novamente em Lião, onde a vida se desdobrava com as readaptações necessárias, não ignorava que de Roma não lhe faltariam dissabores imprevisíveis.

O suicídio de Helena e a moléstia do sogro, sem que ele pudesse revelar aos amigos a chave das explicações justas, criara-lhe uma atmosfera de antipatia e desconfiança.

Encontrava-se, por isso, mais angustiado, mais sozinho.

Chegara à vila com um pensamento obcecante a dominar-lhe o cérebro: – o desforço contra Teódulo. Saberia despejar sobre ele todo o fel de indignação e desprezo que lhe vertia da alma. Interpelá-lo-ia com rigor e vingar-se-ia sem piedade. Contudo, de regresso, veio a saber que o representante de Opílio fora chamado por Galba, à pressa, tendo seguido para a metrópole, dois dias antes.

Certo, a saúde de Vetúrio periclitava.

Sentia-se, porém, duramente ferido para seguir ao encontro do sogro.

Atreito às antigas tradições de orgulho em que plasmara a própria vida, reconhecia-se estrangeiro no seio da família Vetúrio, que, desde o berço, lhe envenenava a vida. Preferia aguardar o desfavor e a hostilidade, no campo de serviço a que se habituara, desde a juventude.

Temendo a intromissão de Galba, mandou reformar a casinha que pertencera a Basílio e embelezá-la, única propriedade que detinha em seu nome, e passou a viver ali, em companhia de Blandina, de Celso e de um velho casal de escravos, Servulino e Valéria, extremamente devotados a ele.

A antiga servidora era o sustentáculo eficiente das lides domésticas e o esposo convertera-se no professor competente das crianças.

Quinto Celso, já iniciado por Lívia, desde a meninice, na arte da leitura, era, aos onze anos, um prodígio de memória e discernimento. Francamente cristão, despendia longas horas com Blandina contando-lhe as histórias dos mártires do Evangelho e comunicando-lhe a fé ardente em Jesus.

A filhinha de Taciano ouvia, maravilhada, encontrando imenso consolo naquelas conversações.

Os sofrimentos de Lívia, o desaparecimento de Basílio, a morte de Helena, com as pomposas exéquias de que se fizera acompanhar, a enfermidade do avô e as graves preocupações paternas impuseram-lhe profundo abalo psíquico. Chorava sem motivo, padecia inexplicáveis insônias e, não raro, demorava-se no leito, dias e dias, sob fortes crises do coração descompassado.

A excursão em Neápolis perdera para ela os frutos de que parecia revestir-se.

Diariamente, pela manhã, formulava com o pai a prece habitual a Cíbele, mas, no fundo, sentia que o seu pensamento passara a gravitar em torno daquele Cristo, amoroso e sábio, que se achava no centro de todas as observações do irmão adotivo.

Não ignorando a aversão do genitor pelos cristãos, ela se abstinha, cuidadosamente, na presença dele, de qualquer comentário tendente a magoar-lhe os princípios.

Pouco a pouco, as opiniões e os apontamentos de Celso conquistaram-lhe a alma simples e sensível para a nova fé.

O rapazinho, terminados os estudos e as tarefas de cada dia, ainda encontrava tempo para rápidas leituras do arquivo de Basílio, que Taciano conservava respeitosamente.

Daí o benfeitor paternal, quando nos entendimentos costumeiros, quer nos passeios pelo campo, quer às refeições no triclínio, surpreender-se com as observações do menino, judiciosas e sensatas, nas quais, todavia, Quinto Celso evitava igualmente as menores referências ao Cristianismo de maneira direta.

Servulino não se esquecia de rogar às crianças o devido respeito às convicções do amo e, assim, os dois irmãos espirituais comungavam o mesmo idealismo e as mesmas esperanças na vida íntima, cimentando a fé que lhes irmanava os corações.

Noite a noite, viviam os habitantes da casinha do bosque doces e abençoadas horas de música e alegria.

Qual se conhecesse os traços psicológicos de Taciano, de longa data, Celso adquirira maneiras especiais de orientar a conversação.

Certa feita, porque o patrício desencantado se queixasse das tragédias passionais do seu tempo, com aflição e desânimo, o jovem falou sutil:

– Mas, meu pai, o senhor não julga o mundo necessitado de uma idéia nova? Uma idéia que penetre o sentimento da criatura, renovando-lhe o modo de pensar?

Taciano fitou-o, espantado.

Que entenderia Celso dos problemas da vida?

Embora admirado, revidou firme:

– Não creio, meu filho. Nossas tradições e nossas leis são suficientes. Basta nos adaptemos a elas, de vez que as diretrizes estão prontas. Não admites que as Divindades sabem reger nossas vidas?

– Sim, meu pai – ajuntou o pequeno, pensativo –, o senhor tem razão... Contudo, os deuses parecem tão longe! Dizem-nos que Júpiter garante o mundo em toda a parte, que Ceres é a protetora das colheitas, que Minerva dirige os sábios, mas não acha que precisávamos de alguém que, em nome dos deuses, viesse ao mundo conviver com os homens, vivendo-lhes as dificuldades e as dores?... As Divindades ajudam as pessoas, de conformidade com os sacrifícios que recebem nos templos. Assim, a proteção do Céu varia com a posição dos homens. Há quem possa levar aos santuários touros e aves, incenso e moedas, entretanto, a maioria dos habitantes de uma cidade é gente pobre, que apenas conhece o sacrifício e a servidão... O senhor acredita que os escravos são deserdados do Céu? Os que mais trabalham devem ser os menos favorecidos?

O filho de Varro recebia semelhantes palavras, pronunciadas com humildade e carinho, por jatos de luz interior...

Ele mesmo fora bem-nascido, crescera bafejado pelo prestígio do ouro, contudo, as surpresas do destino, gradativamente, despojavam-no de todas as regalias e privilégios.

A morte da esposa e o desagrado da parentela situavam-no à beira de total empobrecimento econômico.

Aguardava do cunhado e genro o último golpe.

Não tardaria, talvez, a conhecer a dolorosa condição dos homens sentenciados à subserviência, na subalternidade e na sombra.

Em semelhante curva da caminhada na Terra, experimentava o sopro da adversidade a enregelar-lhe o coração.

Teria bastante fé nos dias incertos que se avizinhavam?

As observações do filho adotivo acordavam-lhe na alma esses cruciantes pensamentos.

Empalideceu, ligeiramente, e considerou:

– Sim, sim, as tuas ponderações são apreciáveis, contudo, não podemos olvidar que a nossa existência permanece estruturada sobre o alicerce das classes.

E, recordando sábias interpretações dos antigos romanos, acrescentou:

– A sociedade é um corpo do qual somos partes integrantes. A cabeça içada sobre os ombros guarda a missão de raciocinar e decidir. As mãos e os pés foram feitos para servi-la. No organismo de nossa vida política, o patriciado representa os sentidos tais como a visão, a audição e o tato, que auxiliam o cérebro a examinar e discernir, ao passo que os plebeus constituem os membros incumbidos do trabalho e da submissão. Não poderíamos inverter a ordem. O nascimento e a posição, o nome e a conquista são os pilares de nosso equilíbrio.

O jovem sorriu, com inteligência, e obtemperou, fortemente inspirado:

– Mas, a dor nos pés não é tão desagradável quanto a dor na cabeça? Uma ferida nas mãos não será tão incômoda quanto um golpe no rosto? Estou certo, meu pai, de que cada pessoa respira no lugar que a Natureza lhe concedeu, mas todos os homens merecem respeito, felicidade e consideração, entre si... Aceitando essa verdade, creio que se a fé pudesse operar em nós, por dentro, fazendo-nos mais amigos e mais irmãos uns dos outros, a fim de que nós mesmos começássemos o serviço da bondade, sem qualquer constrangimento, a harmonia do mundo seria mais perfeita porque a fortuna dos felizes não seria perturbada pela desfortuna dos pobres, o riso de alguns não seria prejudicado pelos gemidos de tantos...

O viúvo de Helena meditou por momentos e concluiu:

– As tuas referências são interessantes e valiosas. Inegavelmente, para alcançarmos a realização a que te reportas, precisaríamos no Império de um grande reformador... um homem à altura de todas as nossas dignidades públicas. Provavelmente, um filósofo, tomando as rédeas do governo, sob a inspiração da bondade e do direito, saberia compreender as nossas necessidades comuns...

Celso permutou com Blandina um olhar de inexprimível alegria e acentuou:

– Mas, papai, o senhor não acredita que esse renovador já tenha vindo?

Taciano compreendeu a velada alusão a Jesus-Cristo, esboçou um gesto de enfado e modificou o rumo da conversação, todavia, na solidão de si mesmo, refletia sobre os argumentos daquela criança, que a devoção de Lívia lhe havia legado e que, paulatinamente, passava a lhe ocupar o coração como pequeno mas seguro orientador.

Várias semanas haviam transcorrido, quando um correio de confiança da casa de Galba trouxe inquietantes notícias de Roma.

Dignara-se Lucila escrever apenas à irmã, de modo a torturar o genitor com todo o fel de malquerença que lhe extravasava da alma. Exigia que Blandina fosse morar na capital do Império, em sua casa, asseverando haver perdido a confiança no pai que não quisera evitar o deplorável suicídio de Helena. Achava-se convicta de que ela procurara o próprio fim, constrangida pelo procedimento de Taciano, que, por anos consecutivos, parecia recusar-lhe o carinho. Notificava que o avô, acamado entre a enfermidade e o túmulo, resolvera vender todas as suas propriedades nas Gálias, para que a família se desvencilhasse de recordações amargas, comunicando, ainda, que, em breves dias, o patrício Álcio Comúnio entraria na posse da vila, que Teódulo não mais voltaria e que, por isso, lhe aconselhava a mudança para Roma, sem mais tardar. Aguardaria, porém, uma resposta clara, a fim de incumbir Anacleta e outras servidoras de lhe constituírem o séqüito necessário em viagem. Rogava a remessa de jóias e lembranças maternas para o seu tesouro afetivo e, por último, relacionava os interesses e as vantagens da transferência, enunciando a esperança de que Blandina, por lá, descobriria uma existência diversa, suscetível de curar-lhe todas as tristezas e abatimentos incompreensíveis.

Taciano leu a carta, mal afogando as lágrimas.

Nunca poderia aguardar semelhante desacato.

A decisão do sogro, desfazendo-se das terras, significava para ele o mais forte rebaixamento de nível social, entretanto, a miséria não lhe doía tanto quanto o ingrato conceito da filha.

Lucila não possuía a mais leve razão de feri-lo.

Lembrou-se, contudo, de Quinto Varro, o genitor desvelado que tudo lhe dera sem nada receber e, mais uma vez, ponderou quão amargo lhe fora o caminho no mundo.

Enxugou o pranto, recompôs a fisionomia e apresentou a mensagem à filhinha.

Blandina não ocultou a revolta que as notícias lhe impunham e respondeu, de imediato, à irmã que não pretendia abandonar a companhia paterna, enquanto vivesse.

O emissário de Galba tornou à metrópole, conduzindo a curta missiva com todos os objetos do uso particular de Helena e, desde então, indevassável silêncio pesou nas relações familiares, entre Lucila e o pai.

Volvidos alguns dias, Álcio apossou-se da herdade, requisitando Servulino e a esposa, cujos serviços lhe pertenciam por direito de compra, e Taciano, obrigado a contratar a cooperação de uma doméstica, assumiu, por sua vez, a tarefa de educador dos filhinhos, porquanto não mais dispunha de recursos materiais capazes de satisfazer a todos os seus desejos.

O inverno chegara, ríspido.

As árvores enregeladas, com a galharia desnuda dirigida para o alto, pareciam espectros a suplicarem o calor da vida.

Meditabundo, observava Taciano a natureza castigada, recordando o próprio destino.

O frio da adversidade assediava-lhe o coração.

Não fossem Blandina e Celso, frágeis rebentos da vida a lhe reclamarem carinho, e talvez se rendesse ao sofrimento moral, até que a morte o visitasse por mensageira de paz e libertação. Todavia, a ternura e a confiança com que lhe seguiam os passos, refundiam-lhe as forças. Disputaria com os monstros invisíveis da sorte a fortaleza de si mesmo, a fim de doar às duas crianças uma vida melhor que a dele. Renunciaria a todos os prazeres, para que elas vivessem sempre livres e felizes.

Quando a primavera tornou à paisagem do Ródano, encarou a necessidade de ausentar-se de casa, na conquista de maior conforto doméstico. E pela vez primeira, qual havia acontecido ao próprio pai, em outro tempo, percebeu quão dura se fazia a existência para o homem que se propusesse conseguir com dignidade o próprio pão.

A classe média não passava de perigoso e escuro corredor, entre a planície miserável dos escravos e a dourada montanha dos senhores.

Sacudido por aflitivas emoções, considerou os obstáculos que se antepunham entre ele e a vida de sua época.

Entretanto, não lhe cabia recuar.

Consultou diversos amigos, contudo, era difícil instalar-se em qualquer posição vantajosa, sem a proteção dos altos dignitários da Corte e semelhante amparo se fazia agora inacessível para ele.

A saúde da filha reclamava serviços assistenciais imediatos e isso demandava recursos crescentes.

De tentativa a tentativa, em busca de trabalho decente, ocasiões surgiram em que invejou a sorte dos ferreiros e dos gladiadores humildes que podiam beijar os filhinhos, cada noite, orgulhosos e felizes, dentro da simplicidade que lhes assinalava a bênção de viver.

Desesperado, entre as necessidades domésticas e os obstáculos do meio, resolveu concorrer às corridas de bigas, na disputa de prêmios pecuniários.

Possuía dois carros leves e sólidos, bem como excelentes cavalos de tiro.

Na estréia, foi atingido pelos olhares ridiculizantes de muitos daqueles que, na prosperidade, lhe freqüentavam o ambiente doméstico... Diversos companheiros da véspera orgulhosamente lhe recusaram as saudações usuais, em lhe observando a participação em atividades plebéias, mas tanto engenho e tanta destreza demonstrou nas corridas que, em breve, se fez o favorito de inúmeros apostadores.

Admirado por alguns e ironizado por muitos, o filho de Varro algo encontrara em que prender a atenção.

Odiava a turba festiva que lhe aclamava o nome nas competições vitoriosas, experimentava indisfarçável repugnância pelos ajuntamentos de homens e mulheres gozadores da vida, mas, no fundo, sentia-se satisfeito com a oportunidade de conquistar, ao preço de esforço próprio, o dinheiro indispensável às despesas do lar que novamente passara a desfrutar o mais amplo conforto.

Contratara competente professor para os jovens e a vida transcorria em casa numa abençoada atmosfera de paz, somente perturbada pela precária saúde de Blandina, que jamais pudera refazer-se de todo. Doente e abatida, a menina via o tempo escoar-se, sob o carinho inexcedível de Taciano e de Celso, qual se fora um anjo enfermo, prestes a desferir o vôo para o paraíso.

Por mais fosse conduzida pelas abnegadas mãos paternas aos passeios no rio ou na floresta, nunca mais lhe assomaram à face as cores róseas e sadias da infância. Muitas vezes, era surpreendida pelos familiares, em lágrimas convulsivas, e, quando interpelada por eles, informava, triste, que vira a sombra de Helena a rogar-lhe orações.

Taciano sabia que os entendimentos da filhinha com Celso converteram-na ao Cristianismo, no entanto, transformara-se-lhe demasiado a alma para subtrair-lhe à torturada adolescência o único manancial de consolo capaz de propiciar-lhe a paz e o conforto, a esperança e a alegria.

Pessoalmente, era o mesmo devoto de Cíbele, o invariável defensor dos deuses imortais, todavia, as amarguras da Terra lhe haviam ensinado ao coração que a felicidade espiritual não é a mesma para todos.

Dois anos correram, apressados...

Celso, robusto e bem-disposto, era agora valioso companheiro do pai adotivo, cooperando nos trabalhos da pequena cavalariça, mas Blandina piorara sensivelmente.

Se a jovem tentava qualquer número de harpa ou de canto, longos acessos de tosse obrigavam-na a interromper-se.

O pai, agoniado, não poupava sacrifícios para restabelecer-lhe a saúde, mas a Natureza parecia condenar a doente a infindáveis padecimentos.

De passagem por Lião, afamado médico gaulês de Mediolanum[21] foi chamado a opinar e aconselhou a Taciano conduzisse a menina à cidade em que residia para meticuloso tratamento de sua especialidade. Provavelmente a temporária mudança cooperaria para reerguer-lhe as forças.

O pai, amoroso e dedicado, não vacilou.

Sem recursos para despesas que exorbitassem o orçamento comum, contraiu vultoso empréstimo e partiu com os filhos, no verão de 259.

Não obstante, porém, os enormes débitos contraídos e apesar dos sacrifícios levados a efeito, no processo de

[21]Mediolanum, hoje Évreux. (*Nota do Autor espiritual.*)

cura a que foi submetida, a enferma regressou sem melhoras.

As lutas paternas continuaram, tormentosas...

Desdobravam-se os dias inquietantes, quando inesperada visita veio surpreendê-los.

Anacleta, a leal amiga, vinha despedir-se.

Tendo ultrapassado meio século de existência, concluíra que não mais poderia tolerar as agitações da cidade imperial.

Afirmava-se exausta.

Blandina e o pai ouviram, apavorados, as notícias de que se fazia portadora.

O velho Opílio morrera, atormentado por grandes pesadelos, no inverno de dois anos antes e Galba, talvez entediado dos excessos a que se rendera durante toda a vida, tentara a mudança para a Campânia, no que fora impedido pela esposa, cada vez mais ávida de emoções e de aventuras...

Lucila, desde a morte de Helena, quando se afastara em definitivo da influência do antigo lar, parecia tomada por incompreensível fome de prazeres. Assim é que, enquanto o marido se retirava para o campo, confiava-se à perniciosa influência de Teódulo, que fixara residência no palácio de Vetúrio, qual se lhe fora afeiçoado familiar. O intendente acompanhava-a em múltiplas festas e favorecia-lhe afeições ilícitas, até que, um dia, apanhado de surpresa por Galba, em posição equívoca, no tálamo conjugal, foi por ele apunhalado sem comiseração.

Cometido o crime, que, como tantos outros passara despercebido das autoridades bem subornadas, o irmão de Helena acamou-se, delirando...

Por alguns dias, ela própria, Anacleta, velara por ele, mas, fatigada, obedeceu às instruções da dona da casa, que lhe recomendava descanso. Na primeira noite, contudo, em que se entregou ao repouso, na câmara que lhe era própria, Galba faleceu misteriosamente, asseverando algumas escravas de confiança, em surdina, que o amo fora envenenado pela própria mulher, com uma tisana preparada por ela mesma.

Taciano e a filhinha choraram estas desgraças.

A perda moral de Lucila aterrava-os.

Insistiram com a velha amiga para ficar, entretanto, a devotada servidora confessou que se fizera cristã e desejava a solidão para reconsiderar o caminho percorrido. Deliberara, desse modo, voltar à ilha de Cipro, atendendo ao pedido afetivo dos derradeiros parentes que lhe restavam.

Acompanhada por dois sobrinhos, que lhe dispensavam cuidados especiais, não se demorou por mais de uma semana, despedindo-se então dos amigos queridos, para sempre.

Impressionada, talvez, com as aflitivas informações trazidas de Roma, Blandina não mais se ergueu.

Debalde Taciano rodeou-a de surpresas e carícias... Em vão, Quinto Celso contou-lhe renovadas histórias de heróis e de mártires...

A doente renunciou a toda espécie de alimentação e mais se assemelhava, jungida ao leito alvo, a um anjo esculturado em marfim, unicamente animado pelos olhos escuros, ainda vivos e brilhantes.

Certa noite, justamente na antevéspera de grandes espetáculos em homenagem a patrícios ilustres, nos quais

Taciano seria investido de grandes responsabilidades, a enferma chamou-o e apertou-lhe carinhosamente as mãos.

Permutaram inesquecível olhar, em que exprimiam toda a imensa dor que lhes estrangulava o espírito, adivinhando próximo adeus.

– Pai – disse ela, melancólica –, agora não me demorarei a reunir-me aos nossos...

Taciano procurou, em vão, represar as lágrimas que lhe inundavam os olhos.

Tentou falar, tranqüilizando-a, mas não conseguiu.

– Sempre fomos unidos, paizinho! – continuou a moça, triste – até hoje, nada fiz sem a sua aprovação... Queria, assim, pedir o consentimento seu para que eu possa realizar um desejo, antes de partir...

E sem que o genitor tivesse tempo para qualquer indagação, acrescentou:

– O senhor permite que eu aceite a morte, na fé cristã?

O patrício recebeu a pergunta como se fora apunhalado nos tecidos sutis da própria alma. Uma dor intraduzível, na qual se misturavam a saudade e o ciúme, o fel e a angústia, fê-lo dobrar a cerviz, melancolicamente...

– Tu também, minha filha? – inquiriu ele, em pranto. – Meu pai era dele, minha mãe abraçou-o, Basílio imolou-se por ele, Lívia morreu louvando-lhe o nome, Anacleta despediu-se de nós, procurando-o, Quinto Celso, o filho que o destino me legou, nasceu pertencendo-lhe... Sempre o Cristo!... Sempre o Cristo a buscar-me, a atormentar-me e a perseguir-me!... Eras tu a única esperança de meus dias! Julguei que o Carpinteiro Galileu te poupasse!...

Entretanto... tu também... Ó Blandina, por que não amas teu pai como teu pai te ama? Todos me abandonaram... por que me deixarás também? Estou atribulado, vencido, sozinho...

A jovem movimentou as mãos ressequidas e pálidas, com dificuldade, e acariciou-lhe a cabeça prematuramente encanecida que pendia para ela em choro convulso.

– Não sofra, paizinho! – pediu, resignada. – Eu quero Jesus, mas o senhor é tudo o que eu tenho!... Nada encontrei na vida igual ao seu carinho... Seu amor é a minha riqueza!... Desejo, antes de tudo, seguir-lhe os passos... Não vê que sempre rezamos juntos, pela manhã, a oração de Cíbele? Tudo será para mim, segundo a sua vontade...

A jovem interrompeu-se por alguns instantes, mostrou sinais de indefinível alegria no rosto descarnado e continuou:

– Hoje, à tardinha, Lívia esteve aqui... Trouxe uma harpa enorme, adornada com rosas de luz... Cantou para mim o hino às estrelas com a mesma voz do nosso encontro às margens do Ródano... Disse-me que estaremos todos juntos em breve e que eu não deveria apoquentá-lo, caso o senhor não consinta que eu me faça agora cristã... Asseverou que a vida é divina e eterna e que não temos motivo para atormentar-nos uns aos outros... Afirmou-me que o amor de Jesus glorifica-nos o caminho e que, com o tempo, brilhará em toda a parte... Além de tudo, pai querido, nunca entrarei num Céu em que o senhor não esteja...

Fixou os olhos profundos e fulgurantes no teto e exclamou:

– Jesus é também o amor que espera sempre... Haverá perdão para todos...

Taciano ergueu o semblante e fitou-a, contristado.

Teria razão para contrariar a filha querida na hora extrema? Poderia, em sã consciência, impedir-lhe o acesso à fé que ele até então detestara? Por que negar a Blandina o conforto de sua aquiescência numa questão puramente espiritual? Experimentou grande remorso, em face do desabafo que pronunciara, e, abraçando a doentinha, falou, sincero:

– Perdoa-me, filha! Esquece as minhas palavras... Dize o que pretendes... Podes abraçar o Cristianismo, livremente... Nosso amor não é uma cadeia para o sofrimento e sim a nossa comunhão na alegria perfeita! Manda, Blandina, e obedecerei!...

Havia tanta lealdade quanta ternura naquelas frases que a enferma sorriu um sorriso de enlevo e contentamento e, então, rogou, humilde:

– Papai, na igreja de São João há um velhinho de nome Ênio Pudens que eu desejaria fosse rogado pessoalmente pelo senhor a fazer comigo uma oração e... quando eu morrer, ficaria contente se o senhor depositasse o meu corpo no sepulcro dos cristãos... Sei que lá reina a alegria com a certeza da vida eterna...

Taciano tentou dissuadi-la dessas idéias. Por que tamanha preocupação com a morte, quando a esperança lhes descerrava magnífico futuro à frente?

Esforçando-se para mostrar tranqüilidade e segurança, prometeu cumprir-lhe a vontade, e passou a conversar em outros assuntos.

Referiu-se à festa que a cidade esperava, ansiosamente, e salientou o propósito de conquistar expressivo prêmio.

Adquirira dois cavalos vigorosos, procedentes de Capadócia, que pareciam possuir invisíveis asas nas patas.

Aguardava, por isso, um triunfo espetacular.

Estava convicto de que a filhinha, muito em breve, se mostraria orgulhosa e linda nas corridas, abrilhantando-lhe as vitórias.

Blandina sorria, satisfeita e confortada.

Mais serena, aquietou-se na expectação do dia seguinte.

De espírito dilacerado, Taciano viu chegar a manhã e, consoante a promessa que formulara, dirigiu-se discretamente à igreja de São João, onde não teve dificuldade para encontrar o velhinho indicado.

Com cerca de oitenta anos, curvado e trêmulo, Ênio Pudens, o mesmo companheiro de Quinto Varro quando este se fizera conhecido por sucessor de Ápio Corvino, ainda trabalhava. Não obstante desfrutar o respeito de todos, na posição de cooperador mais velho da comunidade, era um exemplo vivo de fé, serviço, diligência e abnegação.

Recebeu Taciano, com atenção e bondade, colocando-se à disposição dele para o que lhe pudesse ser útil.

A simplicidade do ambiente conferia-lhe imensa paz ao coração.

A alma de Taciano sentia sede de tranqüilidade como o deserto suspira pela bênção da água.

Interpelado pelo patrício, com respeito ao pretérito, Ênio informou-lhe haver conhecido ambos os Corvinos, o velho e o moço, mostrando-lhe, satisfeito, as recordações daquele que jamais poderia imaginar fosse o infortunado pai do seu interlocutor.

O filho de Varro observou a dependência em que o genitor vivera consagrado à caridade e à fé.

Deteve-se na contemplação do leito pobre, carinhosamente conservado, e refletiu nas amarguras que, de certo, teriam ali assediado o coração paterno.

Nunca poderia supor que ele mesmo, Taciano, bateria àquelas portas implorando socorro para filha doente.

Mergulhado em profundo alheamento, foi despertado pela voz de Pudens que declarava estar pronto para segui-lo.

Partiram, assim, em demanda do ninho agasalhado entre as árvores, onde Blandina recebeu o apóstolo com alegria e reverência.

O missionário conhecia o genro de Vetúrio, de longa data. Sabia-o adversário ferrenho do Evangelho e manifesto perseguidor da igreja torturada. Contudo, a pobreza limpa em que vivia com os filhos, a coragem moral nos reveses sofridos e o bom ânimo com que enfrentava os golpes da sorte, à frente da opinião pública, inspiravam simpatia e respeito ao seu espírito amadurecido.

Acanhado a princípio, a pouco e pouco se tornou mais comunicativo. As perguntas da pequena enferma, a conversação judiciosa de Celso e o olhar respeitoso do chefe da casa deixavam-no mais à vontade.

O antigo religioso refletiu quão enormes teriam sido as aflições caídas sobre aquele homem tenaz que o escutava atentamente, mas, avelhentado na experiência e na dor, calou as indagações no próprio íntimo, para só expandir-se em carinho, tolerância, bondade e compreensão.

Ao fim de uma hora de sadio entendimento, atendendo aos rogos da doentinha, o ancião pronunciou, em voz alta, a prece dominical:

– *Pai Nosso, que estais no Céu, santificado seja o vosso nome; venha a nós o vosso reino, faça-se a vossa vontade, assim na Terra como nos Céus; o pão nosso de cada dia dai-nos hoje, perdoai as nossas dívidas assim como perdoamos aos nossos devedores, não nos deixeis cair em tentação e livrai-nos de todo mal, porque vosso é o reino, o poder e a glória para sempre. Assim seja.*

O viúvo de Helena ouviu a rogativa, mudo e emocionado, comovendo-se com a doce confiança dos filhos que a repetiam, palavra por palavra.

Era o seu primeiro contacto com alguma lembrança do Cristo que nunca pudera compreender.

Diante daquele quadro constituído por um velhinho que nada mais esperava do mundo senão a paz do túmulo, e por duas crianças que se achavam investidas do direito de tudo aguardarem da Terra, identificados na mesma vibração de alegria e de fé, não pôde impedir que o pranto lhe umedecesse os olhos.

Ouviu, com respeito inexcedível, todos os apontamentos do hóspede e, quando Ênio se despediu, atencioso, rogou-lhe não lhe esquecesse os filhos. Blandina e Celso eram cristãos fervorosos e ele, na posição de pai, não lhes contrariaria os sentimentos.

A enferma fitou-o, jubilosa.

Inexprimível serenidade envolveu a casa naquela noite inesquecível. Como se houvera sorvido delicioso calmante, a menina adormeceu tranqüilamente. Taciano, por sua vez, entregou-se ao sono pesado e sem sonhos...

Ao amanhecer do dia seguinte, contudo, acordou com indefinível tristeza a turbar-lhe o íntimo.

Recordou que a filha na véspera assumira compromisso moral com a nova fé e, por isso, sozinho procurou a imagem de Cíbele, existente num oratório particular, anexo ao quarto de Blandina.

Pela primeira vez, depois de muitos anos, repetiu a sós, consigo mesmo, a sua rogativa habitual à Grande Mãe.

Nunca se vira imerso em tamanho frio espiritual. Jamais se sentira tão angustiosamente só. Guardava a impressão de que ele era o único oficiante vivo num templo de deuses mortos...

Ainda assim, não renunciaria à fé pura da infância.

Amaria Cíbele, cultuaria Baco e esperaria por Júpiter, o grande senhor.

Não podia modificar-se.

Orou em lágrimas e, depois de abraçar os filhos, dirigiu-se para o circo, onde prepararia o carro de sua propriedade para as corridas da tarde.

Mais tarde, voltou ao lar para leve refeição e, não obstante registrar os padecimentos de Blandina singularmente agravados, tornou à cidade para o grande prélio.

No limiar do crepúsculo, o local regurgitava de gente.

Liteiras enfileiradas davam notícia da expressão aristocrática da festa. Bigas e quadrigas desfilavam, à pressa, aqui e ali... Músicos disfarçados em faunos tangiam cítaras e trompas, alaúdes e pandeiros, animando a turba que não se fatigava na reprodução de urros selvagens. Cortesãs admiravelmente trajadas e bacantes recendendo aromas perturbadores, matronas e virgens de Roma e das Gálias, exaltadas e seminuas, gritavam os nomes dos favoritos.

Taciano contava com a simpatia geral.

Tão logo formou na linha inicial da competição, viu-se aclamado por centenas de vozes, que partiam, não somente do povo, mas também das galerias de honra onde se acomodava o Propretor com o seu vasto séqüito vistoso e farfalhudo.

Naquele dia, contudo, o predileto da multidão parecia surdo e indiferente.

De pensamento voltado para a filha bem-amada, a debater-se com a morte, não esboçou o mínimo gesto de reconhecimento na direção da massa que o saudava, delirantemente...

Ao sinal de largar, afrouxou as douradas rédeas e os cavalos fogosos dispararam. O candidato à vitória, porém, não se sentiu seguro como de outras vezes...

Depois de alguns instantes de galope desenfreado, notou que a cabeça como que se desequilibrara nos ombros. Esforçou-se para retomar o comando da biga a desvairar-se, veloz, mas turvou-se-lhe a visão, repentinamente. Deixou de escutar os gritos da massa frenética, guardando a impressão de que um vazio se lhe formara no cérebro e, incapaz de controlar-se, inclinou-se para a frente, apoiando-se nas bordas do carro sem domínio.

Os animais, contudo, plenamente desarvorados, atiraram o veículo contra enorme coluna de um dos arcos ornamentais da pista, convertendo-o em pedaços.

Colhido então de imprevisto, Taciano sofreu tremenda queda, indo arrojar-se de encontro aos ferros retorcidos, que lhe feriram o frontal, ofendendo-lhe seriamente os olhos.

Ante a gritaria da multidão, alguns servidores dos jogos públicos depressa o socorreram, retirando-o, em sangue.

O valoroso campeão achava-se desacordado. E, enquanto dois prestimosos escravos o reconduziam, cuidadosamente, de retorno a casa, as mesmas vozes que antes o aplaudiam apupavam-no agora com ditérios e ingratas observações.

Os jogadores que haviam perdido importantes apostas voltavam-se, desapontados, contra o ídolo da véspera...

O patrício, ainda incapaz de raciocinar, embora já pudesse gemer, foi colocado no leito sob o angustiado olhar de Quinto Celso.

O rapaz esmerou-se por ocultar o acontecimento doloroso a Blandina e prestou ao pai adotivo os serviços assistenciais ao seu alcance. Reconhecendo-se, porém, infinitamente só para resolver por conta própria, valeu-se do cavalo que costumava servi-lo e correu ao abrigo dos cristãos.

O velho Ênio ouviu-lhe as notícias, compadecidamente.

Recambiou Celso ao lar e tomou um carro para acudir ao ferido. Em pouco tempo, assumia a direção da casinha do bosque por força das circunstâncias.

Transportou consigo os ungüentos curativos de que podia dispor e, munido de panos de linho, começou a limpar as escoriações que ainda sangravam, mas, tomado de penosas apreensões, verificou que Taciano estava cego. O orgulhoso patrício que a vida parecia castigar paulatinamente, despojando-o de todos os privilégios que o faziam temido e respeitado, via-se agora dilacerado no próprio corpo. Nunca mais tornaria às competições da arena, e difícil lhe seria conseguir trabalho e sustentar-se com o esforço das próprias mãos...

Enquanto meditava, reparou que o ferido recuperava integralmente a razão. Recrudesciam-lhe os gemidos abafados.

O velhinho dirigiu-lhe algumas palavras encorajadoras, explicando que as equimoses se achavam devidamente medicadas.

Reconhecendo o benfeitor, Taciano agradeceu e pediu que a luz se fizesse, pois se sentia incomodado, aflito, naquela escuridão.

O manto da noite realmente havia caído sobre aquele dia infortunado, mas no quarto duas tochas ardiam, brilhantes.

– Senhor – disse o ancião, profundamente pesaroso –, a câmara está iluminada, entretanto, os vossos olhos...

A frase perdeu-se, reticenciosa, no ar.

Indescritível pavor assomou ao semblante do ferido.

O filho de Varro levou as mãos à cabeça e compreendeu a extensão do desastre.

Ênio e Celso que o seguiam, ansiosos, acreditaram que o infortunado romano explodiria numa crise de exasperação e dor, mas o viúvo de Helena aquietara-se incompreensivelmente... Das órbitas apagadas e sanguinolentas, grossas lágrimas rebentaram abundantes. Como se devesse dar informações de si mesmo ao filho e ao amigo, exclamou em voz comovedora:

– Estou cego! Mas, os deuses concedem-me, ainda, a graça de chorar!...

Em seguida, tateante e trôpego, dirigiu-se à câmara de Blandina, pedindo a Ênio que, antes de entrar, deixasse o quarto em sombra.

Aproximou-se da filha, afagando-lhe os cabelos.

A enferma deu-lhe notícia das dores que a atormentavam e, num supremo esforço, o pai consolou-a, rogando desculpas por haver tardado tanto...

Velado pelas trevas, descreveu-lhe a festa da tarde. Contou-lhe que centenas de mulheres haviam mostrado trajes originais de grande beleza. O espetáculo fora magnífico. Imaginou surpreendentes novidades para encanto da enferma que se habituara a receber-lhe as narrações do regozijo público.

Blandina osculou-lhe as mãos, declarou alegrar-se com a presença de Pudens e acomodou-se tranqüila.

O ancião e Celso acompanharam a cena, comovidíssimos.

A força moral de Taciano impressionava-os.

E, noite a noite, como se estivesse regressando das funções no circo, o genitor abraçava a filhinha, às escuras, com ela conversando longamente, de modo a sustentar-lhe a impressão de que tudo lhes corria em clima de paz e segurança.

A situação dolorosa prolongou-se por uns quinze dias de preocupações e amarguras.

Nenhum amigo de outro tempo apareceu, sequer.

Nenhum admirador da arena se lembrou da gentileza de uma visita.

Somente o velho Pudens alimentou, firme, a amizade que passara a consagrar-lhes. Aliando-se ao jovem Quinto Celso, qual se fossem velhos amigos, providenciavam, juntos, a solução de todas as necessidades domésticas, aliviando Taciano tanto quanto lhes era possível.

O rapaz devotou-se ao pai adotivo, com admirável carinho. Substituía-o em todas as atividades caseiras, lia-lhe os livros prediletos, descrevia-lhe a paisagem, rodeava-o de ternura...

Com assentimento do chefe da casa, Ênio passou a dormir na residência singela, atento à posição de Blandina que reclamava assistência cuidadosa. Aquela flor de bondade e meiguice emurchecia lentamente ao sopro da morte.

Com efeito, numa noite fria e nublada, piorou de repente.

O ancião compreendeu que o fim havia chegado e rogou que Taciano viesse rápido abraçar a filha, para que lhe não faltasse o conforto da presença paterna à hora extrema.

Taciano, depois que ficara cego, julgou não sofreria tanto com a perda de Blandina, cuja afeição lhe constituía inapreciável tesouro. E pensava: não seria mais justo alegrar-se por vê-la exonerada do encargo de suportar-lhe as provas rudes? Por que conservá-la presa a um inválido? Como rejubilar-se, na expectativa de senti-la escravizada à pobreza e à miséria?

Contudo, aquele apelo, dentro da noite alta, tivera sobre ele o efeito de uma punhalada mortal.

Acudiu, aflito, cambaleante...

Sentou-se no leito humilde e, auxiliado por Ênio, acariciou a agonizante, que não mais lhe ouvia as palavras de amor e chamamento... Apertou-a de encontro ao peito, qual se desejasse prendê-la ao próprio corpo, mas, como se apenas lhe esperasse o calor reconfortante, Blandina repousou, enfim, com a placidez de um anjo que adormece.

Desesperado, o filho de Varro gritou, desconsolado desferindo amargas lamentações que se perdiam no seio da noite...

No dia seguinte, sob o patrocínio de Pudens, os funerais foram efetuados como a jovem desejara.

O infortunado genitor, apoiando-se agora no filho adotivo, não obstante em desacordo íntimo com os cristãos, acompanhou os despojos da jovem e permaneceu nas dependências da igreja, sem coragem de voltar à antiga casinha.

Agarrado à memória da filha, mandou fazer uma lápide de mármore, da qual se destacavam em alto relevo dois corações entrelaçados, com a formosa inscrição: *Blandina Vive.*

Amparado por Celso, ele mesmo quis ajudar a colocação da lembrança sobre o túmulo singelo e, ao término do serviço, tateou a legenda expressiva, fez o gesto de quem se abraçava ao sepulcro e, em seguida, suplicou, ajoelhado:

– Blandina, filha querida! De onde estiveres, sê de novo a minha luz! Estrela, acende teus raios para que eu possa caminhar! Estou só na Terra! Se outra vida existe, além da campa fria que te guarda, implacável, compadece-te de mim! Não permitas que a treva me envolva! Muitos vi partir para o estranho labirinto da morte!... Nunca, entretanto, senti tamanha sensação de abandono!... Filha abençoada, não me deixes, jamais! Livra-me do mal! Ensina-me a resistir contra os monstros da inconformação e do desânimo!... Mostra-me a bendita claridade da fé! Se erros tenho cometido sob a escura inspiração da vaidade e do orgulho, ajuda-me a encontrar a verdade! Adotaste uma crença para a qual não me preparei... Escolheste um caminho diferente do nosso, todavia, filha inolvidável, não poderias enganar-te!... Se encontraste o Mestre que esperavas, renova-me o coração para que me coloque também ao encontro dele!... Não conheço os deuses, em cuja existência ainda creio, mas tive a felicidade de conhecer-te e em ti confio infinitamente!... Ampara-me! Soergue minhalma abatida! Volta Blandina! Não vês agora que teu pai está cego? Enquanto permanecias no mundo, tive a presunção de guiar-te!... Hoje, porém, sou um mendigo de teu arrimo! Filha bem-amada, vive comigo para sempre!...

Calou-se a voz dele na estreita necrópole, abafada por um temporal de lágrimas...

Foi então que Celso o recolheu nos braços amorosos, beijou-o com indizível carinho e falou, confiante:

– Meu pai, o senhor nunca estará sozinho...

Amparando-se nele, Taciano, esmagado de dor, afastou-se da cripta, trêmulo e hesitante.

Não longe, pequena assembléia entoava hinos cristãos, nas preces vespertinas...

O desventurado cego, apesar de haver encontrado ali o espontâneo acolhimento dos aprendizes do Evangelho, reconhecia que a sua existência não podia encerrar-se naquele santuário de princípios diversos dos dele e concluiu que o destino inexorável o convidava a caminhar...

VII

Fim de luta

Depois de alguns dias de meditação, na dependência da igreja, Taciano entendeu-se com o velho Ênio, que lhe anotou as ponderações, atencioso.

Embora cego, não se conformava em pesar no orçamento da instituição. Não sabia como agradecer o devotamento de Pudens, que se fizera credor do seu melhor carinho. Se pudesse, ali permaneceria ao lado dele, a servi-lo com dedicação e respeito, até ao fim dos dias que lhe restassem na Terra. Entretanto, não se achava só. Precisava cuidar do futuro de Quinto Celso e, em razão disso, não lhe cabia demorar-se.

Contudo, acentuava triste, não desejava tornar à casinha do bosque. As reminiscências da filha atassalhavam-lhe o coração. A ausência de Blandina trouxera-lhe um vácuo irremediável.

Confiaria, desse modo, a Ênio os valiosos arquivos de Basílio e venderia a residência, os carros e os cavalos. Com o produto da transação, pagaria as dívidas em que se empenhara, transferindo-se com o filho para Roma.

Tinha por lá a filha mais velha. Lucila nunca se afinara integralmente com ele, mas isto não a levaria a trair a voz do sangue. Era rica e decerto se compadeceria da situação a que fora arrojado. Indubitavelmente não lhe negaria proteção, quando lhe visse a penúria.

Pretendia, assim, colocar-se sob o patrocínio dela, em companhia do filho adotivo, cuja idade reclamava atenção.

Em Roma, com as relações de que ainda julgava dispor, situaria o rapaz em condições honrosas para aguardar dignamente o futuro...

Pudens escutou-lhe os planos e não se opôs à realização deles.

Reiterou-lhe, porém, a sua amizade e simpatia, ofertando-lhe os préstimos. Por que a aventura de tão longa viagem para recomeçar a vida? A igreja poderia incumbir-se, discretamente, da educação de Celso, e ele mesmo, Taciano, não estaria sem trabalho. Havia doentes a consolar, imensidade de serviços a fazer...

O viúvo de Helena, contudo, não renunciara, de todo, ao orgulho de classe. Alcançara alguma tolerância, mas achava-se ainda longe do verdadeiro desprendimento de si mesmo. Não exporia Celso ao flagelo das perseguições periódicas. Amava-o bastante para arrojá-lo, sem defesa, à desconsideração social. Senti-lo-ia mais seguro na grande metrópole.

Possuía em Roma não apenas a filha, que, certamente, lhes garantiria a subsistência, mas também poderosos amigos, com marcada influência na Corte.

Contaria com os elos do passado para encaminhar o filho adotivo na vida pública.

Quinto Celso era senhor de primorosa inteligência. Ligara-se a ele pelos mais íntimos laços do carinho e da confiança. Estimava-o com excessos de zelo, de ternura... Desde o instante em que o recebera das mãos de Lívia, de partida para as regiões da morte, nele descobrira uma jóia valiosa para o escrínio vivo de sua alma. Habitualmente, refletia no mistério da comunhão sublime e perfeita em que se entrelaçavam. Tinha a idéia de haver reencontrado um amor celeste que o tempo não conseguira apagar. Ouvindo-o, embevecido, julgava, muitas vezes, que recuperara a companhia paternal. Aquela sensatez na apreciação da vida, aquela cultura polimórfica e aquelas facilidades de expressão, características da conversação do filho adotivo, recordavam-lhe os inesquecíveis entendimentos com Quinto Varro nos jardins da residência do padrasto. A graça e a lógica, a compreensão e a sabedoria inata eram as mesmas. Inexplicavelmente, passara a raciocinar pela cabeça do jovem, nos grandes momentos de luta. Buscava nele, instintivamente, a palavra final nos assuntos graves e a orientação adequada no caminho espinhoso. Amava-o com todos os recursos afetivos de sua alma obstinada e bravia, mas leal e sincera. Somente por ele queria agora viver e porfiar nas lides amargas do mundo.

Como relegá-lo, pois, a incerto destino em Lião?

Ênio verificou que não lhe competia argumentar. O Cristianismo ainda era considerado fora da lei. As represálias de ordem política caíam invariavelmente de surpresa sobre o ânimo dos adeptos. Não seria lícito, pois, forçar uma solução tendente a favorecer-lhe os pontos de vista.

Celso, convidado a opinar, asseverou que somente lhe interessava o contentamento paterno. Seguiria Taciano com a fidelidade de sempre.

O infortunado patrício, desse modo, passou do plano à ação.

Vendeu a casa, as bigas e os animais que lhe pertenciam ao novo senhor da antiga Vila Vetúrio, entretanto, o dinheiro recebido de Álcio mal chegou para o pagamento dos débitos contraídos. Restava-lhe apenas o suficiente para a viagem.

Ainda assim, não se lhe modificou o projeto.

Lião asfixiava-o.

A saudade de Blandina e a cegueira inesperada constringiam-lhe o coração. Desejava retirar-se dali, expandir-se, desalojar o próprio pensamento e tudo esquecer.

Pudens, no entanto, generoso e precavido, entendeu-se com Celso e deu-lhe uma carta para um amigo humilde, mas sincero, que morava na via de Óstia. O pai adotivo levava reduzidas possibilidades. Talvez precisassem do concurso de alguém, antes do primeiro contacto com a viúva de Galba. Assim, na hipótese de qualquer dificuldade, poderiam recorrer a Érato Marcelino, velho cristão abandonado pela família, que se refugiara na fé, vivendo entre a renúncia e a caridade.

O rapaz recolheu as instruções prazerosamente. Desse modo, não estaria sozinho para superar os obstáculos. Para não melindrar o pai, guardou a missiva, cuidadoso, e as despedidas se fizeram comoventes.

Zarpando de Massília, ligeira galera deixou-os em Óstia, que ainda ostentava os belos monumentos do porto de Trajano.

O cego, apoiando-se no moço, respirava os ares da pátria com manifesta alegria.

Os recursos escasseavam. Contudo, ouvindo as entusiásticas referências de Celso quanto à formosa baía hexagonal que o mencionado imperador mandara construir, recomendou ao filho adotivo procurasse a moradia de Fúlvio

Espêndio, um companheiro da mocidade que, segundo informações recebidas na Gália, ali se recolhera em soberba chácara.

Espêndio naturalmente os receberia de bom grado.

Recordava-lhe a figura imponente nos jogos e a alegria espontânea com que se entregava às libações, depois dos concursos bem ganhos.

O reencontro ser-lhe-ia valioso.

Decerto, o amigo dar-lhe-ia pousada condigna e providenciaria adequada condução que os levasse confortavelmente a Lucila...

Enquanto meditava, conversando consigo mesmo, Celso, norteado pelos esclarecimentos de vários transeuntes, bateu à entrada de graciosa vila, encravada no centro de tranqüilo pomar.

Um escravo bem-posto veio atender.

Esperançado, Taciano tomou a palavra e perguntou pelo amo, enunciando a sua posição de companheiro do pretérito que não o abraçava havia longos anos.

Daí a momentos, um patrício de rosto menos simpático, tipo acabado da decadência, apareceu, coxeante e desleixado.

Mirou os visitantes, detidamente, e, depois de estampar fria expressão de desprezo que gelou Quinto Celso, indagou, irritadiço:

– Que desejam?

– Oh! é a mesma voz!... – gritou o filho de Varro, estendendo instintivamente os braços. – Fúlvio, meu amigo, reconheces-me? Sou Taciano, o velho aliado das competições...

O romano recuou aborrecido e bradou:

– Que insolência! Por Júpiter, nunca te vi!... não comungo com a peste...

Iludido pela própria confiança, o recém-chegado, retomando o apoio nos ombros do filho, explicou-se um tanto desapontado:

– Não te recordas de nossos exercícios em casa de Vetúrio, meu padrasto e meu sogro? Tenho ainda a impressão de ver-te manejando o gládio reluzente ou então comandando a biga ligeira, que voava ao galope de teus belos cavalos brancos...

– Não passas de reles impostor! – tornou Espêndio encolerizado. – Taciano é um homem da minha condição. Vive honradamente nas Gálias. É um patrício. Jamais me apareceria em tua execrável miséria. Gaulês imbecil! Com certeza, abusaste do meu antigo companheiro para extorquir-lhe informações com que invadir-me a residência e assaltar-me!... Biltre! Vagabundo! Deves ser algum nazareno extraviado, conduzindo até aqui este jovem ladrão!... Rua! Rua!... Ponham-se daqui para fora!... para fora!...

Fúlvio, possesso, indicava-lhes a praça pública, enquanto o amigo arruinado enxugava o pranto copioso que lhe fluía dos olhos mortos.

Quando o portão metálico foi cerrado pelo dono da casa com grande violência, o desencantado viajante voltou sobre os mesmos passos em que se havia dirigido até ali...

O moço, adivinhando-lhe a dor, abraçou-o, com mais ternura, como a reafirmar-lhe que ele, Taciano, não se achava só.

Agradecido, o infortunado pai de Blandina, esboçando a resignação e a humildade no rosto, observou:

– Em verdade, meu filho, não tenho agora outro amigo senão tu mesmo. O ouro e a posição costumam mostrar a amizade, onde a amizade não existe. É impossível que Fúlvio não me reconhecesse... Sou hoje, porém, uma sombra no campo social. Perdi tudo... o dinheiro, a mocidade, a saúde e o renome familiar... Sem tais predicados, receio que a própria filha me desconheça...

Ante a dolorida inflexão daquela voz, o rapaz tentou enveredar-se pela estrada do otimismo e da esperança.

Que o pai não se inquietasse. Ele, Celso, estava moço e forte. Trabalharia por ambos. Nada lhes faltaria. Quanto à hospedagem por algum tempo, trazia recomendações de Pudens para um velho amigo deste. Érato, segundo os esclarecimentos do benfeitor de Lião, devia morar em ponto muito próximo. Se Taciano concordasse, não precisariam recorrer à proteção da viúva de Galba. Viveriam singelamente os dois. Conseguiriam alguma casinha humilde em que pudessem recomeçar. As relações de Ênio em Roma poderiam auxiliá-los, com a necessária segurança...

O pai adotivo anuiu, reconfortado, explicando que o seguiria com o maior prazer, entretanto, nada poderia assentar em definitivo, enquanto não se entendesse convenientemente com Lucila, para nortear-se dentro dos novos rumos.

Não seria justo alhear-se da filha.

Se encontrasse nela o acolhimento que esperava, suavizariam as agruras da sorte e Celso obteria os mestres que ele idealizara em suas paternais esperanças. Contudo, na hipótese de a filha mostrar-se endurecida e ingrata, render-se-iam ambos às circunstâncias e reiniciariam a luta, conforme as aflições que o destino lhes ditasse.

Enquanto conversavam, o moço guiava-o, estrada afora, como se fora velho conhecedor da via de Óstia.

Desejoso de amenizar-lhe as agruras, o rapaz procurava distraí-lo descrevendo-lhe as magnificências do pôr-do-Sol e todos os aspectos interessantes que se lhe deparavam.

Taciano sorria.

Guardava a impressão de rever pelos olhos da memória a paisagem banhada na luz crepuscular.

Avançaram longo trecho de caminho, quando se abeiraram de mísero pardieiro restaurado.

Atento aos informes de Ênio, o moço convenceu-se de que haviam atingido o domicílio de Érato.

Entretanto, sentiu-se como quem já houvera estado ali, antes. As paredes humildes, o teto inclinado para o chão, a porta rústica, tudo lhe parecia familiar.

Aquele era o mesmo tugúrio de Lisipo de Alexandria, onde Quinto Varro encontrara Corvino pela primeira vez. O velho Lisipo conhecera igualmente a palma do martírio, partindo, como tantos, ao encontro do Mestre da Cruz, mas a pequenina construção, embora passasse de cristão a cristão, continuava a ser abençoada oficina de serviço à fé.

No passado, Varro não pudera conduzir o filhinho querido às reuniões evangélicas, como pretendia, pois que Cíntia exercia sobre ele a vigilância materna... Sofrera longos anos de saudade e flagelação moral, atravessara o sacrifício e a própria morte, mas soubera resignar-se e esperar.

O tempo premiava-lhe a constância...

Pela misericórdia do Senhor, tornara à existência corpórea, retomara o veículo da carne e, Espírito eterno metamorfoseado em Quinto Celso, reassumira a direção do destino de Taciano, impelindo-o para Jesus, consoante o seu antigo ideal...

Cerca de quarenta e quatro anos haviam passado desde que Taciano renascera... e o trabalho do amor continuava, diligente e sublime.

A choupana de Lisipo, qual ponto marcante de sua batalha espiritual, era a mesma... Simples como a serenidade inalterável do Cristo e acolhedora como a sua doutrina de luz...

Extasiado, Celso descreveu para o cego a beleza pura daquele ninho de humildade e, tão emocionado se revelou, que o pai adotivo supôs comovidamente haverem encontrado naquele pouso um minúsculo palácio, escondido sob a copa de florido arvoredo...

Estranhamente feliz, o rapaz bateu à porta.

Um velho de semblante calmo veio abrir.

O moço fez mudo sinal, dando-lhe a entender a sua condição de adepto do Evangelho, e o rosto do ancião abriu-se em largo e luminoso sorriso.

Abraçou os recém-chegados com palavras de carinhoso e fidalgo acolhimento.

E, enquanto Celso se referia ao noticiário de Ênio Pudens, Taciano sentou-se num banco rústico, sentindo-se envolvido por uma tranqüilidade que, havia muito, desconhecia.

A brisa fresca, penetrando pelas janelas, parecia acariciadora mensagem da Natureza.

Dois sobrinhos de Erato, Berzélio e Máximo, ambos escultores, presentes na sala humilde, partilhavam a conversação.

O dono da casa lera a missiva de Ênio e regozijava-se. Era um companheiro de muitos anos. Conheciam-se desde a infância.

Achava-se ao dispor de Celso e Taciano em tudo o que lhes pudesse ser útil.

O rapazinho explicou então que o pai e ele necessitavam de asilo até o dia seguinte, quando se avistariam com uma parenta que talvez pudesse ajudá-los. Pretendiam fixar residência na grande metrópole, mas viam-se naturalmente deslocados.

O anfitrião mandou servir ligeiro repasto de pão, azeite e legumes e o entendimento prosseguiu, fraternal.

O genro de Vetúrio, que intimamente não aderira ao Cristianismo, para alegrar o filho adotivo escutava os comentários, sorrindo. Observava Celso tão inexplicavelmente entusiasmado que, de modo algum, se animaria a perturbá-lo. O velho, os sobrinhos e o rapaz afinavam-se com tal perfeição que davam a idéia de serem velhos conhecidos no mais íntimo reencontro.

Máximo e Berzélio, abnegados cultores da Boa Nova, salientavam as dificuldades da vida em Roma. Surgira nova crise de violência e inquietação. A derrota do imperador Valeriano, escandalosamente aprisionado pelos persas, criara atmosfera ameaçadora para os núcleos cristãos.

Egnácio Galieno, o filho do imperador humilhado, subira ao poder. Pessoalmente, tinha simpatia pelo Cristianismo torturado, do qual, pouco depois, ofereceria públicas demonstrações. Mas, no rigor dos conflitos sociais, o novo imperante devia curvar-se aos desejos das classes dominadoras. A força dos editos de 257 e 258, que geraram tremenda e cruel repressão aos serviços do Evangelho, reaparecera com bastante vigor. Potentados e autoridades, como de costume, atribuíam os desastres políticos do Império à ira dos deuses, revoltados com o intenso proselitismo cristão.

A fúria dos perseguidores, porém, amainava-se, à frente das famílias cristãs mais importantes, para recrudescer diante dos pobres e dos pequeninos.

Os cárceres jaziam repletos.

O anfiteatro de Vespasiano estava oferecendo funções sucessivas.

Os anciães e mentores da Igreja recomendavam particularmente aos escravos e aos plebeus pobres evitassem ajuntamentos na via pública.

Inúmeros senhores, congregados na faina de coibir a expansão evangélica, não vacilavam em denunciar os servidores menos favorecidos como inimigos da ordem pública, exigindo represálias e punições.

Considerando a probabilidade de ações subversivas, os tribunais regurgitavam de magistrados e demagogos.

Segundo a opinião do patriciado em decadência, os cristãos que pregavam a fraternidade eram argüidos de responsáveis pela onda de pensamento renovador.

As festas em louvor de Galieno demorar-se-iam ainda por tempo indeterminado.

O governo, por seus dignitários mais representativos, desejando entreter o povo impressionado com as vitórias de Sapor, promovera variadas exibições.

Além das preces públicas, ante a imagem de Júpiter, do sacrifício de animais no Capitólio, das fartas distribuições de azeite e de trigo, das corridas eletrizantes e das lutas ferozes entre gladiadores de nomeada, a matança de cristãos menos classificados nas esferas sociais prosseguia em sinistros espetáculos noturnos.

Não seria mais aconselhável permanecessem os dois viajantes da Gália convenientemente reclusos, até que a tormenta cessasse?

Ante a pergunta do anfitrião, que permanecia no ar, Taciano lembrou a necessidade de ganharem o centro urbano, sem demora. Competia-lhe aparecer, no Aventino, na manhã do dia imediato.

E porque Máximo perguntasse a Quinto Celso qual era a opinião dele, o moço respondeu, bem-humorado:

– Nada temo. Tenho dois grandes amores: Jesus e meu pai. Como não pretendo perder meu pai, estarei muito feliz com a vontade de Nosso Senhor que nos uniu. Se realizarmos nossos desejos, estaremos juntos e, se algum sofrimento aparecer no caminho, não nos separaremos.

A observação conquistou o sorriso de todos e o próprio Taciano, feliz por haver encontrado no mundo alguém que o amava assim tanto, mostrou no semblante sinais inequívocos de reconforto e contentamento.

Caíra a noite, e o céu se recamara de um sem-número de iriantes estrelas.

À claridade de duas tochas, a reduzida assembléia comentou, ainda, por bastante tempo, a respeito dos árduos trilhos da Boa Nova, detendo-se em considerações especiais sobre os mártires que, por mais de dois séculos, vinham tombando em serviço à Humanidade.

Taciano, silencioso, tudo ouvia, com discrição e respeito, até que Marcelino ofereceu aos hóspedes a enxerga limpa e modesta, em que deviam repousar.

Na manhã seguinte, puseram-se ambos em caminho.

Avançaram esperançosos pela via Ostiense e estavam prestes a entrar na cidade, quando, nas adjacências da Pirâmide de Céstio, notou Celso compacto ajuntamento. Duas pobres mulheres haviam sido presas, sob enorme algazarra popular. Os gritos: “às feras”, “às feras”, partiam da turba ameaçadora.

O moço abraçou o pai, com o cuidado de quem se propunha defender um tesouro, e vararam a massa.

De informação a informação, ganharam o Aventino e tomaram a direção do Templo de Diana, em cujos arredores não tiveram dificuldade para localizar o magnífico palacete de Lucila.

Taciano sentia o coração precípite, na atormentada caixa do peito...

Como seria recebido? Condoer-se-ia a filha do infortúnio em que o destino o arrojara?

Relacionou alguns pormenores da aristocrática vivenda de Vetúrio, onde passara a mocidade, e Celso confirmava-lhe as reminiscências, entre curioso e preocupado.

Atendidos no portão de acesso por um dos escravos que se incumbiam da jardinagem, foram por ele encaminhados ao átrio.

O viúvo de Helena indagou acerca de servidores que ali conhecera, em outro tempo, mas os seus velhos laços afetivos haviam desaparecido.

Solicitou a presença da senhora, mas, findos alguns instantes de espera, um mordomo irrepreensível veio avisar que Lucila estava ocupada, no ensaio de bailados importantes, e que, por isso mesmo, não recebia visitas.

Taciano, porém, insistiu.

Reportou-se à sua condição de pai e pronunciou nomes de família que obrigaram o interlocutor a reconsiderar a recepção desatenciosa.

O servo tornou à intimidade doméstica e, transcorridos alguns minutos, Lucila apareceu em companhia do tribuno Caio Perciliano, algo pálida, mas com indisfarçável expressão de ironia e indiferença a se lhe pintar no rosto castigado de cosméticos.

Celso observou-lhe o sarcasmo e teve medo.

Aquela não poderia ser a mulher que buscavam.

Lucila era o retrato da crueldade feminina, emoldurado na impudência.

Ela fixou o cego, comprimindo os músculos da face, enlaçou o amante num gesto felino e falou, zombeteira:

– Com que então sou procurada por ilustres parentes?

Somente ao ouvi-la, percebeu o genitor quão modificada deveria encontrar-se para dirigir-lhe a palavra com tanta malícia na voz.

Ainda assim, num esforço sacrificial para identificar-se, rogou, comovedoramente:

– Minha filha!... minha filha!... sou eu, teu pai!... estou cego! Recorro à tua proteção como um náufrago!...

Ela, todavia, não assinalou a dor que envolvia aquelas frases suplicantes. Desferiu fria gargalhada e disse ao companheiro:

– Caio, se eu não soubesse que meu pai está morto, naturalmente me enganaria.

– Não, Lucila! não morri! não me desconheças!... – bradou o genitor, angustiado – estou agora sozinho! não me abandones!... Ajuda-me pela memória de Blandina, que também já partiu!... Vim de Lião à tua procura... Tenho sofrido bastante! Acolhe-me por piedade! Por amor aos deuses, por devotamento à Cíbele que sempre patrocinou a nossa casa!...

A viúva de Galba não se traiu.

Com incrível dureza de coração, falou ao tribuno, intrigado:

– Este velho deve ser algum louco da terra em que nasci. Blandina era realmente minha irmã, que descansou sob o amparo dos imortais, segundo notícias que recebemos há dias.

E, com significativo entono, prosseguiu:

– Meu pai morreu em Baias, justamente quando tive a infelicidade de perder minha mãe.

O cego, entretanto, ajoelhou-se e suplicou:

– Filha, foge à injustiça e à maldade!... Em nome de nossos antepassados, desperta a consciência! Não permitas que o dinheiro e os prazeres te anestesiem os sentimentos!...

Exasperada, Lucila cortou-lhe a palavra, gritando para um escravo próximo:

– Cróton! apressa-te! traze o cão de guarda!... Expulsa daqui estes ladrões gauleses!...

Imediatamente, selvagem mastim apareceu, feroz.

Precipitou-se rápido sobre Quinto Celso que abraçava Taciano, buscando preservá-lo, mas, quando pequena ferida surgiu, sangrando no braço do rapaz, Perciliano, incomodado, interferiu, recolhendo a fera.

Olhando os visitantes que se retiravam, cabisbaixos, o moço cochichou aos ouvidos da amante:

– Querida, não transformemos isto aqui num tribunal. Procedamos com sabedoria. Esta bela vivenda não é para os desagradáveis misteres da justiça. Tranqüiliza-te. Se estes vagabundos conhecem-te a família, podem realmente ameaçar-nos a ventura. Serão corrigidos a tempo...

E, despedindo-se, acrescentou:

– Serão presos. O anfiteatro, nas grandes festas, é a nossa máquina de limpeza.

Lucila sorriu com a expressão de uma gata reconhecida e Caio passou a acompanhá-los.

Taciano, surpreendido e indignado, não teve lágrimas para chorar. O desejo inútil de vingança obcecava-lhe o pensamento. O amor que ainda consagrava à primogênita transformara-se, de repente, em ódio roaz. Se pudesse – pensava –, mataria a própria filha, crendo que esse era o único recurso para quem como ele havia ajudado a gerar um monstro.

Celso, porém, afagando-lhe a cabeça, enquanto caminhavam, induzia-o à calma e ao perdão. Voltariam à casa de Marcelino. Recomeçariam a luta de outro modo.

Escutando-o, o desventurado patrício pouco a pouco sossegou a própria mente e lembrou o dia em que ele mesmo mandara soltar um cão bravio sobre o próprio pai que o visitava carinhosamente.

Na acústica da memória, ouviu, de novo, os gritos de Silvano, pedindo socorro, e, na tela íntima, como se as retinas agora funcionassem para dentro, reviu a fisionomia angustiada de Quinto Varro a implorar-lhe, em vão, entendimento e misericórdia.

O retorno ao pretérito doía-lhe ao coração...

Acabrunhado, registrava as palavras de Celso que o impeliam à bondade e ao esquecimento do mal e, admitindo estar sob o guante da justiça celeste, por fim desafogou em lágrimas a opressão da alma.

A lembrança do passado alterara-lhe, porém, o íntimo. Algo lhe renovara o campo mental.

Com surpresa para si mesmo, passou do ódio à comiseração.

Reconheceu que Lucila, tanto quanto ele próprio na juventude, trazia o sentimento intoxicado de negras ilusões.

Pobre filha! – refletia, amargurado – quem lhe servirá de instrumento à dor necessária do futuro?

Desciam os dois, abraçados e tristes, vigiados pela astúcia de Perciliano; mas quando se mostraram suficientemente distantes da principesca residência, o tribuno, invocando o auxílio de pretorianos na via pública, denunciou-os como cristãos relapsos e contumazes ladrões, asseverando que lhe haviam assaltado o domicílio.

Enredados de surpresa, Taciano e o rapaz foram detidos sem consideração.

Tentando restabelecer a verdade, o cego levantou dignamente a cabeça e clamou:

– Guardas, protesto! Eu sou um cidadão romano.

Um dos assalariados de Caio prorrompeu em gargalhadas e observou:

– Que valioso histrião para o teatro! Representaria admiravelmente o papel de algum patrício degradado.

Não valeram frases fortes do irreconhecível genro de Vetúrio.

A breves instantes, a multidão chocarreira e preguiçosa os envolveu. Ironias e impropérios foram vociferados a esmo.

E, humilhados e mudos, Taciano e Celso, de corpo fatigado e dolorido, foram trancafiados em velhos subterrâneos do Esquilino, que jaziam repletos de escravos cristãos e mendigos infelizes, considerados como trânsfugas sociais.

Para Taciano, que tinha os olhos amortalhados em noturna sombra, os quadros exteriores não se mostravam fundamentalmente transformados, mas Celso, embora firme na fé, verificou, assombrado, toda a angústia daqueles corações relegados ao labirinto dos cárceres, avaliando a extensão dos padecimentos deles.

Aqui e ali, velhos deitados gemiam, dolorosamente, homens esquálidos encostavam-se a paredes enegrecidas cobrindo o rosto com as mãos, mulheres andrajosas abraçavam crianças semimortas...

Todavia, acima dos gemidos casados ao cheiro fétido, cânticos em surdina elevavam-se, harmoniosos.

Os cristãos agradeciam a Deus a graça da dor e da flagelação, regozijando-se com a palma do sofrimento.

Celso encontrou suave encanto naqueles hinos, e Taciano, entre a revolta e o tormento moral, perguntava a si mesmo de que milagroso poder estaria revestido o profeta galileu para sustentar, acima do tempo, a fidelidade de milhares de criaturas que sabiam louvá-lo, em pleno infortúnio, com absoluto olvido da miséria, da aflição e da morte...

Dois guardas corpulentos, providos de lanternas e de chuços, conduzindo-os a um cubículo, conversavam, animados.

– Felizmente, todos os prisioneiros serão liquidados amanhã – informava um deles –; a febre maligna reapareceu. Tivemos hoje trinta mortos!

– Eu sei – resmungou o outro –, os coveiros estão alarmados.

E, sarcástico, acentuou:

– Admito que as próprias feras recusarão tanta pestilência.

– As autoridades estão agindo com sabedoria – disse o interlocutor –; o espetáculo, como sabes, contará com alguns animais africanos, entretanto, para que o povo não se impressione com os enfermos, teremos postes e cruzes, em que os doentes sejam aproveitados como tochas vivas.

Taciano, desesperado, tentou ainda a última reação.

– Soldados – clamou, digno –, não existem, acaso, juízes em Roma? É possível prender os cidadãos sem motivo justo e condená-los, sem exame?

Um dos soldados imediatamente lhe respondeu à pergunta com violento empurrão, localizando-os, por fim, numa cela estreita e úmida.

Quinto Celso, auxiliado pelos mortiços raios da luz que de galerias afastadas chegava até eles, encontrou alguns trapos que se amontoavam no chão, à guisa de cama, e rogou ao pai adotivo descansassem um pouco.

Daí a instantes, um carcereiro de fisionomia selvagem veio trazer a ração do dia, alguns pedaços de pão negro e água poluída que o rapaz, sedento, bebeu a goles largos.

Conversaram ambos, longamente, reportando-se o jovem aos imperativos da conformação e da paciência, que o cego escutava, constrangido, como se devera sorver o fel da mais deslavada injustiça, sem direito à mínima reação.

Muito mais tarde, quando julgaram haver chegado a noite, dormiram enlaçados um ao outro, tocados de inquietantes perspectivas...

No dia imediato, porém, Celso amanheceu febril.

Acusava dores por todo o corpo, tinha sede e cansaço.

Taciano, aflito, apelou para o carcereiro, suplicando-lhe medicação adequada, mas não obteve senão água lodosa que o moço tragava, sofregamente.

O filho de Varro, de alma ansiada, passeou o pensamento pelos tempos idos, relembrando a casa farta e os dias venturosos, refletindo, entretanto, com mais intensidade, nas duras provas que lhe haviam castigado os pais queridos. Como pudera o genitor sobreviver, por tantos anos, às tempestades morais que lhe desabaram sobre o destino?

Experimentou imenso remorso pelos dias que perdera, entronizando a si mesmo no mentiroso altar da vaidade...

Como pudera crer-se superior aos outros homens?

Ponderou o martírio de quantos como ele mesmo estariam reclusos naqueles subterrâneos infectos, garroteados pela perseguição que não mereciam...

Ainda que lhe não fosse possível aceitar o Cristianismo, por que não se decidira a penetrar o desventurado campo da miséria do seu tempo? Quantos escravos tinha visto, amargando pavorosas aflições, junto de filhinhos doentes ou quase mortos? Quantas vezes proferira ordens iníquas, tiranizando enfermos, no serviço rural? Teve a impressão de que velhos servidores se levantavam, em sua própria mente, e riam-se agora de sua dor...

A respiração ofegante de Celso atribulava-o.

Por que a febre lhe poupava o corpo, preferindo-lhe o filho do coração? Por que não nascera ele, Taciano, entre escravos misérrimos? A servidão ter-lhe-ia sido um bálsamo. Achar-se-ia então eximido das terrificantes recordações que lhe infernavam a consciência.

Com as lágrimas a lhe saltarem dos olhos, afagava Celso, consolando-o...

Algumas horas passaram, marcando expectação e tortura, quando todos os reclusos receberam ordem de remoção.

Abertas as grades, saíram, grupo a grupo, sob os gritos dos guardas que cuspinhavam pragas e insultos. Os mais fortes vinham algemados, com extensas feridas nos pulsos, todavia, a maior parte deles constituía-se de enfermos cansados, de mulheres subnutridas, de crianças esqueléticas e velhos trêmulos.

Ainda assim, todos os prisioneiros sorriam, contentes... É que tornavam ao sol e ao ar puro da Natureza. O vento fresco na via pública reanimava-os...

Celso sentiu prodigiosamente reavivadas as energias. Recobrou o bom ânimo e guiava o pai com a ternura de sempre. Contagiado pela sublime esperança que transparecia do rosto de todos os companheiros, revelou ao cego a irradiante e geral alegria.

Ninguém ignorava o destino próximo.

Sabiam que, à semelhança de um rebanho encaminhado ao abate, não lhes cabia aguardar senão o extremo sacrifício no matadouro. Mas, revelando a certeza numa vida mais alta, os cristãos avançavam, de cabeça erguida e serena, com a humildade e o perdão a se lhes estamparem no semblante, parecendo estranhos às frases escarnecedoras dos soldados, verdadeiros magarefes empedernidos no ofício da morte.

Depois da marcha forçada, avizinharam-se do anfiteatro, onde imundo recinto os aguardava para o espetáculo noturno.

Celso, deslumbrado, contemplou o Anfiteatro Flaviano, que se erguia imponente, depois da valiosa restauração mandada efetuar por Alexandre Severo.

A fachada, dividida em quatro pisos, ornava-se nos três primeiros com meias colunas dóricas, jônicas e coríntias, entre as quais se abriam arcadas, que nos dois andares médios alojavam primorosas estátuas. Tudo emprestava austera grandeza àquele monumento arquitetônico.

Carros suntuosos, liteiras, quadrigas e bigas rodeavam o edifício.

Quem observasse, desprevenidamente, semelhante colosso que poderia imortalizar a glória de uma raça, não suspeitaria de que, ali, um grande povo não sabia senão cultivar a ociosidade e a orgia, a brutalidade e a morte.

Um tribuno de fisionomia execrável leu algumas ordens aos sentenciados do dia, enquanto pretorianos de coração enrijecido ameaçavam os velhinhos cujo passo se fazia mais lento na direção do cárcere.

Os seguidores do Evangelho, contudo, pareciam extremamente distantes do quadro que inspirava revolta e sofrimento.

Homens esfarrapados abraçavam-se felizes e mulheres de feições macilentas osculavam os filhos com o entusiasmo de quem se aprestava para o encontro com a felicidade perfeita.

Não haviam podido cantar no trajeto entre a masmorra e o anfiteatro, mas assim que se viram unidos numa cela enorme, da qual deviam marchar para a morte, entoaram hosanas ao Cristo, com o júbilo de criaturas eleitas para o esplendor de triunfo supremo, em que iriam receber a coroa da imortalidade.

De outras prisões, chegaram novos contingentes. E dentre os recém-chegados, Celso, feliz, descobriu Érato Marcelino.

O amigo de Ênio fora detido, na noite da véspera, quando ouvia o Evangelho, no cemitério de Calisto.

O reencontro constituía uma bênção.

Até mesmo Taciano, que se mantinha circunspecto e angustiado, experimentou súbito reconforto.

O ancião da Via Ostiense narrava, com a ventura a sorrir-lhe nos olhos, como fora recolhido à masmorra, e reafirmava o seu reconhecimento ao Céu pela graça de lhe ser permitido receber a vitória espiritual através do martírio.

Ante a curiosidade alegre de todos os que o rodeavam, exibiu pequeno fragmento de um rolo ensebado e leu as belas palavras da primeira missiva do apóstolo Paulo aos tessalonicenses:

– “Regozijai-vos sempre”!

Bem-humorado, informou, contente:

– Irmãos, da minha existência de quase oitenta anos, este pedaço dos Sagrados Escritos é tudo o que me resta...

E acentuou:

– Rejubilemo-nos!... Quem vive no Evangelho, encontra a Divina Alegria... Dos milhões de chamados neste século, fomos nós dos escolhidos! Louvemos a glória de morrer à maneira do óleo que se queima na mecha para que a luz resplandeça! As árvores mais nobres são reservadas à formação do pomar, o mármore mais puro é destinado pelo artista à obra-prima!...

Num arroubo de alma, observou:

– Os grãos mais sadios da fé viva transformam-se, nos dentes das feras, em alva farinha para que não falte o pão da graça à mesa das criaturas!... Cresça em nós a esperança, pois está escrito: “Sê fiel até à morte, e eu te darei a coroa da vida.”[22]

Aqueles apontamentos provocaram radiosa floração de felicidade em todos os semblantes.

A assembléia andrajosa e extática parecia tomada de infinita ventura.

Érato, levantando o ânimo de Celso com as suas palavras de coragem, erguia a voz, associando-se aos cânticos de regozijo.

---

[22] Apocalipse, 2:10. (*Nota do Autor espiritual.*)

Taciano, silencioso, perguntava, a si mesmo, por que motivo fora trazido ao testemunho dos cristãos, quando, em verdade, nunca lhes esposara os compromissos...

Que irresistível destino o arrebatava, assim, para aquele Cristo de que sempre fugira, deliberadamente? Por que se enredara com os "galileus" de tal sorte que não lhe restava outra alternativa senão a de comungar com eles no sacrifício? Por que decisão dos imortais se afeiçoara tanto a Quinto Celso que, no fundo, era um rapaz de origem anônima, passando a amá-lo e a querê-lo, qual se lhe fora filho do coração?

Concentrado, reconstituía o pretérito, indagando, indagando...

Não mais dispunha, entretanto, de muito tempo para o solilóquio mental.

Lá fora, aglomerava-se a multidão.

A noite avizinhava-se, fria e sem nuvens.

Começara o vozerio na cávea do monumental edifício, ecoando nos alicerces.

À medida que se adensavam as sombras, crescia, rumoroso, o movimento popular.

Elevou-se, gradativamente, a gritaria da massa que, em se casando com a música de alaúdes, timbales e pandeiretas, dava agora para ensurdecer.

Os prisioneiros, porém, que somente deveriam comparecer na arena, no encerramento do espetáculo, oravam e cantavam, quando algum deles, mais esclarecido, não ocupava a atenção dos ouvintes com exortações comoventes e encorajadoras, recordando a glória de Jesus Crucificado e o exemplo dos mártires na fé.

Depois de variados jogos, em que muitos lutadores perderam a vida, e em seguida às danças exóticas, o cenário se modificou.

Postes e cruzes, revestidos de substâncias resinosas, foram levantados à frente de quase cem mil espectadores delirantes.

Os cristãos doentes foram separados daqueles que deveriam tomar parte na exibição com movimentos livres e, dentre eles, Quinto Celso, pelo seu aspecto enfermiço, foi violentamente arrancado às mãos paternas.

De olhos confiantes, o moço pediu a Érato guiasse Taciano até ao poste onde ele se encontrasse, e, enquanto dois rios de lágrimas deslizavam pelas faces do filho de Varro, a este recomendou o jovem, intrépido:

– Coragem, meu pai! Estaremos juntos... A morte não existe e Jesus reina para sempre!...

Depois de pesados minutos de expectação, os presos foram tangidos no rumo da arena festiva, mas, como se estranho poder celeste lhes vibrasse nas cordas da alma, louvavam o Senhor que os esperava no Céu.

Homens de rosto hirsuto e velhos cambaleantes, aleijados e mendigos, anciãs aureoladas de neve e mulheres em quem a maternidade se revelava exuberante, jovens e crianças de semblante risonho cantavam, felizes, firmemente esperançados no sermão das bem-aventuranças.

Apoiado nos ombros frágeis de Érato, Taciano registrava em si mesmo inesperada e sublime renovação.

Aquelas almas dilaceradas pela injustiça do mundo realmente não adoravam deuses de pedra.

Para inspirar semelhante epopéia de amor e renúncia, esperança e felicidade, à frente da morte, Jesus deveria ser o Enviado Celeste, a reinar soberanamente nos corações.

Mergulhara-se-lhe a alma em misteriosa alegria...

Sim, finalmente reconheceu, naqueles instantes supremos, que, semelhante a prolongado e tremendo temporal, o tempo passara por ele, destruindo os ídolos mentirosos do orgulho e da vaidade, da ignorância e da ilusão...

A ventania do sofrimento deixara-lhe as mãos vazias.

Tudo perdera...

Estava só.

Mas, naqueles momentos breves, encontrara a única realidade digna de ser vivida – Cristo, como o ideal de humanidade superior que lhe cabia ir ao encontro e alcançar...

Lembrou-se de Blandina, de Basílio e de Lívia, guardando a impressão de que os três se achavam, ali, estendendo-lhe os braços em sorrisos de luz.

Recordou Quinto Varro, com indizível carinho.

Reencontraria o genitor, além da morte?

Nunca experimentara tamanha saudade de seu pai como naquele minuto rápido... Daria tudo para revê-lo e para afirmar-lhe à ternura que, por aqueles instantes da morte, a vida, efetivamente, não lhe fora vã!...

Chorava, sim! No entanto, pela primeira vez, chorava de compreensão e reconhecimento, emotividade e alegria...

Recordou quantos lhe haviam ferido o coração, no curso da existência, e, como se estivesse a reconciliar-se consigo próprio, a todos enviou pensamentos de jubilosa paz...

Os estreitos passos daquela redentora caminhada de alguns metros haviam, porém, terminado...

Amparando-se em Marcelino, escutou os gritos selvagens dos espectadores, que se apinhavam nas bancadas do pódio e dos menianos, nas galerias, nos patamares, nos vomitórios e nas escadas.

Milhares e milhares de vozes reclamavam, em coro, animalescas:

– Às feras! Às feras!...

Contudo, intimamente renovado, Taciano sorria...

Após ligeira busca, Érato encontrou o poste em que Celso fora ligado para o sacrifício e cumpriu o que prometera, reaproximando pai e filho para o instante supremo.

– Meu filho! meu filho!... – soluçava Taciano, feliz, tateando o corpo de Celso, cujas mãos de carne não mais poderiam acariciá-lo – eu senti o poder do Cristo em mim!... agora, eu também sou cristão!...

Exultando de satisfação íntima, por haver atingido a realização do maior e do mais belo sonho de sua vida, Celso bradou:

– Louvores sejam entoados a Deus, meu pai! Viva Jesus!...

Nesse mesmo instante, soldados ébrios atearam fogo aos lenhos, que se inflamaram facilmente.

Gemidos, apelos discretos, rogativas de socorro e orações abafadas, partidas de vários pontos, fizeram-se ouvir por entre labaredas crescentes que, ao crepitar da madeira, se desdobravam no ar, semelhantes a serpentes inquietas, proclamando a vitória da iniqüidade, enquanto leões, panteras e touros bravios penetravam a espaçosa arena, incentivando o furor da turba, sedenta de sensação e de sangue.

Ajoelhando-se diante de Quinto Celso que o contemplava, embevecidamente, o cego compreendeu que o fim havia chegado e rogou:

– Meu filho, ensina-me a orar!...

As chamas, porém, ganhavam o corpo do rapaz, a contorcer-se.

Celso, contudo, reprimindo o próprio sofrimento, falou, calmo, banhado em paz:

– Meu pai, façamos a prece de Jesus, que Blandina pronunciava!... Pai nosso que estás nos Céus... oremos em voz alta...

As feras esfaimadas abocanhavam corpos e estracinhavam vísceras humanas, aqui e ali, mas, como se vivesse agora tão-somente para a fé que o iluminava à última hora, Taciano, genuflexo, repetia a comovedora oração:

– Pai nosso, que estás nos Céus, santificado seja o teu nome... Venha a nós o teu Reino, seja feita a tua vontade, assim na Terra como no Céu; o pão nosso de cada dia dá-nos hoje, perdoa as nossas dívidas, assim como perdoamos aos nossos devedores... não nos deixes cair em tentação e livra-nos do mal, porque teu é o Reino, o Poder e a Glória para sempre!... Assim seja!...

O romano convertido não mais ouviu a palavra do filho.

A cabeça de Celso tombara para a frente, desgovernada...

Taciano ia erguer a voz, quando patas irresistíveis rojaram-no ao saibro argenteado da arena.

Turvou-se-lhe o cérebro, mas, em seguida ao choque rápido, qual se o Cristo lhe enviasse milagrosa claridade às pupilas mortas, recuperou a visão e identificou-se ao lado do seu próprio corpo, que jazia imóvel numa poça de areia sanguinolenta.

Procurou Quinto Celso, mas, oh! divina felicidade!... Viu que do poste de martírio emergia, não o filho adotivo, mas seu próprio pai, Quinto Varro, que lhe estendia os braços, murmurando:

– Taciano, meu filho, agora poderemos trabalhar, em louvor de Jesus, para sempre!...

Deslumbrado, reparou que as almas dos heróis abandonavam os despojos, envolvidas em túnicas de luz por entidades que mais se assemelhavam a formosos arcanjos aéreos.

Beijou as mãos paternas como alguém que saciava saudades terrivelmente sofridas e tentava algo dizer, quando viu Blandina, Basílio, Lívia e Rufo, cantando de alegria no grupo de Espíritos venturosos em que formavam Corvino, Lucano, Hortênsia, Silvano e outros paladinos da fé, todos a lhe dirigirem sorrisos de confiança e de amor!...

Por cima do corpo negro do anfiteatro, desafiando-lhe as trevas, centenas de almas radiantes seguravam lirial estandarte, em que brilhava a saudação tocante e sublime:

– Ave, Cristo! Os que vão viver para sempre te glorificam e saúdam!

....

Deslumbrante caminho descerrara-se nos céus...

Embriagado de júbilo, Quinto Varro colou o filho de encontro ao peito e, rodeado pela grande assembléia dos amigos, avançou para o alto, como um lutador vitorioso que conseguira subtrair ao pântano de sombra um diamante castigado pelos cinzéis da vida, para fazê-lo brilhar à plena luz...

....

Cá embaixo, a crueldade gritava, em regozijo.

A chusma delirava na contemplação de corpos incendidos, no sinistro banquete da carnificina e da morte, mas, ao longe, no firmamento ilimitado, cuja paz retratava o amor inalterável de Deus, as estrelas fulguravam, apontando aos homens de boa vontade glorioso porvir...

•

NOTA DA EDITORA:
A série *Romances de Emmanuel*, psicografada por Francisco Cândido Xavier, é composta pelos livros: ***Paulo e Estêvão***, ***Há Dois Mil Anos***, ***Cinqüenta Anos Depois***, ***Ave, Cristo!*** e ***Renúncia***. Convidamos o leitor a conhecê-la integralmente.

Este livro foi impresso
no Departamento Gráfico da
FEDERAÇÃO ESPÍRITA BRASILEIRA
na cidade do Rio de Janeiro
em julho de 2009.
www.febnet.org.br